Excel在航空机务质量控制工作中的应用

廖　俊　曹俊彬　刘荣明　姜　坤　编著

武汉理工大学出版社
·武　汉·

图书在版编目(CIP)数据

Excel在航空机务质量控制工作中的应用/廖俊等编著.—武汉:武汉理工大学出版社,2023.10

ISBN 978-7-5629-6879-5

Ⅰ.①E… Ⅱ.①廖… Ⅲ.①表处理软件-应用-民用航空-商业服务 Ⅳ.①F56-39

中国国家版本馆CIP数据核字(2023)第182478号

项目负责人:汪浪涛　　责任编辑:张莉娟
责任校对:陈　平　　版面设计:正风图文
出版发行:武汉理工大学出版社
地　　址:武汉市洪山区珞狮路122号
邮　　编:430070
网　　址:http://www.wutp.com.cn
经　　销:各地新华书店
印　　刷:武汉邮科印务有限公司
开　　本:787×1092　1/16
印　　张:11.75
字　　数:272千字
版　　次:2023年10月第1版
印　　次:2023年10月第1次印刷
定　　价:43.00元

凡购本书,如有缺页、倒页、脱页等印装质量问题,请向出版社发行部调换。
本社购书热线:027-87391631　87384729　87165708(传真)

前　　言

在航空机务维修工作中，会产生大量的维修保障信息，如何高效准确地对这些海量数据进行统计，为航空机务维修决策提供科学合理的依据，为战训任务顺利遂行提供更有力的支撑，是摆在航空机务质量控制人员面前的一道难题。事实上，数据统计、分析和应用是航空机务质量控制工作的重要内容，掌握基本的数据处理知识是航空机务质量控制人员的必备技能。由于友好的人机交互界面、出色的数据运算能力和强大的图表应用功能等优点，Excel 成为大多数航空机务质量控制人员数据处理时的首选工具。因此，编著者根据多年的航空机务质量控制工作实践和教学经验，结合航空机务质量控制工作中的实用案例，介绍了 Excel 在航空机务质量控制工作中的应用方法。

本书第 1 章主要从表格制作要求、表格数据类型、表格基本设置和表格常用操作入手，讲解了 Excel 表格的基本知识和基本操作技能，为读者打牢 Excel 表格的基础知识；第 2 章主要介绍了在航空机务质量控制工作中几种常用的函数，以及数据透视表的应用，使读者能掌握快速高效的数据处理技能；第 3 章介绍了几种常用的质量控制工作的图表绘制方法；第 4 章介绍了 Excel 与达梦数据库的数据导入导出的操作方法；第 5 章介绍了 Excel 表格中宏的基本知识，并演示了宏在航空机务质量控制工作中的应用；第 6 章介绍了 Excel VBA 的基础知识，并结合案例展示了 Excel VBA 在航空机务质量控制工作中的应用。本书每章的介绍都是从基础知识开始的，逐步过渡到案例应用，并给出了详细的操作方法或代码，通俗易懂，便于读者进行学习。

本书注重理论知识与航空机务质量控制工作的融合，尤其侧重于航空机务质量控制工作实践，因此，编著者以航空机务质量控制工作实践作为全书的中心内容来组织素材和编排章节，强调内容的实用性和完整性。本书所用案例皆源自编著者的质量控制工作和教学实践，代码比较简单易懂，对于一线的航空机务质量控制工作者有较强的指导性。

本书既可以作为部队院校航空机务质量控制专业相关教学培训的教材，也可以作为部队航空机务质量控制工作者的参考资料，还可以作为 Excel 的学习工具。鉴于编著者的学识和能力有限，书中难免存在疏漏之处，敬请读者谅解。

目　录

第 1 章　Excel 表格的基本知识

在航空机务质量控制中，使用 Excel 处理飞机、发动机和部(附)件寿命消耗等数据是一项基本工作，质量控制人员的 Excel 操作技能水平的高低直接影响质量控制工作的效益。为提高质量控制工作的水平，每一名质量控制人员应当熟练掌握 Excel 的使用方法，本章将从 Excel 的基本操作和使用要求开始，解决质量控制工作中常见的 Excel 使用问题。

1.1　Excel 表格制作的基本要求

Excel 表格对各种数据格式有严格的要求，目的是方便进行数据处理，如果数据格式错乱，是无法使用 Excel 表格中的一些工具进行处理的，影响工作效率。因此，按照一定的原则设计结构清晰、严谨规范的表格，不但通俗易懂，而且方便后期进行数据处理，大大地提高了数据处理效率。一般情况下，设计表格时应遵循以下两个原则。

1.1.1　字段设置

在设计 Excel 表格的表头时，应最大限度地细分字段，直到不能拆分为止，目的是为了后期对数据进行统计分析，如使用筛选、排序和 Excel 函数等。为了方便使用 Excel 函数等功能，一般情况下，文本型数据与数值型数据不能安排在同一字段；表头设计不采用斜线，否则无法使用筛选功能。

比较图 1-1 和图 1-2 所示的两个表格，观察哪个设计更合理。

图 1-1 有 4 个字段，图 1-2 有 7 个字段；图 1-2 中"寿命控制"字段拆出了"飞机号""日历寿命""时间寿命"和"起落寿命"4 个字段。如果我们需要计算飞机剩余寿命或者按照飞机号进行筛选，图 1-1 是无法完成的，但是图 1-2 可以分别按照飞机号、日历寿命、时间寿命和起落寿命进行筛选，因此图 1-2 更合理。那么，如何将图 1-1 调整成图 1-2 呢？通常可以采用分列方法对字段进行拆分。步骤如下：

(1) 采用分列方法拆分时，新分出的一列会覆盖已有数据，因此需要在待拆分字段后面插入一空白列，如图 1-3 所示。

(2) 选择"寿命控制"列，单击[数据]→[分列]，在[文本分列向导-步骤之 1]中选择"分隔符号"，单击[下一步]，如图 1-4 所示。注意：如果选择的是"固定宽度"，表格会自动在每列字段加空格对齐。

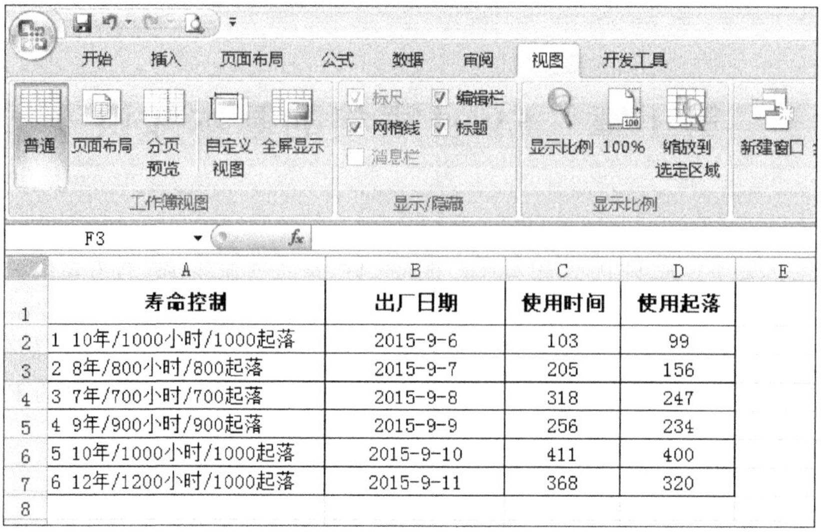

	A	B	C	D
1	寿命控制	出厂日期	使用时间	使用起落
2	1 10年/1000小时/1000起落	2015-9-6	103	99
3	2 8年/800小时/800起落	2015-9-7	205	156
4	3 7年/700小时/700起落	2015-9-8	318	247
5	4 9年/900小时/900起落	2015-9-9	256	234
6	5 10年/1000小时/1000起落	2015-9-10	411	400
7	6 12年/1200小时/1000起落	2015-9-11	368	320

图 1-1　某部飞机寿命控制信息表

	A	B	C	D	E	F	G
1	飞机号	日历寿命	时间寿命	起落寿命	出厂日期	使用时间	使用起落
2	1	10年	1000小时	1000起落	2015-9-6	103	99
3	2	8年	800小时	800起落	2015-9-7	205	156
4	3	7年	700小时	700起落	2015-9-8	318	247
5	4	9年	900小时	900起落	2015-9-9	256	234
6	5	10年	1000小时	1000起落	2015-9-10	411	400
7	6	12年	1200小时	1000起落	2015-9-11	368	320

图 1-2　某部飞机控制信息表

	A	B	C	D	E
1	寿命控制		出厂日期	使用时间	使用起落
2	1 10年/1000小时/1000起落		2015-9-6	103	99
3	2 8年/800小时/800起落		2015-9-7	205	156
4	3 7年/700小时/700起落		2015-9-8	318	247
5	4 9年/900小时/900起落		2015-9-9	256	234
6	5 10年/1000小时/1000起落		2015-9-10	411	400
7	6 12年/1200小时/1000起落		2015-9-11	368	320

图 1-3　数据分列步骤 1

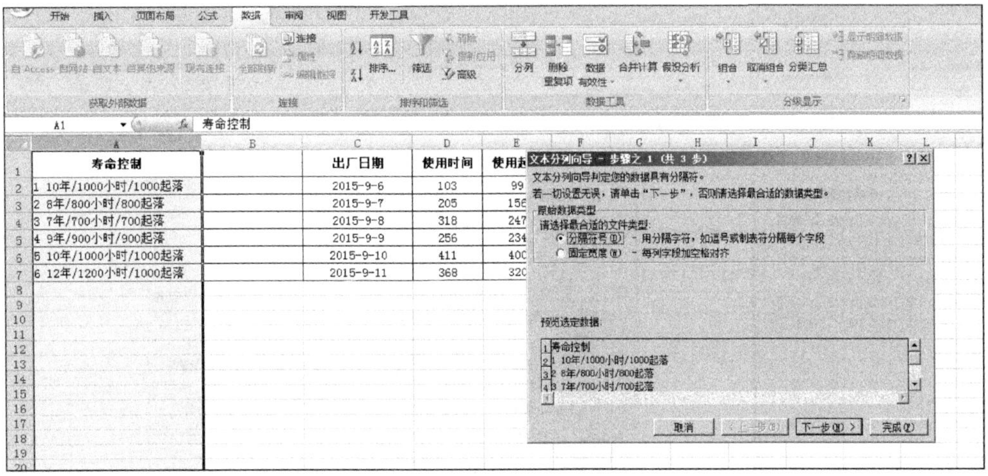

图 1-4　数据分列步骤 2

(3) 在[文本分列向导-步骤之 2]中勾选“空格”，单击[下一步]，如图 1-5 所示。注意：分隔符号可以选择 Tab 键、分号、逗号、空格，或者其他自定义的分隔符号。

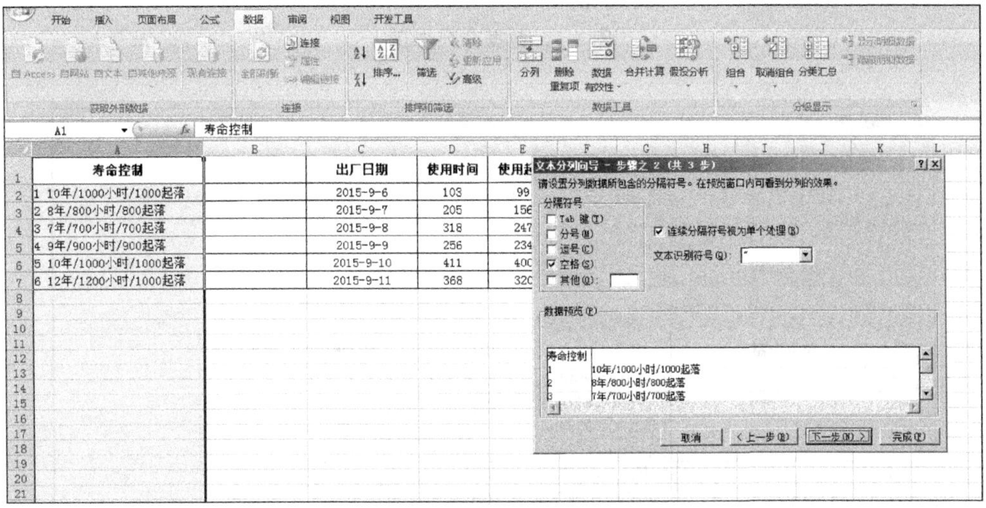

图 1-5　数据分列步骤 3

(4) 在[文本分列向导-步骤之 3]中选择“常规”，可以预览拆分后的效果，单击[完成]，如图 1-6 所示。注意：分列后的数据格式可以在该步骤进行选择，如果选择了“日期”，还可以继续选择日期格式的显示方式。

(5) 在弹出的[是否替换目标单元格内容?]对话框中单击[确定]按钮，最后效果如图 1-7 所示，第一列变成了常规格式的飞机号。

重复上述步骤，完成拆分并修改表头标题，最终效果如图 1-2 所示。经过拆分后的表格，后期进行统计分析时方便使用 Excel 表格内置函数或工具。

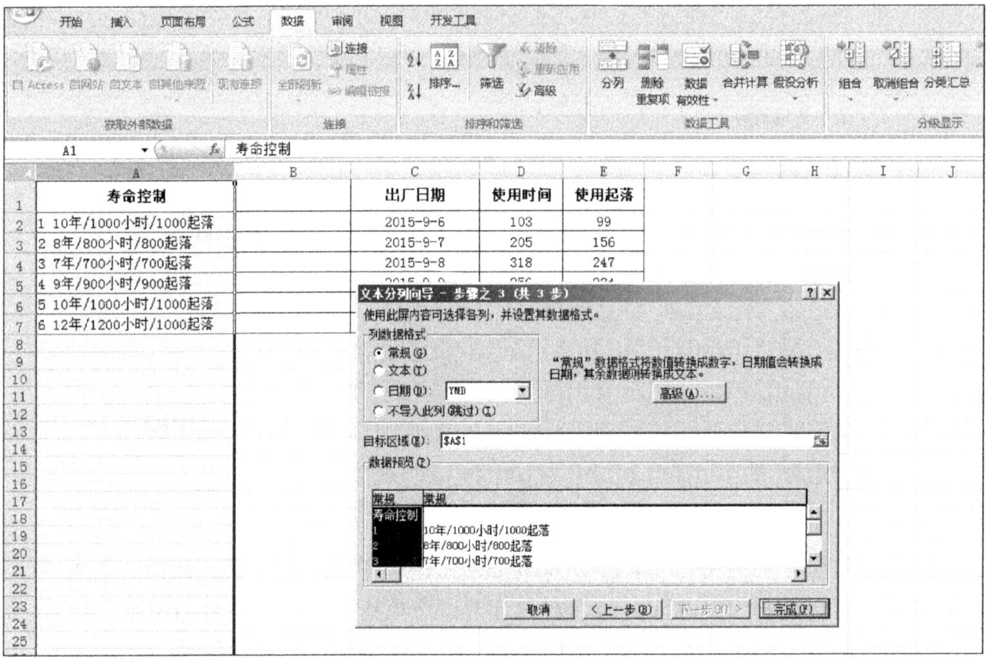

图 1-6 数据分列步骤 4

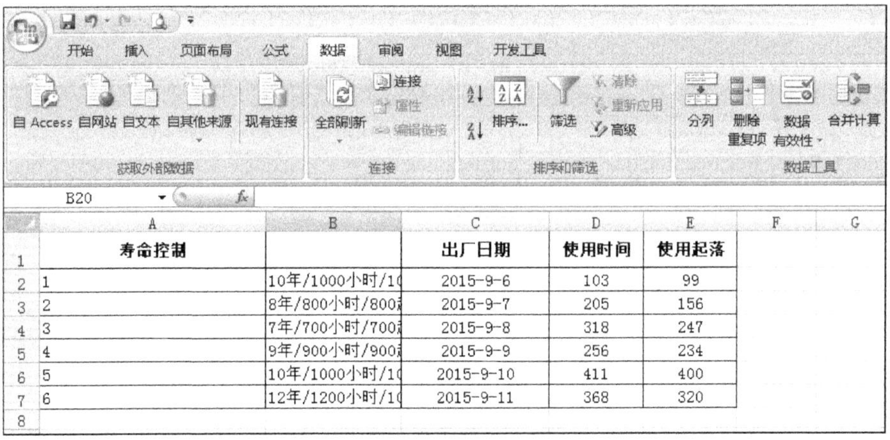

图 1-7 数据分列步骤 5

1.1.2 数据格式

Excel 内置函数或工具的使用前提是单元格数据必须满足格式要求，因此，设计表格时规范数据格式是非常必要的。那么，如何设置单元格的数据格式呢？如图 1-8 所示，找到[开始]选项卡下的[数字]工具组合框，点击右下角的[命令启动器]按钮，打开[设置单元格格式]对话框，在[数字]选项卡的[分类]栏下拉列表框中罗列了 Excel 所有的数值型和文本型格式，选择相应的分类，并在右侧[类型]中选择所需要的样式，如未选择[类型]样式，则为默认样式。选中单元格然后单击鼠标右键，在弹出的菜单列表中可以选择[设置单元格格式]；或者按快捷键“Ctrl＋1”，也可以弹出[设置单元格格式]对话框。

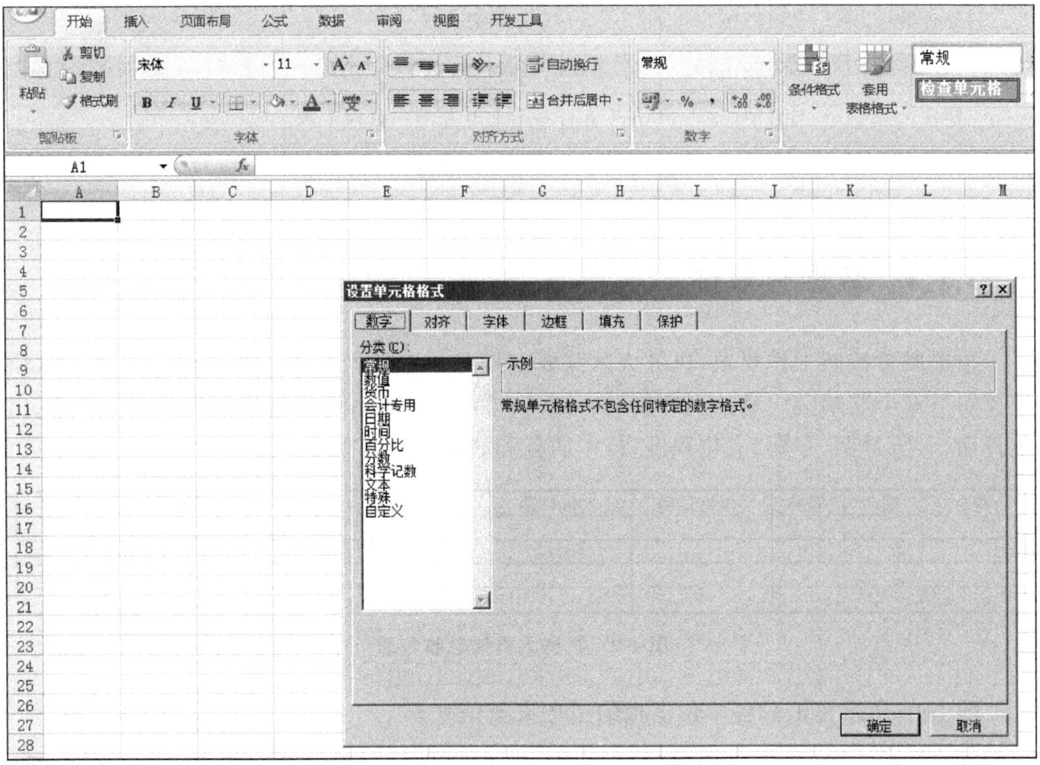

图 1-8　[设置单元格格式]对话框

设置数据格式，不仅方便后续进行统计分析，也使数据简洁明了，可读性非常强。通过分析表 1-1 中的数据，发现经过格式类型设置的数据非常直观，比如日期“9168”，设置日期格式后显示“1925 年 2 月 5 日”。

表 1-1　常见的数据格式类型

格式类型	数据	设置格式后的数据	备注
常规	55179168	55179168	
数值	55179168	55179168.00	小数点后的位数可以调整
货币	55179168	￥55,179,168.00	
会计专用	55179168	US＄　　55,179,168.00	
日期	9168	1925 年 2 月 5 日	
时间	9168.5	12:00:00 PM	默认不显示日期

续表 1-1

格式类型	数据	设置格式后的数据	备注
百分比	0.55	55.00%	
分数	0.55	5/9	
科学计数	55179168	5.52E+07	
文本	55179168	55179168	
特殊	55179168	五千五百一十七万九千一百六十八	
自定义	9168	1925 年 2 月	

1.1.3 数据有效性

根据质量控制工作要求，机务大队需要定期分析本单位机务人员状况。机务大队质量控制与安全监察室质量控制师制发了图 1-9 所示的表格，内容包括单位、姓名、职务、出生日期、入伍日期、军衔、文化程度、技术职务和联系电话等信息。

单位	姓名	职务	出生日期	入伍日期	军衔	文化程度	技术职务	联系电话

图 1-9　机务人员信息收集表

图 1-10 所示是汇总各单位上报的机务人员信息。

单位	姓名	职务	出生日期	入伍日期	军衔	文化程度	技术职务	联系电话
机务一中队	张三	军械师	1985年4月	2003年9月	少校	本科学历	工程师	131-6903-3302
机务1中队	刘峰	军械排长	1978-3-6	1996-9-1	中校	大专文化	助工	13,169,033,309
…	…	…	…	…	…	…	…	…
二中队	张高乐	排长	1984.03	2002.09	专业技术中校	硕士研究生	高工	13169033316
…	…	…	…	…	…	…	…	…
修理厂	李奎	特设员	1999年9月20日	2017年9月1日	一期士官	高中	无	1.3169E+11
修理厂	林翀	特设员	1985年9月20日	2003年12月1日	上士	高中	无	1.3169E+11
…	…	…	…	…	…	…	…	…

图 1-10　机务人员信息收集表

我们可以采用数据验证功能（Excel 2010 版本称为“数据有效性”）来规范数据输入，不但可以限制单元格输入的内容、格式、长度和输入提示，还可以指定输入法模式和出错警告信息，从数据采集源头上避免问题，功能十分强大，能有效地减少后期整理数据的工作量，极大地提高了工作效率。那么，如何利用数据验证功能呢？

（1）限制输入内容。对于图 1-11 所示的表格，为了使输入的单位、职务、军衔、文化程度和技术职务的内容标准统一，可以对字段进行设置，以限制输入内容。

首先，选择“序号”列，然后点击[数据]选项卡下的[数据验证]按钮，弹出[数据验证]

对话框，对于“序号”列字段，格式设置为整数且数值介于 1 和 50 之间，然后点击[确定]按钮，退出对话框。当在序号列中输入“56”后回车，弹出错误提示，如图 1-12 所示。因此，使用数据验证功能可以限制单元格的格式和单元格定义的数值大小，减少数据错误并提高效率。注意：在设置时可以输入数据范围，也可以选定表格中单元格定义的数值作为数据范围。

图 1-11　限制输入内容——设置数据范围

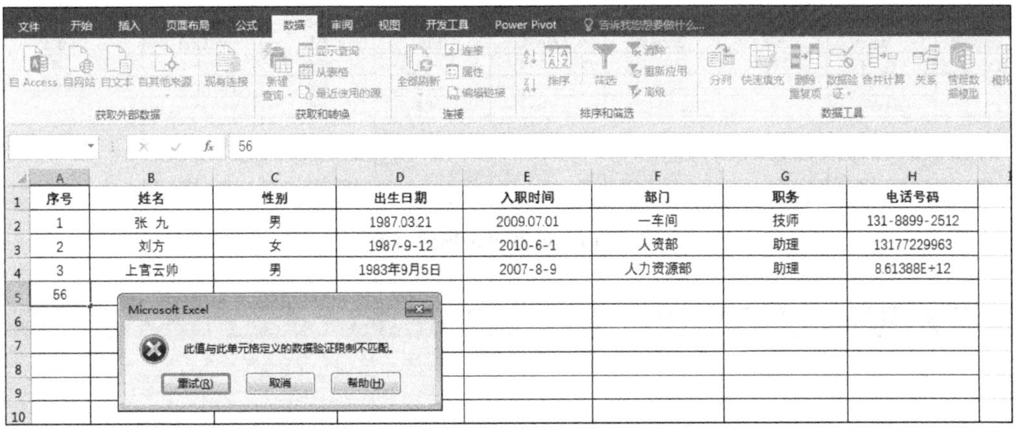

图 1-12　数据超过限制范围的提示

对于“性别”列，可以设置可选字段，但此处只能选择“男”或“女”，如图 1-13 所示。首先，选中“性别”列，然后点击[数据]选项卡下的[数据验证]按钮，弹出[数据验证]对话框，在“验证条件”中选中“序列”，勾选“提供下拉箭头”，“来源”设置选择已给定的两个单元格中的数值，如图 1-14 所示，返回到[数据验证]对话框，点击[确定]按钮。在输入性别时，点击单元格右下方的小箭头，弹出下拉选项，如图 1-15 所示，选择所需数据即可完成输入，这样的输入方式非常规范且数据不容易出错。注意：如果没有勾选“提供下拉箭头”，则不会在单元格右下方显示箭头，输入数据时根据输入的信息匹配相应内容。

图 1-13　限制输入内容——设置可选项

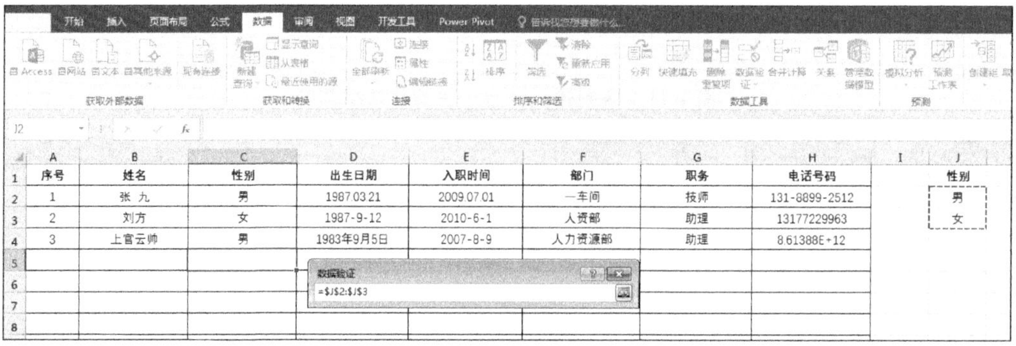

图 1-14　设置可选项数据源

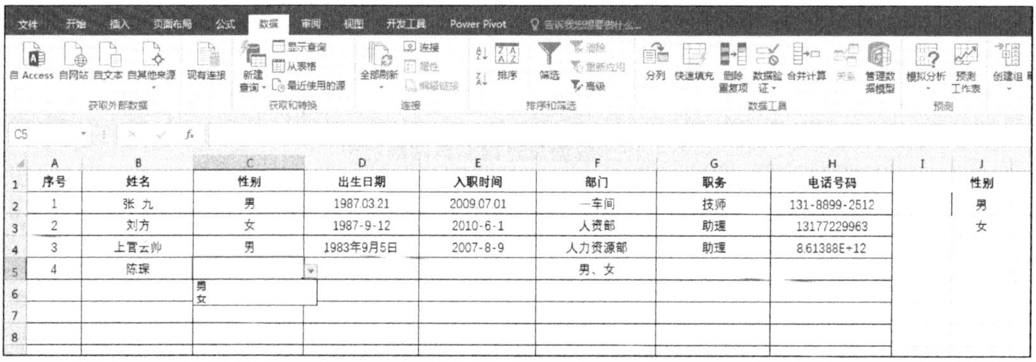

图 1-15　限制输入内容——可选项效果

采用同样的方法，对“部门”列进行设置，如图 1-16 所示。

图 1-16　设置部门可选项

对于表格中“电话号码”字段，可以对它进行文本长度限制，防止超出电话号码长度而出现错误。首先，选中“电话号码”列，然后点击[数据]选项卡下的[数据验证]按钮，弹出[数据验证]对话框，在“验证条件—允许”下拉列表中选中“文本长度”，在“数据”下拉列表中选择“等于”，在“长度”栏输入“11”，点击[确定]按钮，如图 1-17 所示。当输入的电话号码长度超过 11 位时，会弹出错误提示，如图 1-18 所示。

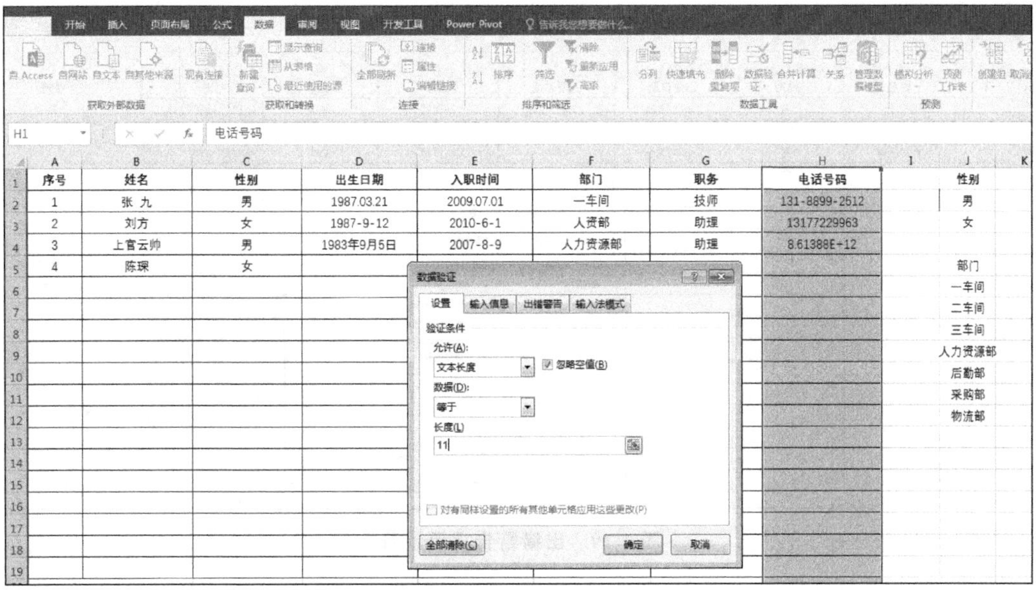

图 1-17　限制输入内容——设置输入长度

(2) 出错警告提示。虽然表格限制了输入内容，也会提示错误，但是没有提示具体信息。因此，可以在表格中设置出错警告，弹出简洁明了的错误信息。如图 1-19 所示，首

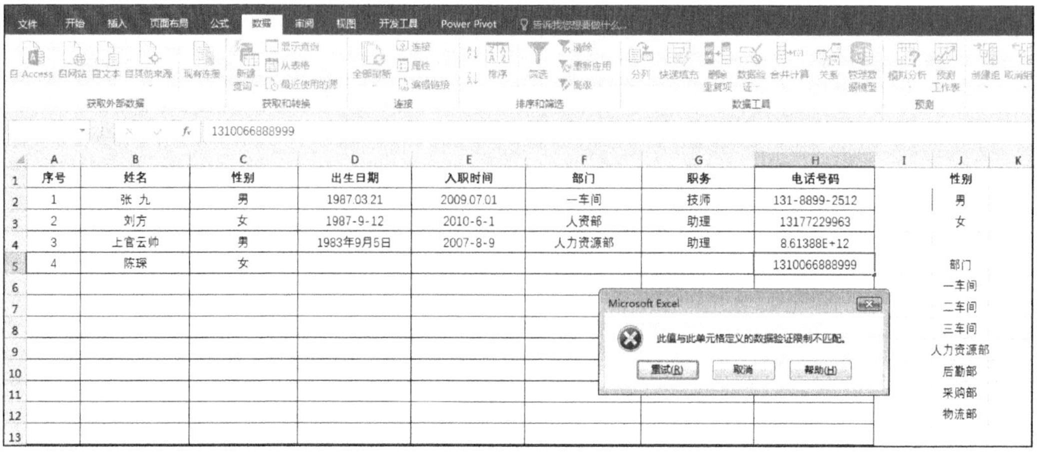

图 1-18 超出限制长度警告提示

先，选中“电话号码”列，然后点击[数据]选项卡下的[数据验证]按钮，弹出[数据验证]对话框，点击[出错警告]选项，在“标题”栏输入“电话号码长度为 11 位！”，在“错误信息”栏输入“电话号码长度为 11 位！请不要加国际区号！”，点击[确定]按钮。当电话号码长度超过 11 位时，会弹出错误提示，如图 1-20 所示。

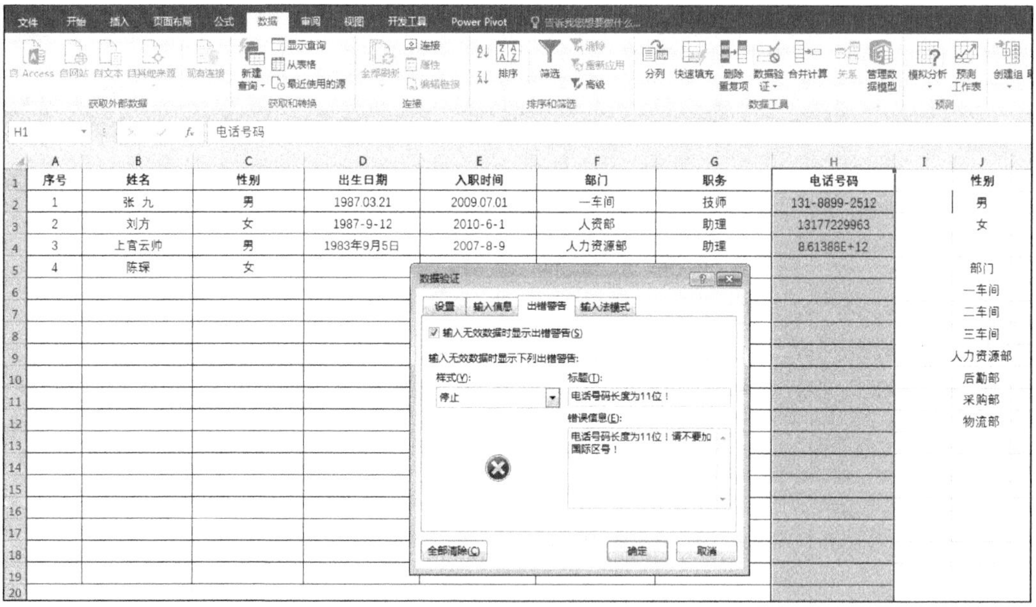

图 1-19 出错警告提示设置

（3）输入信息提示。设置输入信息提示比出错警告提示更实用，因为设置输入信息提示后，只要选择单元格就会浮现输入信息提示内容。如图 1-21 所示，首先，选中“电话号码”列，然后点击[数据]选项卡下的[数据验证]按钮，弹出[数据验证]对话框，点击[输入信息]选项，在“标题”栏输入“日期格式”，在“输入信息”栏输入“20××-××-××”，点

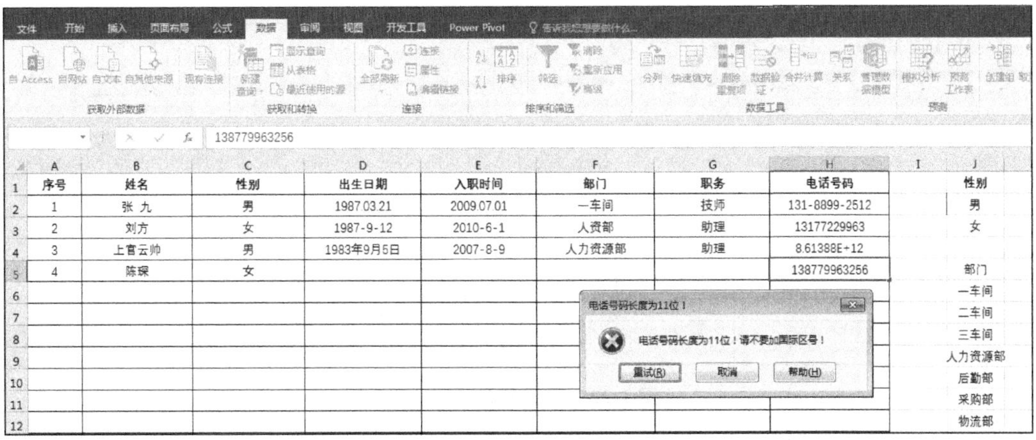

图 1-20　出错警告提示效果

击[确定]按钮。设置完成后，将鼠标光标移动到单元格上方时，会浮现输入信息提示，如图 1-22 所示。

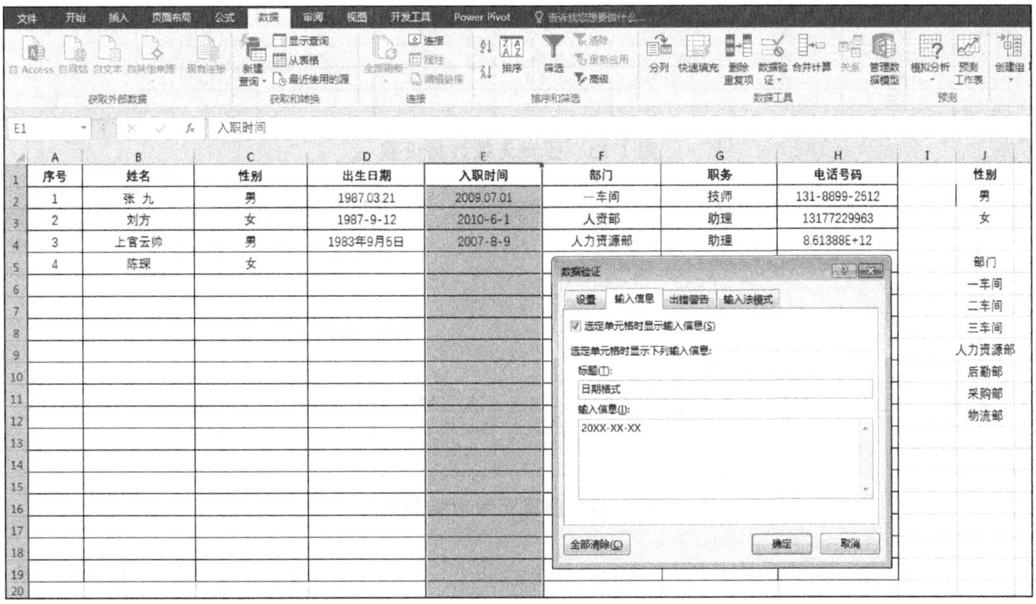

图 1-21　输入信息提示设置

(4) 圈释无效数据。当表格中的数据已经完成了输入后再设置数据验证，那么即使出现不符合规范的数据也不会进行提示，因此就需要使用圈释无效数据功能对已完成输入并设置了数据验证的数据进行显示。如图 1-23 所示，点击[数据]选项卡下的[数据验证]按钮，选择“圈释无效数据”，表格中不符合规范的数据都将用椭圆圈标识，如图 1-24 所示。如果不需要标识，则点击[数据]选项卡下的[数据验证]按钮，选择“清除验证标识圈”选项，表格中的椭圆圈都不再显示。

图 1-22　输入信息提示效果

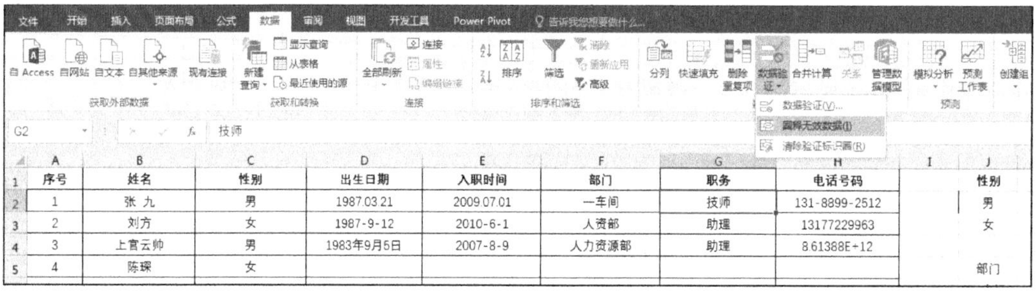

图 1-23　圈释无效数据设置

图 1-24　圈释无效数据效果

设计表格除了遵循以上原则，还应当注意设计表头时尽量避免合并单元格，因为合并单元格后不能使用数据透视表，并且有些情况下不能使用筛选功能。

1.2　Excel 表格的数据类型

通常，在 Excel 单元格中可以输入和处理的数据一般可以分为数值型、文本型、逻辑值和错误值四类。

1.2.1　数值型

数值型数据是指可以用于计算的数字形式的数据。新建 Excel 工作簿或工作表时，默认的就是数值型格式。数值型数据的形式有多种，如数字、日期、时间、正负数、小数、分数、百分比以及货币等。在使用数值型数据时应注意下列情况：

（1）单元格的数值默认显示 11 位，如果超过 11 位，系统会自动以科学计数法显示。比如输入“202003171123789”，单元格中自动显示“2.02E＋14”，其意思就是“2.02×10^{14}”，如图 1-25 所示。如果不需要科学计数法显示，那么先选中单元格，然后在[开始]选项卡[数字格式]组合框下拉菜单中选择所需要的数值类型即可，如图 1-25 所示；也可以通过[设置单元格格式]对话框中[数字]选项卡进行设置，如图 1-26 所示。

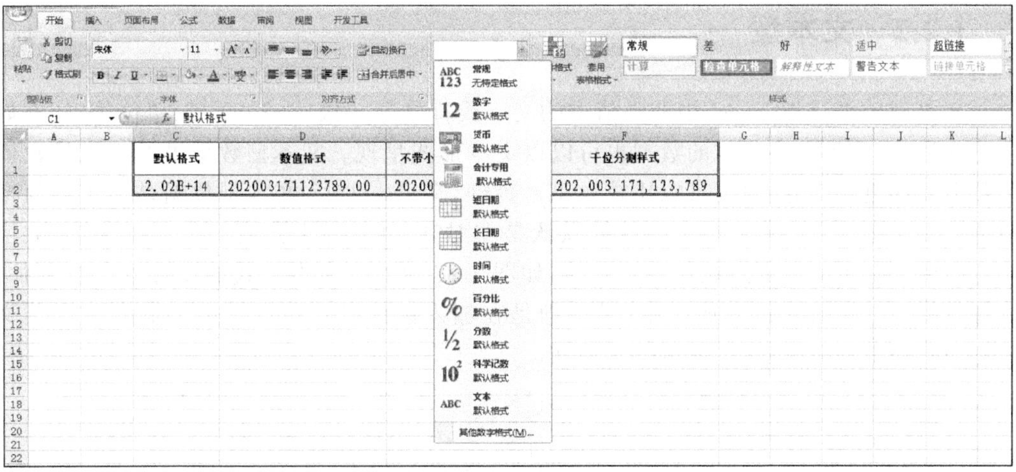

图 1-25　单元格不同数据类型的显示效果

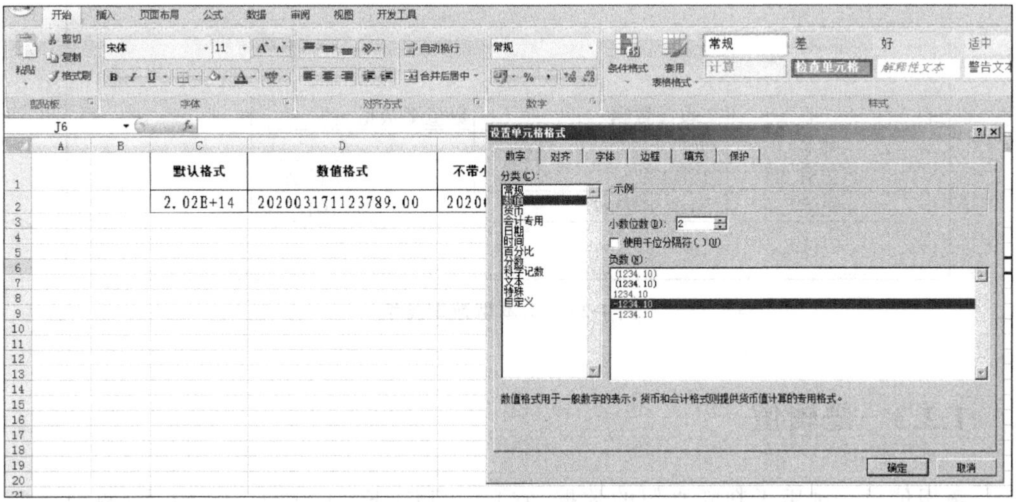

图 1-26　设置单元格数据格式

(2) 日期格式其实也是数值型的数据，Excel 中是以“1900 年 1 月 1 日”为基准值 1，也就是从该天开始，每增加一天，数值增加 1，这是日期运算的数学原理。如“2020 年 1 月 1 日”的数值为 43831，“2020 年 1 月 31 日”为 43861，两者相差 30 天。

同理，在 Excel 中，1 天分为 24 小时，即 1 小时为 1/24 天，1 分钟为 1/(24×60)天。比如时间 1:12:00，设置成常规格式则显示为 0.05，即为 0.05 天；如果数值 1.05 设置成时间格式，则会显示“1900 年 1 月 1 日 01:12:00”。

在自定义格式中，时间格式 hh:mm:ss 与[hh]:mm:ss 是有区别的。前面的格式代表显示每 24 小时增加 1 天，后面的格式则按输入显示。比如 26 小时 12 分 15 秒，设置成 hh:mm:ss 格式则显示“1900 年 1 月 2 日 2:12:15”，设置成[hh]:mm:ss 则显示“26:12:15”。

航空装备的寿命单位一般是小时和天，因此在质量控制工作中使用 Excel 进行数据处理时特别需要注意时间和日期的格式。

1.2.2 文本型

文本型数据是指 Excel 中非数值型的文字或符号等，例如姓名、籍贯、单位等，还有如身份证号、工号等数字形式的数据也可以以文本形式呈现。文本型数据虽然不能像数值型数据那样进行计算，但是可以比较大小。另外，在 Excel 中，文本型数据是大于数值型数据的。文本格式的单元格里的数据默认是左对齐，并且左上角有一个小三角形，数值格式的单元格里的数据默认是右对齐的，如图 1-27 所示。文本格式的设置方法有两种：一种是将单元格格式设置成文本；另一种是在输入数据时先在单元格里输入一个英文(半角)状态下的单引号，然后再输入数据。

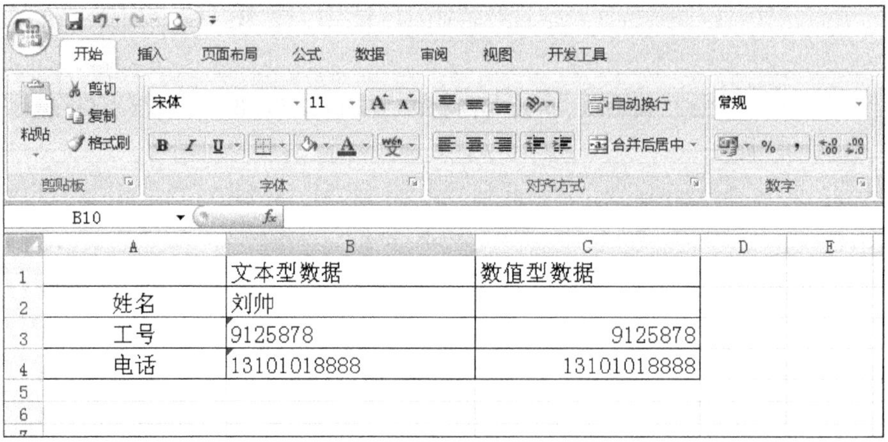

	A	B	C
1		文本型数据	数值型数据
2	姓名	刘帅	
3	工号	9125878	9125878
4	电话	13101018888	13101018888

图 1-27　文本型数据类型

1.2.3 逻辑值

逻辑值是一种用于判断真假的数据，它只有 TRUE(真)和 FALSE(假)两种类型。

如图 1-28 所示，在 D 列输入公式“=C2=B2”，用于判断 2 月份产量是否等于 1 月份，相等的情况下返回 TRUE，不等的情况下返回 FALSE；在 E 列输入公式“=C2>B2”，用于判断 2 月份产量是否大于 1 月份产量，在 2 月份产量大于 1 月份产量的情况下返回 TRUE，其余情况下返回 FALSE。

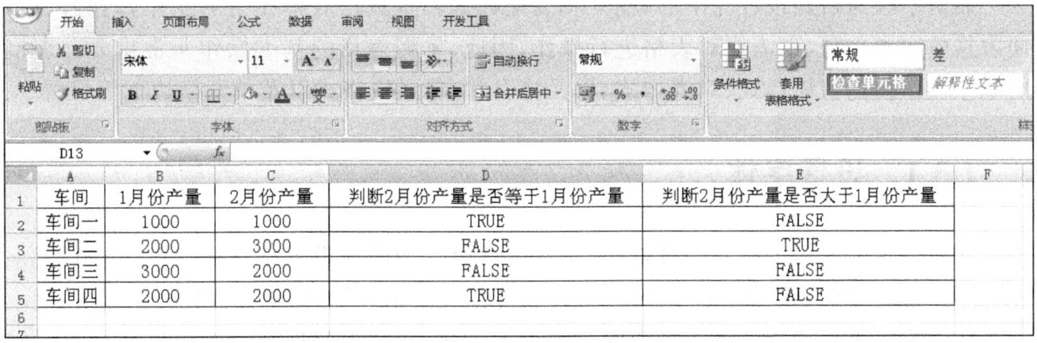

图 1-28　逻辑值数据类型显示效果

1.2.4　错误值

错误值是指当数据处理出现错误时返回在单元格中的提示值。错误值共有 8 种，分别是＃＃＃＃＃、＃DIV/0!、＃NUM!、＃VALUE!、＃REF!、＃NULL!、＃NAME?、＃N/A。如在单元格 A1 中，输入“－1”并将 A1 设置成日期格式，则 A1 单元格显示“＃＃＃＃＃”。提示错误值时，单击单元格前方带感叹号的黄色菱形框，会弹出错误提示，如图 1-29 所示。

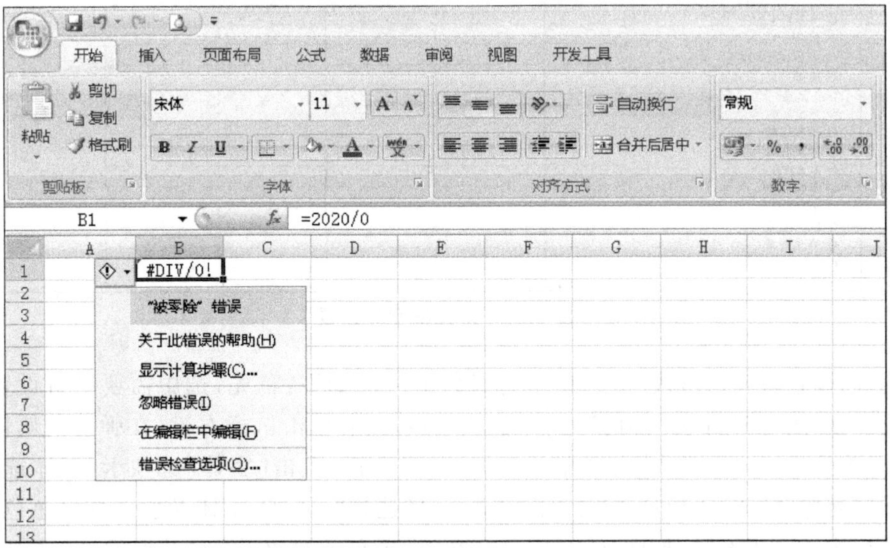

图 1-29　错误值信息提示

1.3 Excel单元格的基本设置

表格字段与格式设计完毕后，输入和处理数据其实就是对单元格的操作，同时，为了使表格整齐和美观，也需要对表格进行操作，因此，掌握表格的基本操作非常重要。表格的基本操作包括字体样式、对齐方式、单元格合并、单元格格式以及单元格边框等设置。

1.3.1 设置字体

字体设置的方法一般有两种：一种是在字体设置功能区设置字体样式、字体颜色、字体大小以及添加下划线等；另一种是通过[设置单元格格式]对话框完成同样的设置。

通过字体设置功能区进行操作的方法如下：首先选中需要进行设置的单元格或区域（图1-30中的“部门”列和“职务”列），然后在[开始]选项卡中字体功能区选择字体为“方正小标宋简体”样式，如图1-30所示；在字体大小下拉列表中选择“16”磅，如图1-31所示；在字体颜色下拉列表中选择红色色块，如图1-32所示。在字体功能区，还可以对字体进行加粗、倾斜、加下划线、加双下划线、填充背景颜色以及边框等设置。

图1-30 单元格字体设置

通过[设置单元格格式]对话框进行操作的方法如下：首先，选中需要进行设置的单元格或区域（图1-31中的“部门”列和“职务”列），然后单击鼠标右键，在弹出的属性中选择“设置单元格格式”，弹出[设置单元格格式]对话框，点击[字体]选项卡，字体选择“方正小标宋简体”样式，字形选择“常规”样式，字号选择“16”磅，字体颜色选择红色色块，点击[确定]按钮完成设置，如图1-33所示。在[设置单元格格式]对话框的[字体]选项卡中，还可以设置特殊效果，并且可以通过预览查看效果。

图 1-31　单元格字体大小设置

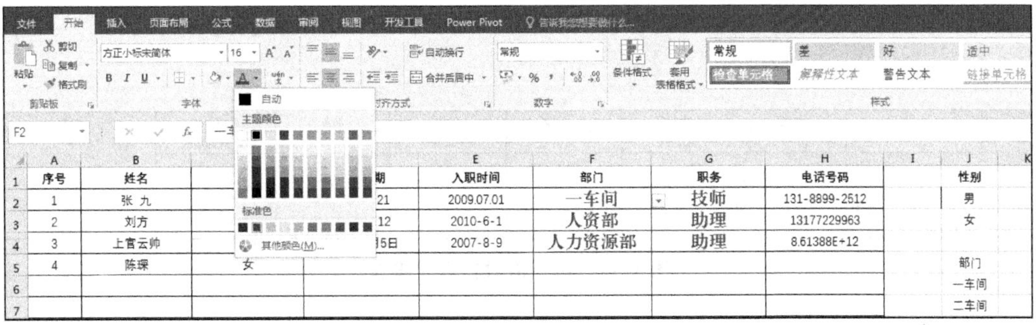

图 1-32　单元格字体颜色设置

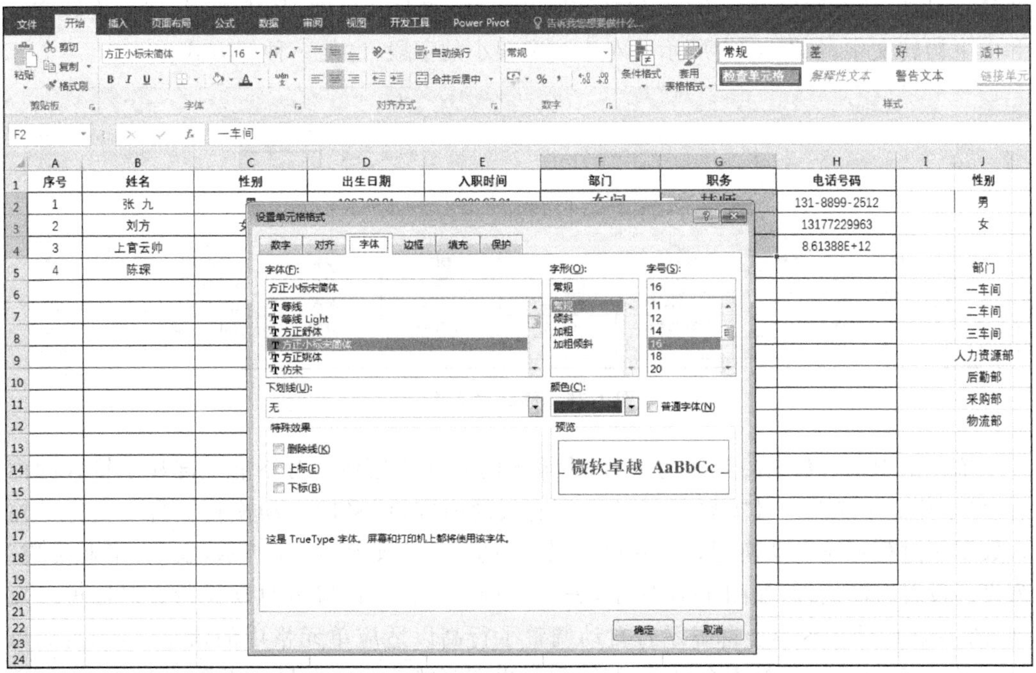

图 1-33　通过[设置单元格格式]对话框进行单元格设置

1.3.2 设置对齐方式

在单元格中输入数据时，文本型数据会默认左对齐，数值型数据会默认右对齐，通过设置单元格对齐方式可以将单元格数据的对齐方式统一，使表格整齐美观。对齐方式设置有两种方法：一种是在对齐方式功能区选择对齐方式；另一种是通过[设置单元格格式]对话框在[对齐方式]选项卡中进行设置。两种方法的功能基本一致。

通过对齐方式功能区进行对齐操作：首先选中需要进行设置的单元格或者区域（图 1-34 中的“姓名”列和“性别”列），然后在对齐方式功能区选择“右对齐”，如图 1-34 所示。

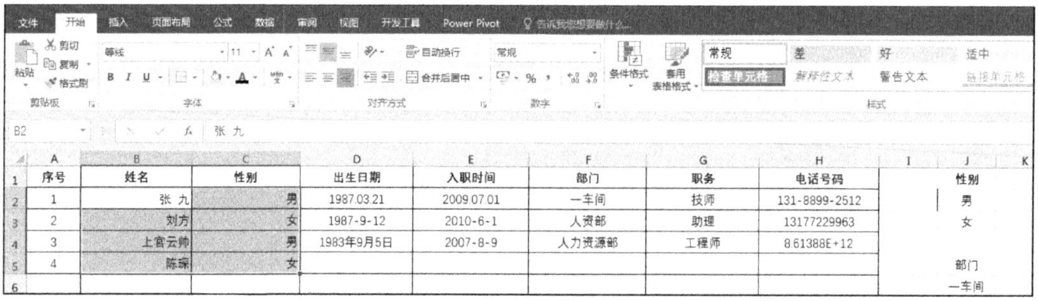

图 1-34 单元格对齐方式设置

对齐方式功能区中，水平对齐方式有左对齐、水平居中对齐和右对齐，垂直对齐方式有顶端对齐、垂直居中对齐和底端对齐。对于水平对齐，还可以根据需要增加或减少对齐量。另外，还有倾斜对齐方式，包括逆时针角度、顺时针角度、竖排文字、向上旋转文字和向下旋转文字，如图 1-35 所示。对于列宽很小的字段，这是一种好方式。

图 1-35 倾斜对齐方式

单元格中输入数据时默认为一行，当输入的数据超过列宽时不能全部显示输入的内容，如果列宽不能改变且需要全部显示所输入的内容，可采用自动换行。自动换行是输入数据超过列宽时自动换行，以多行显示输入的信息。如图 1-36 所示，表中“毕业院校”列没有设置自动换行；如图 1-37 所示，表中“毕业院校”列设置成自动换行。对比可以发现，图 1-37 中院校内容全部显示且自动调整了行高以适应单元格中的信息。注意：如果设置了行高，自动换行时不会自动调整行高，也有可能造成数据显示不全，图 1-38 中行高设置成“20”，即使自动换行也不能全部显示单元格内容。

图 1-36　未设置自动换行

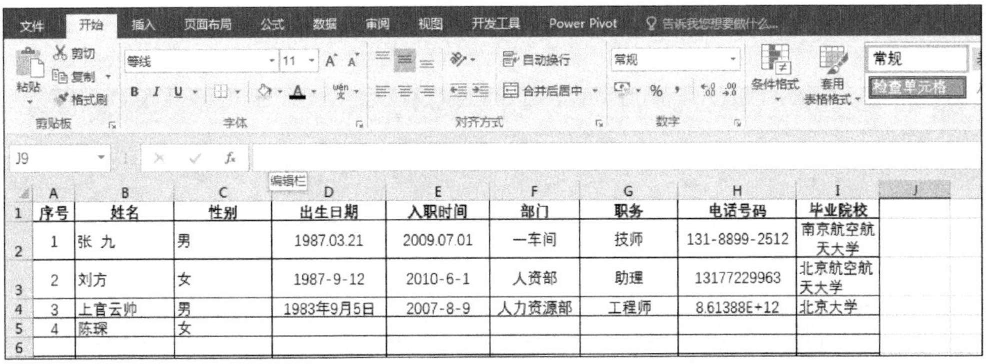

图 1-37　设置自动换行

图 1-38　固定行高后自动换行显示效果

1.3.3　合并单元格

合并单元格是使用得较多的单元格操作，包括合并后居中、跨越合并、合并单元格和取消单元格合并，如图 1-39 所示。合并后居中是指将所选择的多个单元格合并成一个单元格，并将单元格中的内容居中对齐；跨越合并是指将相同行中的单元格合并成一个大单元格，合并前如图 1-40 所示，合并后如图 1-41 所示；合并单元格是指将所选单元格合并成一个

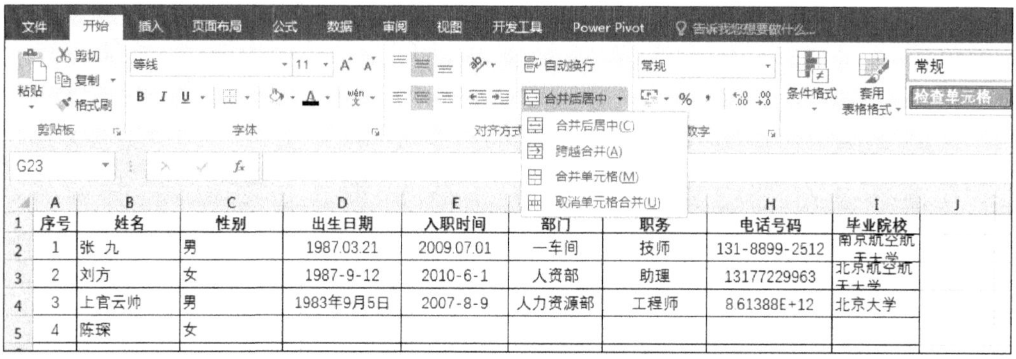

图 1-39　合并单元格的方式

图 1-40　跨越合并单元格前

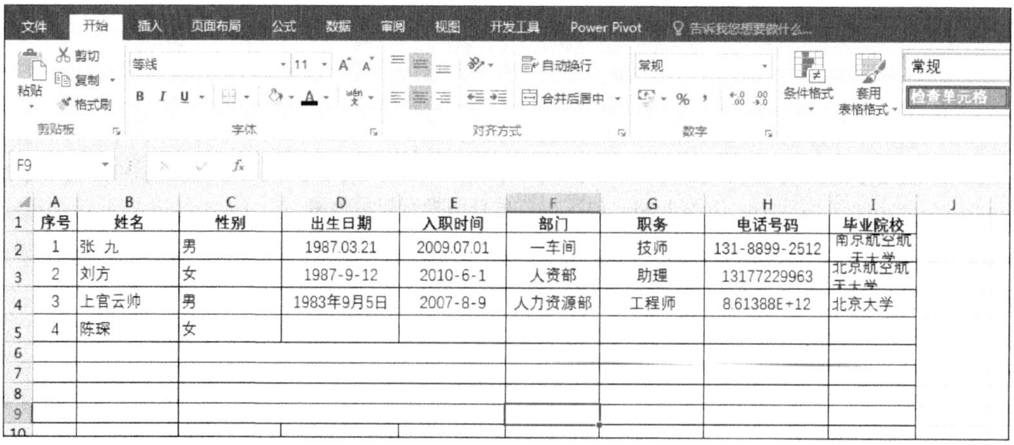

图 1-41　跨越合并单元格后

单元格，与合并后居中的区别是合并后没有将单元格中的内容居中对齐；取消单元格合并是指将选中的合并后单元格取消合并，恢复成原始单元格。注意：虽然合并单元格的操作使用得较多，但是为了更好地使用 Excel 中数据透视表和函数等功能，应尽量避免使用合并单元格。

1.3.4　设置单元格格式

通过[设置单元格格式]对话框进行对齐设置：首先，选中需要进行设置的单元格或者区域(图 1-42 所示的“姓名”列和“性别”列)，然后单击鼠标右键，在弹出的鼠标属性中选择“设置单元格格式”，弹出[设置单元格格式]对话框，如图 1-42 所示。在[对齐]选项卡中“水平对齐”的下拉列表中选择“居中”，“垂直对齐”的下拉列表中选择“居中”，点击[确定]按钮，效果如图 1-43 所示。

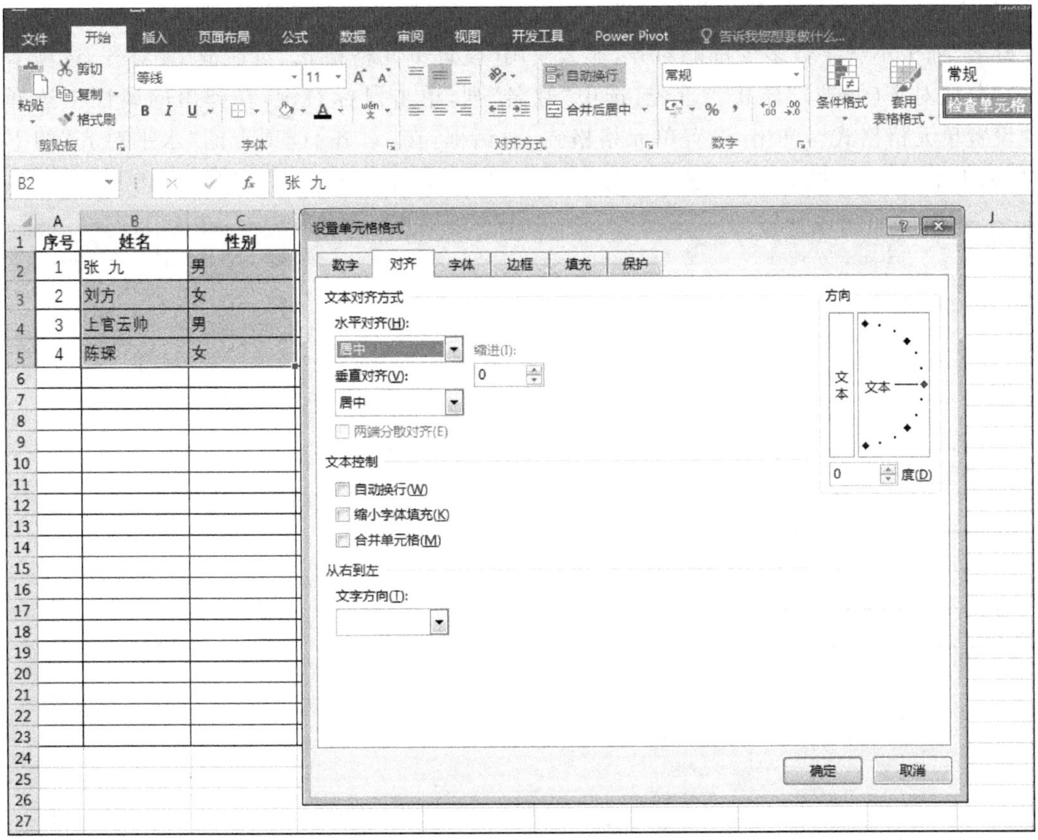

图 1-42　设置单元格格式

[设置单元格格式]对话框中[对齐]选项卡有几个功能是对齐方式功能区没有的，如水平对齐方式和垂直对齐方式的样式要多一些，文本控制中有“缩小字体填充”功能。下面介绍水平对齐样式中“分散对齐(缩进)”和“缩小字体填充”的妙用。

图 1-44 所示的“姓名”列中，为了使表格美观，有人录入姓名时会刻意在字少的名字

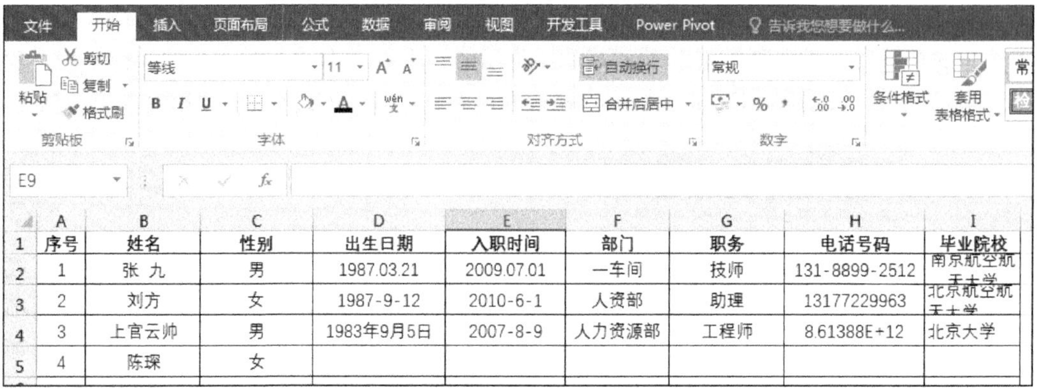

图 1-43 设置单元格格式为居中的效果

中加空格对齐，但是在 Excel 中，“张九”和“张　九”是当作两个人来处理的。如果为了“姓名”列中不管字数多少都能对齐，那么使用[设置单元格格式]对话框中[对齐]选项卡的“分散对齐(缩进)”样式。首先，选中“姓名”列，单击鼠标右键，在弹出的属性中选择“设置单元格格式”，弹出[设置单元格格式]对话框，在[对齐]选项卡的“水平对齐”的下拉列表中选择“分散对齐(缩进)”，缩进填“1”，点击[确定]按钮，效果如图 1-45 所示。

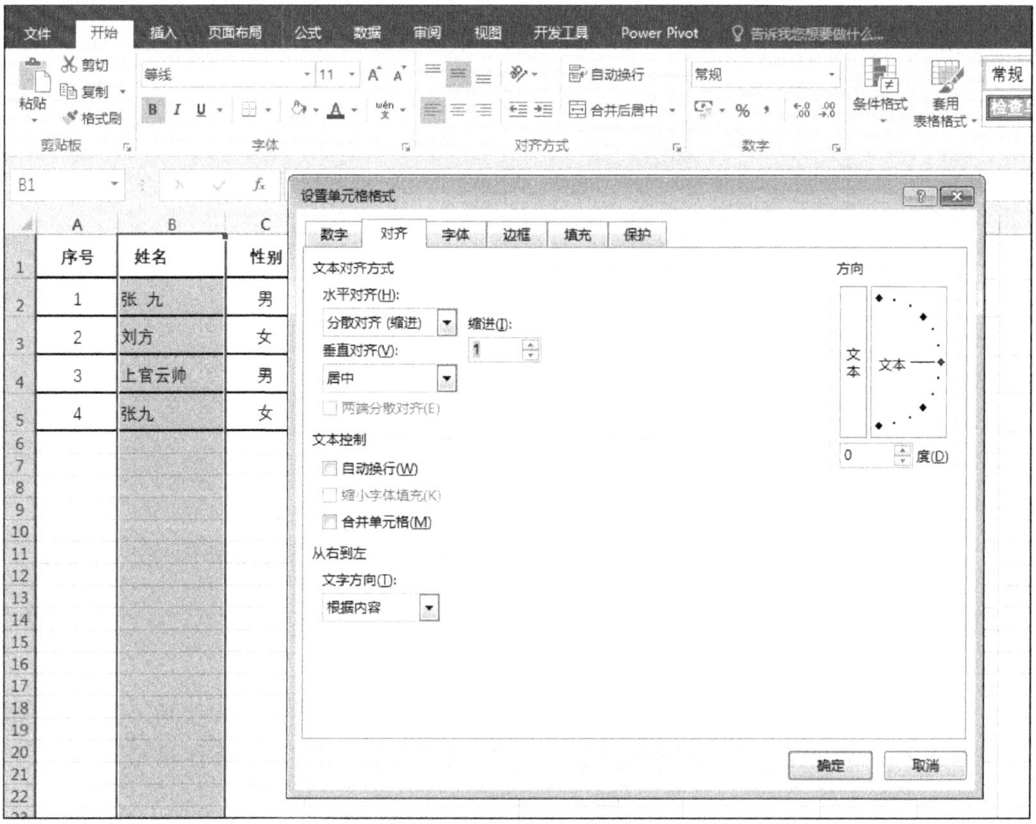

图 1-44 分散对齐方式设置

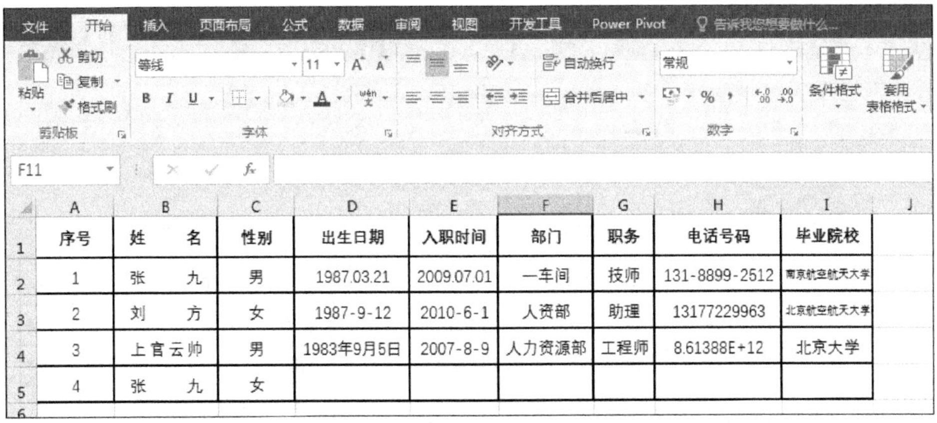

图 1-45　分散对齐方式显示效果

当单元格的列宽较小且不能修改时，勾选“缩小字体填充”会自动缩小单元格字体并填满。图 1-46 所示的“毕业院校”字段，内容从单元格中溢出，不能正常显示。首先，选中“毕业院校”字段，单击鼠标右键，在弹出的属性中选择“设置单元格格式”，弹出[设置单元格格式]对话框，在[对齐]选项卡“文本控制”中勾选“缩小字体填充”，点击[确定]按钮，效果如图 1-47 所示。

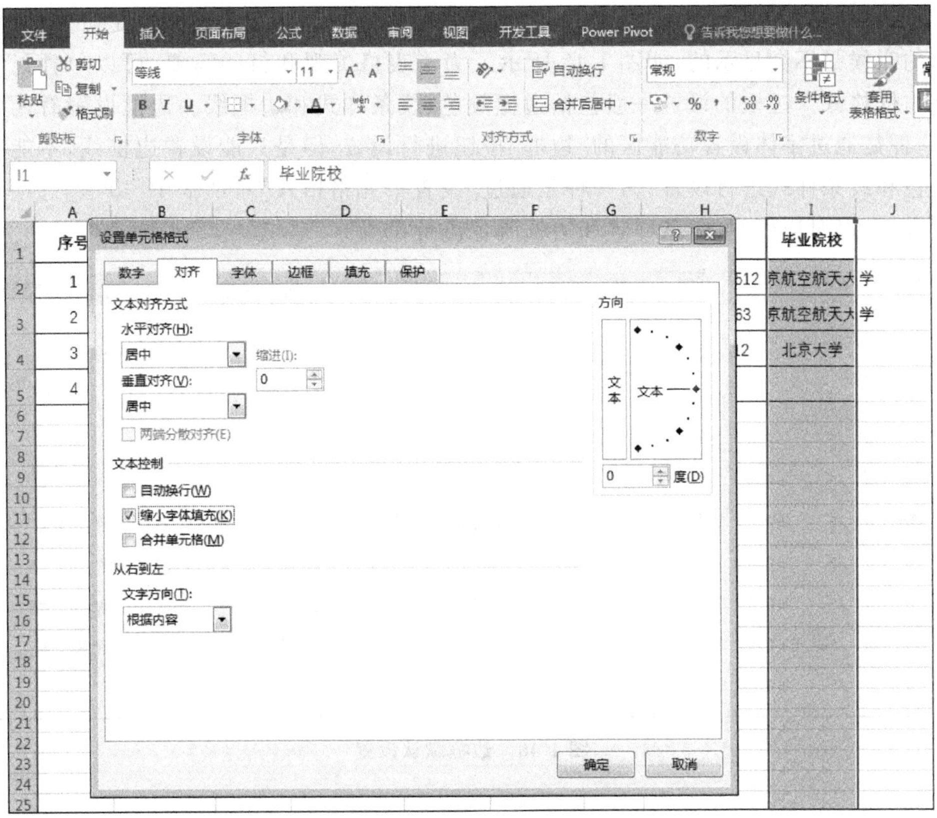

图 1-46　缩小字体填充设置

图 1-47　缩小字体填充显示效果

1.3.5　设置边框

Excel 中的网格线默认是灰色的，虽然在进行表格操作时这个网格线是可见的，但是打印的时候是不会显示的，如图 1-48 所示。为了表格美观和打印需要，可以单独设置单元格边框格式。边框的设置一般包括边框颜色、线条样式和边框线。边框设置有两种方法：一种是通过字体设置功能区的[边框]按钮进行设置，但是只能设置边框线，不能对边框颜色和线条样式进行设置；另一种是通过[设置单元格格式]对话框中[边框]选项卡进行设置，可以对边框线、线条样式和边框颜色进行设置。

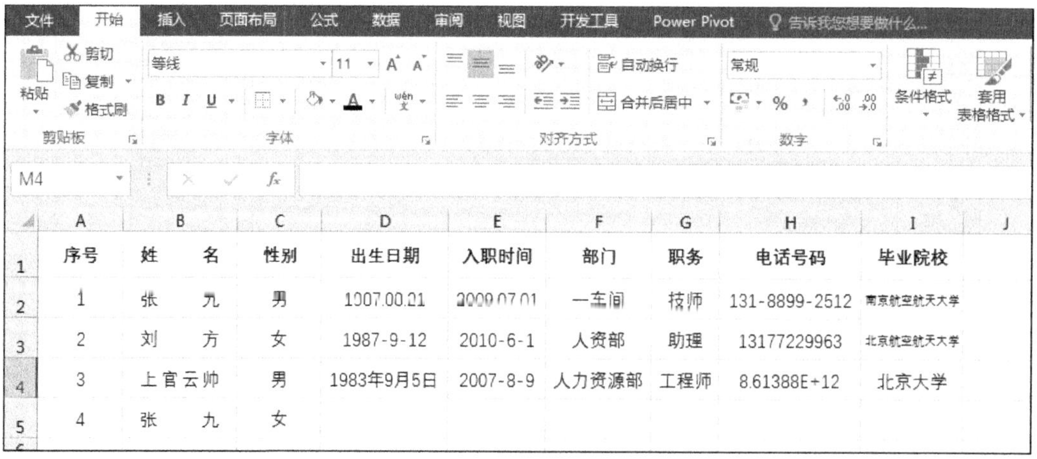

图 1-48　边框默认设置

通过[边框]按钮进行设置：如图 1-49 所示，首先选中需要设置边框的区域，然后点击[边框]按钮，在弹出的边框线模板中选择“所有框线”即可，效果如图 1-50 所示。

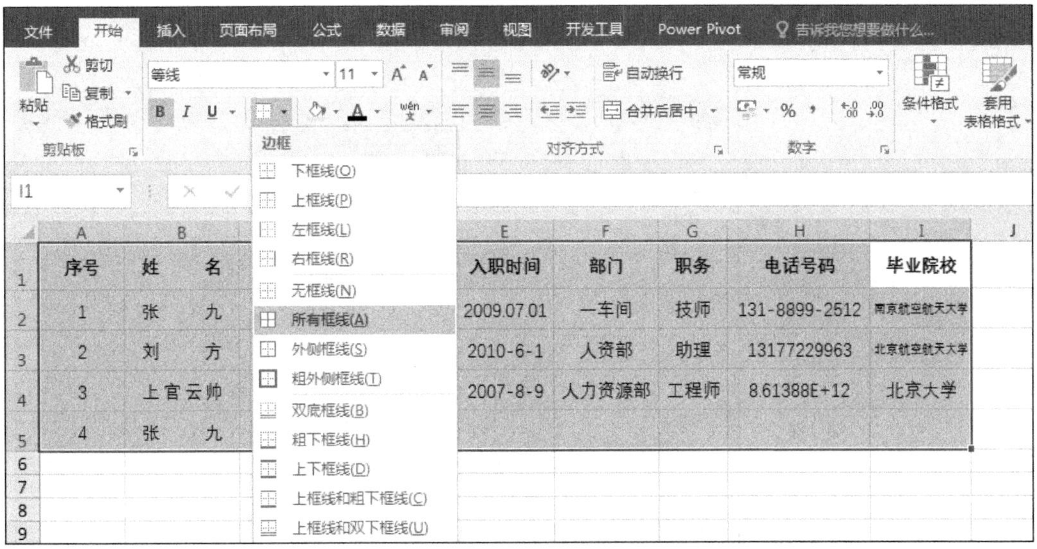

图 1-49　通过[边框]按钮进行边框设置

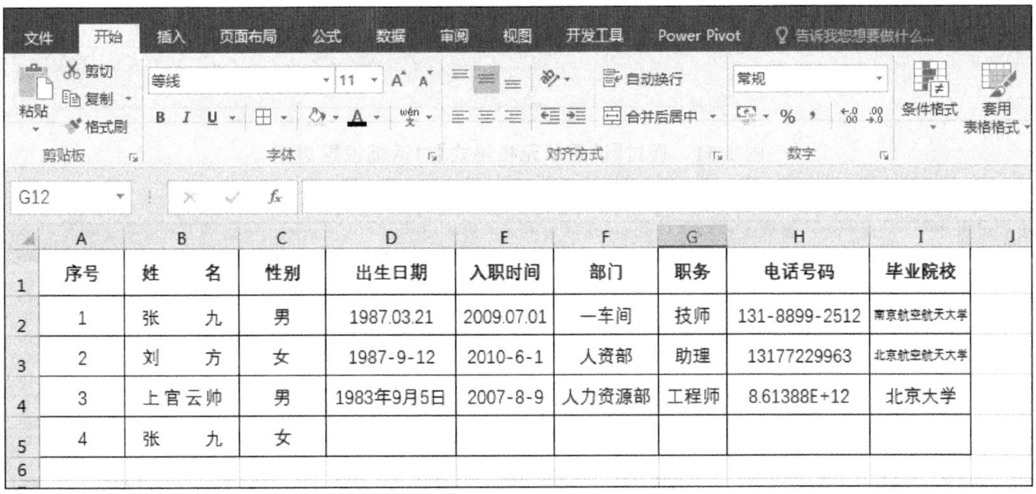

图 1-50　边框设置显示效果

通过[设置单元格格式]对话框进行设置：首先选中需要设置边框的区域，然后单击鼠标右键，在弹出的属性中选择“设置单元格格式”，弹出[设置单元格格式]对话框，点击[边框]选项卡，在“线条—样式”中选择“虚线”，在“线条—颜色”中选择红色色块，在“预置”中选择“外边框”和“内部”，如图 1-51 所示，点击[确定]按钮完成设置，效果如图 1-52 所示。

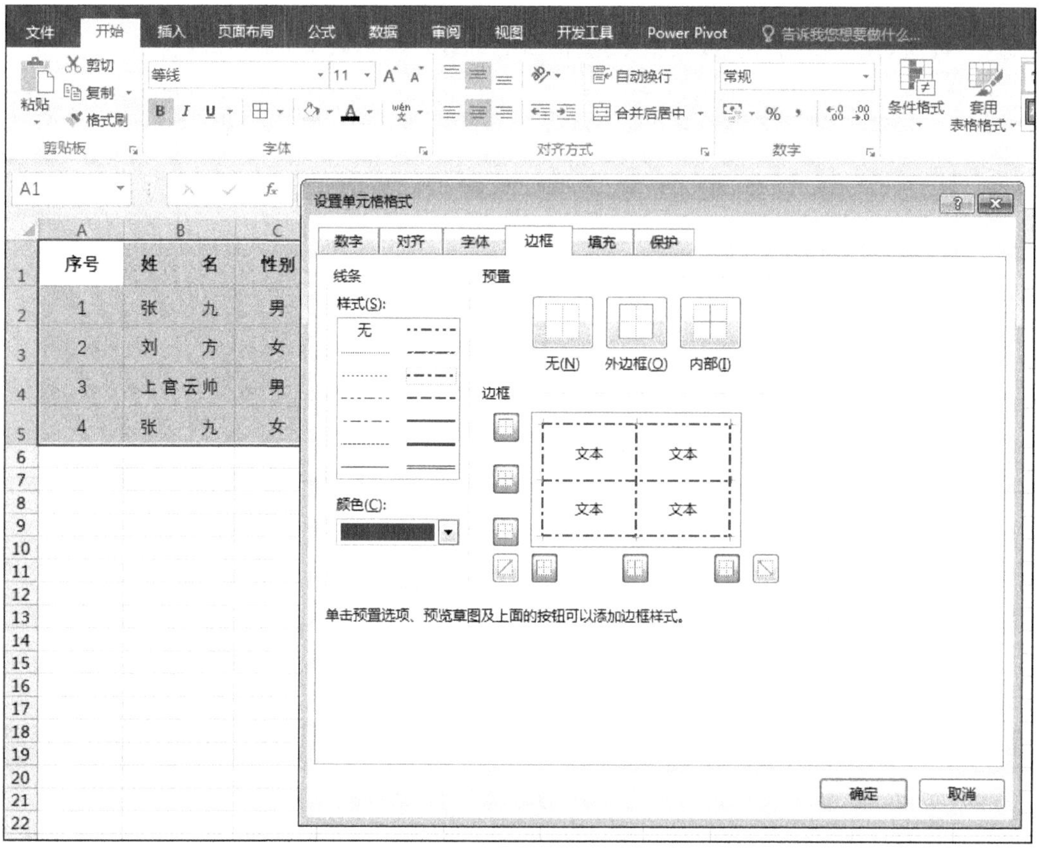

图 1-51　通过[设置单元格格式]对话框设置边框

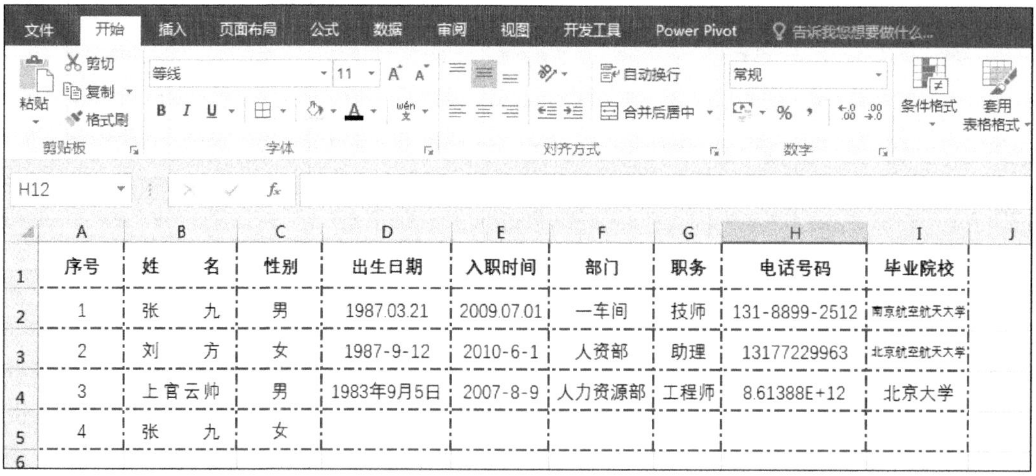

图 1-52　边框设置显示效果

1.4　Excel 表格常用的操作

Excel 表格常用的操作包括对单元格的插入与删除、查找和替换、排序与筛选、填充和选择性粘贴等。

1.4.1　单元格的插入与删除

插入单元格：向工作簿中插入单元格、行、列或工作表。插入单元格分为插入单元格、插入工作表行、插入工作表列和插入工作表，如图 1-53 中窗体①所示，选择“插入单元格”，弹出窗体②，窗体中的内容有四个选项：如果选择“活动单元格右移”，则插入一个单元格，鼠标光标所在的单元格右移；如果选择“活动单元格下移”，则插入一个单元格，鼠标光标所在的单元格下移；如果选择“整行”，则插入一行，鼠标光标所在的行下移；如果选择“整列”右移则插入一列，鼠标光标所在的列右移。

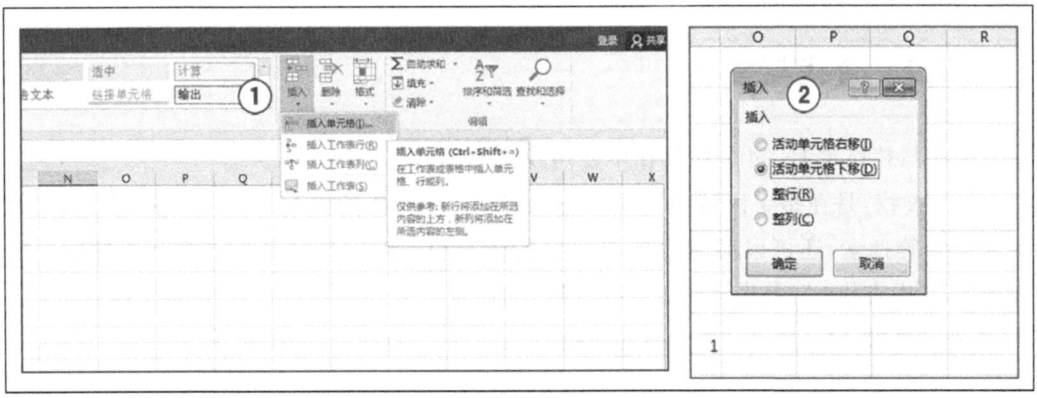

图 1-53　向工作表中插入单元格

插入工作表行和插入工作表列与通过插入单元格选择整行或整列是同样的效果。插入工作表则是在当前工作表前插入一个空白的 Sheet 工作表。

删除单元格：从工作簿中删除单元格、行、列或工作表。删除单元格分为删除单元格、删除工作表行、删除工作表列和删除工作表，如图 1-54 中窗体①所示，选择“删除单元格”，弹出窗体②，窗体中的内容有四个选项：如果选择“右侧单元格左移”，则删除鼠标光标所在的单元格，原来左边的单元格右移到被删除单元格的位置；如果选择“下方单元格上移”，则删除鼠标光标所在的单元格，下方的单元格上移到被删除单元格的位置；如果选择“整行”，则删除当前鼠标光标所在的行，下一行上移到被删除行的位置；如果选择

“整列”,则删除当前鼠标光标所在的列,右列左移到被删除列的位置。

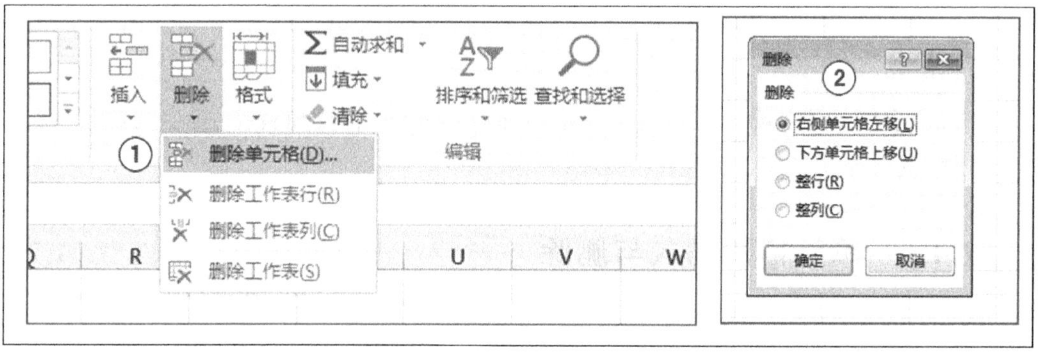

图 1-54　删除工作表中单元格

删除工作表行和删除工作表列与通过删除单元格选择整行或整列是同样的效果。删除工作表则是删除当前的工作表。

不管是插入还是删除单元格,都可以通过选中目标单元格,然后单击鼠标右键,在弹出的属性中选择“插入”或者“删除”,效果是相同的。

1.4.2　查找与替换

查找与替换是 Excel 表格操作中使用较多的操作。

(1) 查找:是在指定区域内搜索被查找的内容,查找的内容不仅可以通过文字、数字和符号等搜索,还可以通过设置单元格的填充色、字体、字号和对齐方式等搜索。如在图 1-55 中查找“.”,首先选中被查找区域,然后选择查找命令或者快捷键“Ctrl+F”,弹出[查找和替换]对话框,在“查找内容”栏输入“.”,点击[查找全部]按钮,查找结果如图 1-56 所示。

(2) 替换:是指用替换的内容替换指定表格区域中被查找的内容,替换必须使用查找功能,而查找可以单独使用。替换的内容,可以是文字、数值和符号等。如图 1-57 中“姓名”列中有部分姓名有不同数量的空格,为了去除空格,可以使用替换工具,高效地去除。方法:选中“姓名”列,选择替换工具或者快捷键“Ctrl+H”,弹出[查找和替换]对话框,在“查找内容”栏中输入“空格”,在“替换为”栏中不输入任何信息,如图 1-57 中窗体①所示,点击[全部替换]按钮,效果如窗体②所示,“姓名”列中总共有 16 个空格被替换了。对于有大量数据的表格,巧妙地使用替换工具可以极大地提高办公效率。

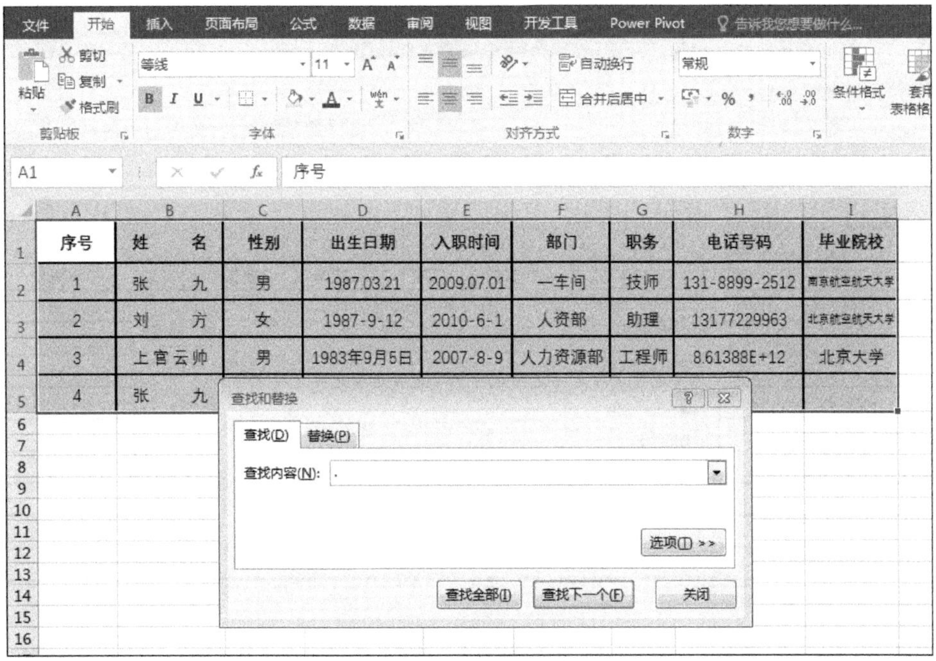

图 1-55　查找指定内容

图 1-56　查找结果显示

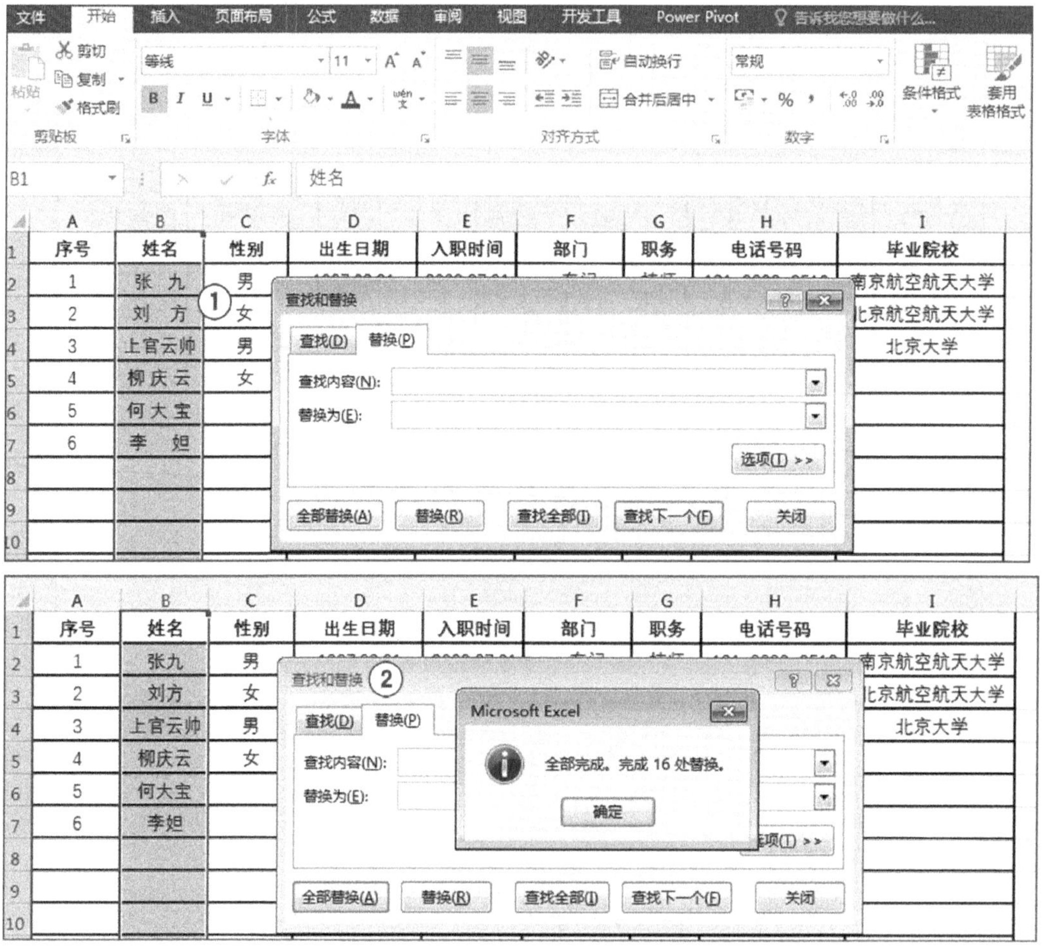

图 1-57　替换的操作与效果

1.4.3　排序与筛选

Excel 中的排序与筛选功能是数据处理分析最基本的工具。排序功能可以将表格中的数据按照一定的规律进行排序，筛选功能可以筛选出符合指定条件的数据，从而提高数据的可读性。

(1) 排序：是指根据一个或者多个条件按照升序或降序进行排列，排序的内容可以是数值、文本和符号等。排序包括单个条件排序和多个条件排序。

单个条件排序：对于图 1-58 窗体①中的表格，如果以综合成绩按降序进行排序，首先选中“综合成绩”列，在[编辑]选项卡中选择“排序和筛选”命令下的“降序”，弹出[排序提醒]对话框，选择“扩展选定区域”，点击[排序]按钮，效果如图 1-58 窗体②所示。

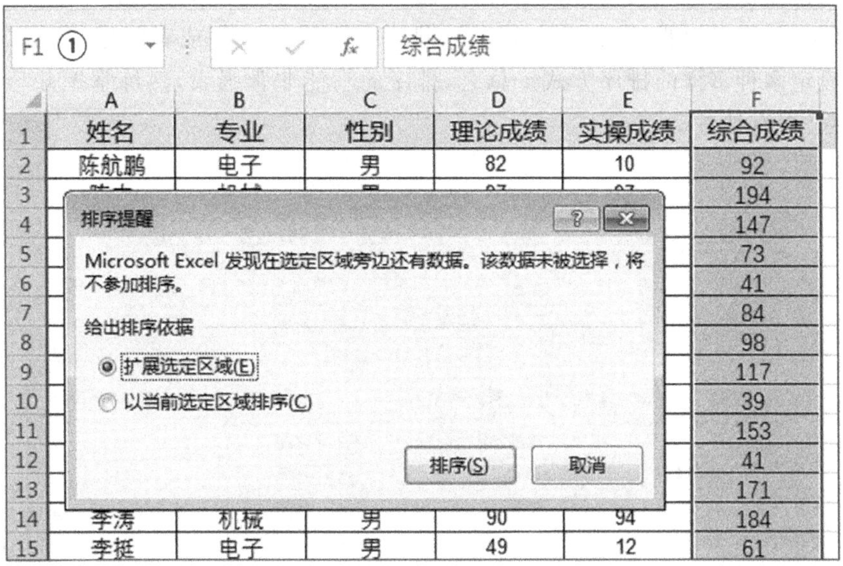

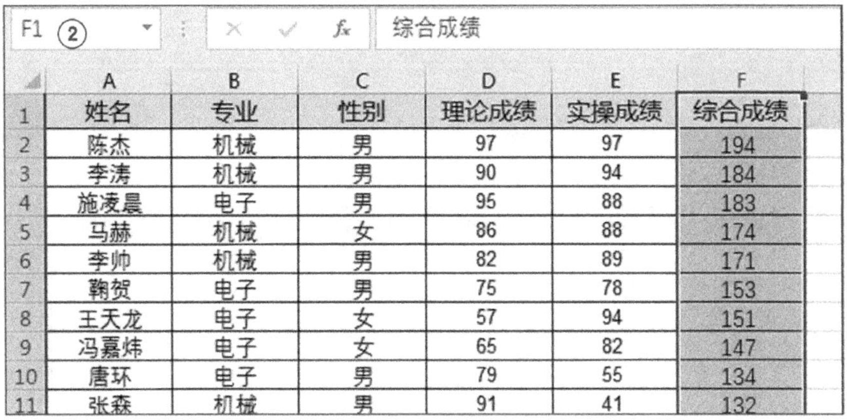

	A	B	C	D	E	F
1	姓名	专业	性别	理论成绩	实操成绩	综合成绩
2	陈杰	机械	男	97	97	194
3	李涛	机械	男	90	94	184
4	施凌晨	电子	男	95	88	183
5	马赫	机械	女	86	88	174
6	李帅	机械	男	82	89	171
7	鞠贺	电子	男	75	78	153
8	王天龙	电子	女	57	94	151
9	冯嘉炜	电子	女	65	82	147
10	唐环	电子	男	79	55	134
11	张森	机械	男	91	41	132

图 1-58　单个条件排序

注意："扩展选定区域"是以当前选中列进行排序，关联其他字段；"当前选定区域排序"是对该字段进行排序，不关联其他字段，对于多个字段的表格，一定要慎用"当前选定区域排序"，否则会造成数据混乱出错。

多个条件排序：对于图 1-59 窗体①中的表格，如果以综合成绩作为首要排序条件、实操成绩作为次要排序条件、理论成绩作为再次要排序条件按降序进行排序，首先选中数据区域，在[编辑]选项卡中选择"排序和筛选"命令下的"自定义排序"，弹出[排序]对话框，主要关键字选择"综合成绩"、排序依据选择"数值"、次序选择"降序"；然后再点击[添加条件]按钮，增加了"次要关键字"栏，次要关键字选择"实操成绩"、排序依据选择"数值"、次序选择"降序"；按同样的方法，添加"理论成绩"排序条件。设置完成后，点击[确定]按钮，效果如图 1-59 窗体②所示。

注意：排序依据可以是数值、单元格颜色、单元格图标和字体颜色；排序的方式可以按行或者按列，也可以按字母或者按笔画；排序的次序有升序或者降序，还有自定义序列，可以设定多种多样的排序方式。总之，排序的功能非常强大，熟练掌握并巧妙使用，对日常办公大有裨益。

1	②姓名	专业	性别	理论成绩	实操成绩	综合成绩
2	陈杰	机械	男	97	97	194
3	李涛	机械	男	90	94	184
4	施凌晨	电子	男	95	88	183
5	马赫	机械	女	86	88	174
6	李帅	机械	男	82	89	171
7	鞠贺	电子	男	75	78	153
8	王天龙	电子	女	57	94	151
9	冯嘉炜	电子	女	65	82	147

图1-59 多个条件排序

(2) 筛选：可以将表格中符合条件的数据筛选并显示，将其他数据隐藏。筛选功能既可以使用基本筛选，也可以使用自定义筛选。

基本筛选：对于如图1-60窗体①所示的表格，如果需要查看所有女生的成绩，那么可以使用筛选功能。首先选定数据表格的表头，在[编辑]选项卡选择“排序和筛选”命令下的“筛选”，表头中的每一个字段都带有一个小三角形的标志，点击“性别”列右边的小三角形图标，弹出[筛选]对话框，在“全选”下方勾选项去掉“男”，然后点击[确定]按钮，效果如图1-60窗体②所示，所有女生的成绩筛选并显示了，所有男生的成绩被隐藏了。

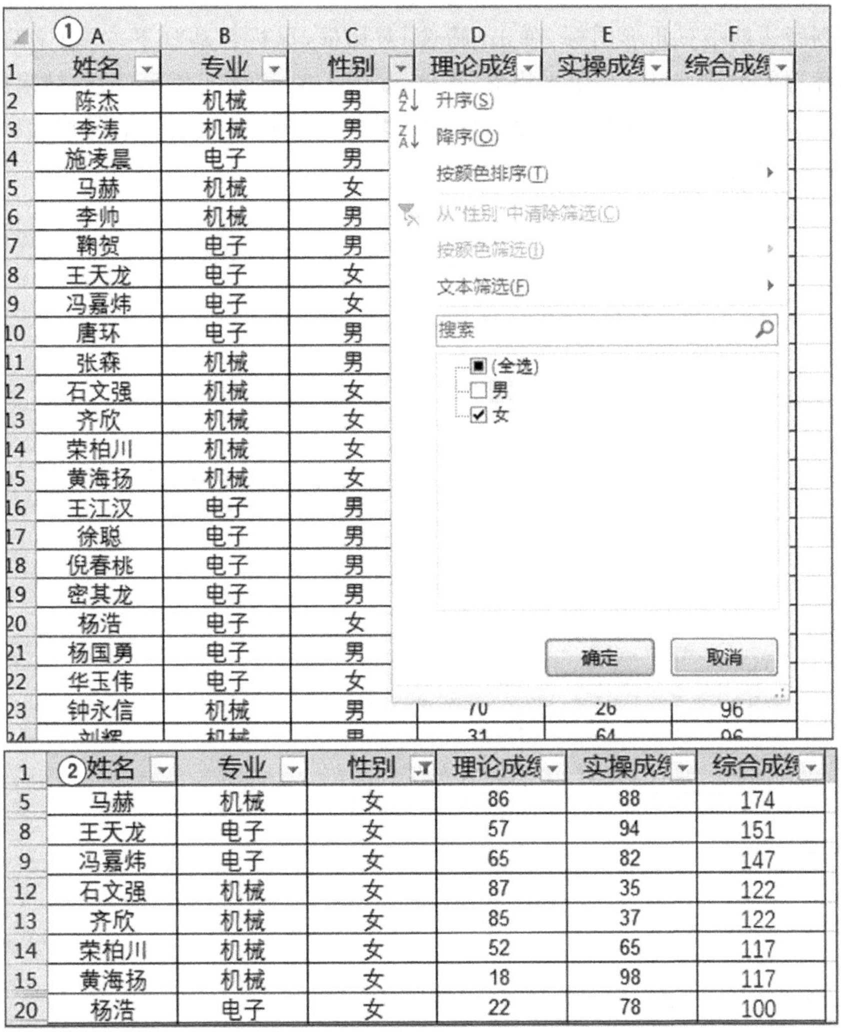

1	姓名	专业	性别	理论成绩	实操成绩	综合成绩
5	马赫	机械	女	86	88	174
8	王天龙	电子	女	57	94	151
9	冯嘉炜	电子	女	65	82	147
12	石文强	机械	女	87	35	122
13	齐欣	机械	女	85	37	122
14	荣柏川	机械	女	52	65	117
15	黄海扬	机械	女	18	98	117
20	杨浩	电子	女	22	78	100

图 1-60　基本筛选

自定义筛选：可以根据用户的不同需求筛选出满足各种条件的内容，筛选的格式不同，条件也不同。筛选的格式有文本筛选、日期筛选和数字筛选。文本筛选包括等于、不等于、开头是、结尾是、包含、不包含以及其他自定义条件等；数字筛选包括各种大小逻辑判断条件、高于平均值、低于平均值及其他自定义条件。例如，对于图 1-61 窗体①中的表格，如果需要查看所有姓名中带“王”字且综合成绩大于平均成绩的情况，那么可以使用自定义筛选。首先，选定数据表格的表头，在[编辑]选项卡选择“排序和筛选”命令下“筛选”，表头中的每一个字段都带有一个小三角形的标志，点击“姓名”列旁边的小三角形图标，弹出[筛选]对话框，鼠标移动到下方“文本筛选”选项上，显示筛选的条件，选择“包含”条件，弹出[自定义自动筛选方式]对话框，如图 1-61 窗体②所示，在包含条件后方输入“王”，点击[确定]按钮，所有姓名中带有“王”字的学生情况筛选出来了；然后，点击“综合成绩”列旁边的小三角形图标，弹出[筛选]对话框，鼠标移动到下方“数字筛选”选项上，显示筛选的条件，选择“高于平均值”条件，如图 1-61 窗体③所示，最后结果如图 1-61 窗体④所示，所有姓名中带有“王”字且综合成绩高于平均值的学生情况筛选出来了，其他学生的成绩被隐藏了。

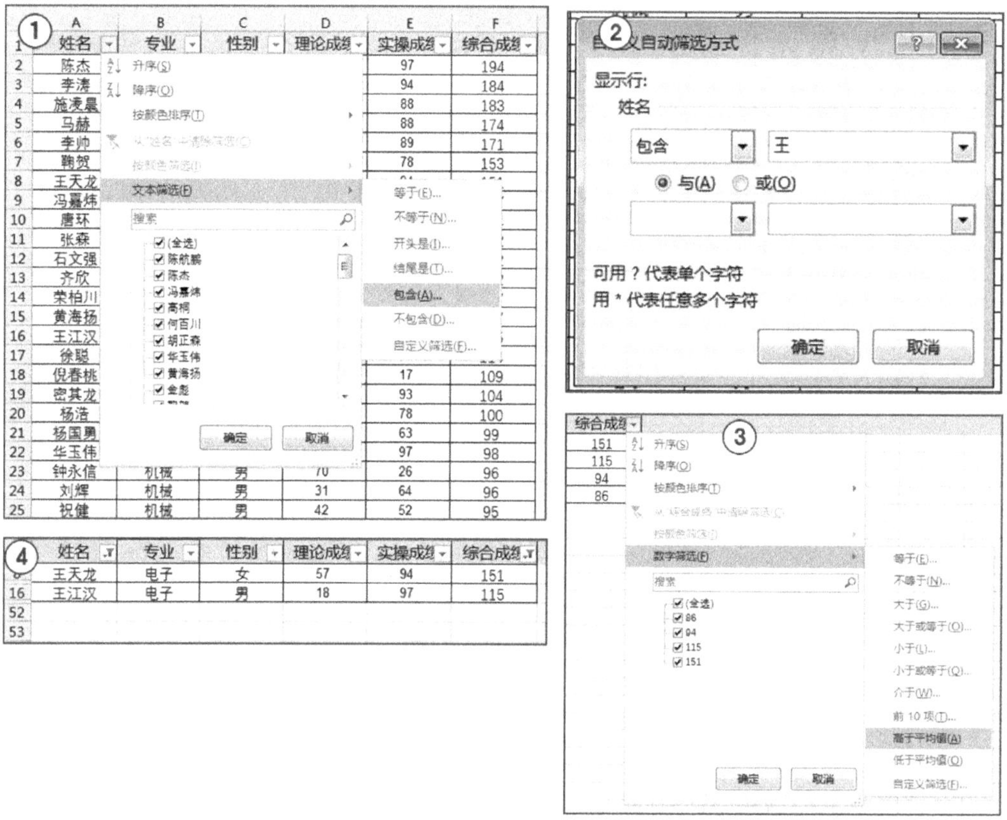

图 1-61　自定义筛选

自定义条件筛选还可以同时定义多个条件，多条件的逻辑关系有“与”(即同时满足多个条件)和“或”(即满足多个条件中的一个)，灵活使用自定义条件筛选可以从海量的数据中得到想要的数据结果。

注意：无论是基本筛选还是自定义筛选，没有被选中的数据都会被隐藏，但是在复制或者删除时，会把隐藏的数据复制或删除。如果对隐藏数据不做修改，则在选中显示的数据后按下快捷键“Ctrl＋G”，如图 1-62 所示，在弹出的[定位]对话框中点击“定位条件”，弹出[定位条件]对话框，选中“可见单元格”，点击[确定]按钮，再进行单元格操作，则只针对可见的单元格，不会影响隐藏单元格中的数据。

图 1-62　使用定位条件

1.4.4　填充

在 Excel 中，当数据有基于一定的模式或者规律时，使用填充功能可以快速高效地完成数据输入。复制填充与按序列填充是填充的两项基本功能。

例如，在图 1-63 中增加"序号"和"学校"两列并将两列信息补充完整，使用填充可以快速地完成此项工作。方法：同时选择 A2、B2 两个单元格，将鼠标光标移动到 B2 单元格的右下角，如图 1-63 窗体①所示，当光标变成黑色十字标（专业名称：填充柄）时拖拽鼠标向下（或者双击填充柄），即可实现快速填充，效果如图 1-63 窗体②所示，"序号"列实现了按序列填充，"学校"列实现了复制填充。注意：用鼠标拖拽或者双击填充柄，默认是填充序列，如果是复制单元格、仅填充格式或者不带格式填充，则在拖拽完成后点击右下角的[自动填充选项]按钮，根据需要选择填充的方式，如图 1-63 窗体③所示。

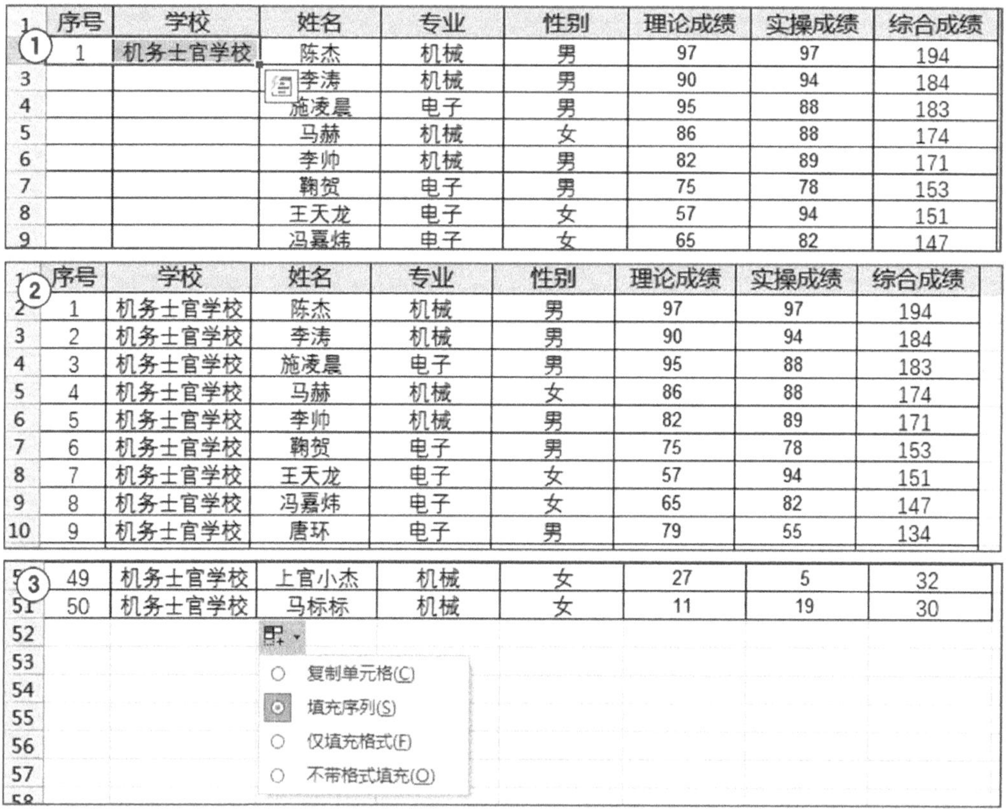

图 1-63 填充的基本操作与效果

当数据量非常庞大时，如图 1-64 窗体①的序号中从 1 填充到 1000，拖拽鼠标填充虽然可以完成，但是效率低，双击填充柄只能填充到 50（双击填充柄填充的序列中间不能有空行），此时可以采用“序列”填充命令。方法：首先，在 A2 单元格输入“1”；然后，在[开始]选项卡中点击“编辑”组下的“填充”命令，弹出[序列]对话框，如图 1-64 窗体①所示，“序列产生在”勾选“列”，“类型”勾选“等差序列”，“步长值”填“1”，“终止值”填“50”，点击[确定]按钮，完成填充，效果如图 1-64 窗体②所示。

注意：类型中的等差序列是初始值加上步长，等比序列是初始值乘以步长，如果类型选择日期，则日期单位可以是日、工作日（填充时自动跳过星期六和星期天）、月和年，无论采用什么类型，终止值必须输入，否则填充命令无效。

图 1-64　按序列填充的操作与效果

1.4.5　选择性粘贴

Excel 中，复制和粘贴数据是输入数据常用的操作，直接使用快捷键“Ctrl＋V”粘贴会改变粘贴后表格的格式或者源数据，如果有公式，则粘贴后会带有公式，导致数据错误等问题，但是使用选择性粘贴则不仅可以根据需要粘贴公式、格式、批注等，还可以进行计算和转置，功能非常强大。

例如，需要将图 1-65 窗体①中的表格复制粘贴到右侧并保持相同的列宽。首先，选中需要复制的区域，单击鼠标右键选择“复制”命令或者按下快捷键“Ctrl＋C”，然后在 I1 单元格单击鼠标右键，选择“选择性粘贴”命令，在“粘贴”中选择“保留原列宽”，如图 1-65 窗体②所示，点击[确定]按钮，两个表格的数据和列宽都保持一致。

如需将图 1-66 窗体①中的数据进行行与列互换，专业的操作名称叫作转置，利用选择性粘贴也可以快速完成。首先，选中需要复制的区域，单击鼠标右键选择“复制”命令或者按下快捷键“Ctrl＋C”，然后在 I1 单元格单击鼠标右键，选择“选择性粘贴”命令，在“粘贴”中选择“转置”，如图 1-66 窗体②所示，点击[确定]按钮，两个表格的数据和列宽都保持一致。

选择性粘贴还有一个非常重要的应用，就是批量数值运算，例如，需将图 1-67 窗体①表格中的“理论成绩”和“实操成绩”均从 100 分换算成 150 分，使用选择性粘贴即可完成。首先，在单元格 H2 输入换算比例 1.5，复制该单元格数值；然后，选中“理论成绩”列和

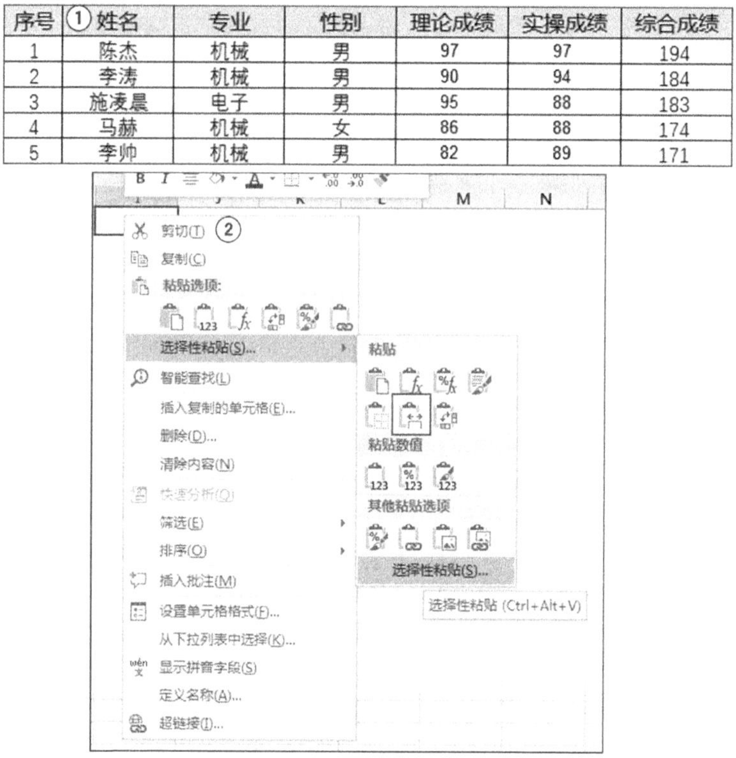

图 1-65 选择性粘贴——保留原列宽

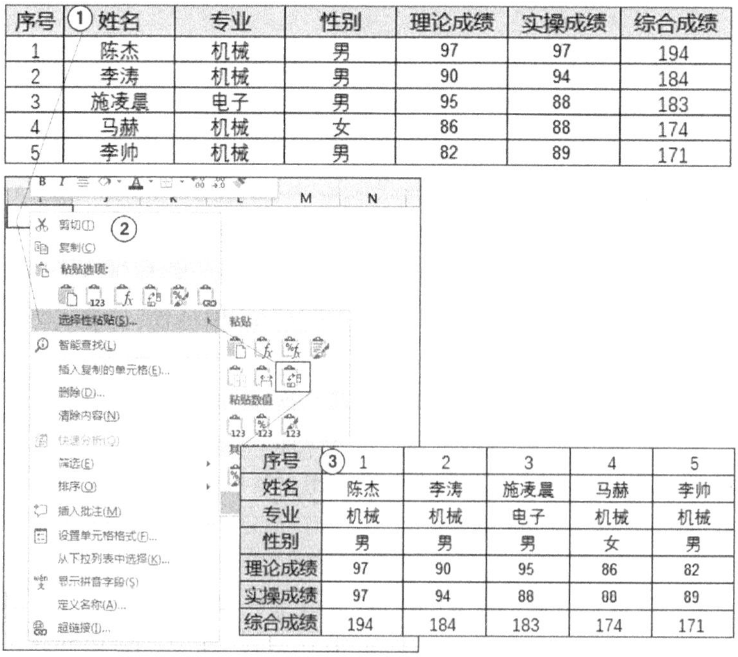

图 1-66 选择性粘贴——转置

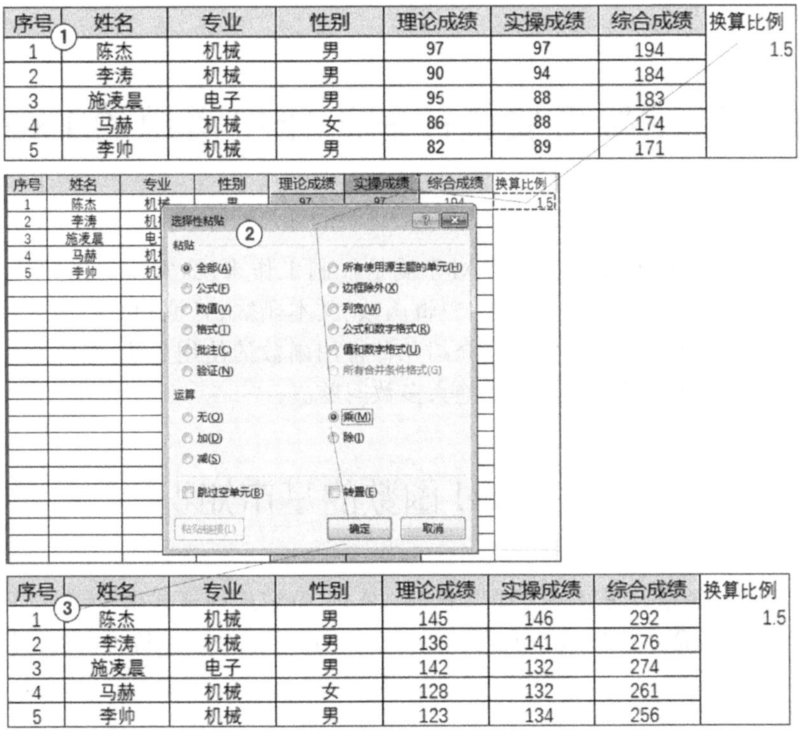

图 1-67　选择性粘贴——批量数值运算

“实操成绩”列，单击鼠标右键，在弹出的属性中点击“选择性粘贴”，弹出[选择性粘贴]对话框，如图 1-67 窗体②所示，在运算中选择“乘”，点击[确定]按钮，完成换算，效果如图 1-67 窗体③所示。注意：批量运算会改变单元格格式，粘贴之后重新设置格式即可。

选择性粘贴还可以将文本转换成数值、将表格转换成图片，熟练掌握选择性粘贴工具将极大地提高数据输入效率。

第 2 章　航空机务质量控制工作中常用的 Excel 函数

Excel 有 400 多种内置函数，但是对于质量控制工作来说，常用的函数并不是很多，使用较多的函数主要有自动求和函数、逻辑函数、文本函数、日期和时间函数及查找与引用函数。本章将主要为质量控制人员介绍几种常用函数的使用方法，熟练掌握并使用这些函数就可以解决质量控制工作中的绝大多数问题。

2.1　Excel 函数的基本知识

Excel 的函数是指设置好特定规则格式的公式，特定规则格式由“＝”、运算符和单元格的引用（参数）组成。在 Excel 中，函数是以“＝”开始，通过运算符将参数连接成一定规则的公式。

2.1.1　运算符

运算符是公式中各个参数对象的纽带，它决定了公式中各数据之间的运算类型。在 Excel 中有 4 种运算符，分别是算术运算符、比较运算符、文本运算符和引用运算符。

（1）算术运算符。它是最常用的运算符，可以进行基本的加、减、乘、除等数学运算，结果为数字。算术运算符有负、百分比、乘方、乘除和加减，它们的优先顺序是负＞百分比＞乘方＞乘除＞加减，如果需要改变算术运算符的顺序，可以使用括号。

（2）比较运算符。用于比较两个值的大小，返回的结果为逻辑值 TRUE 或 FALSE，如在单元格中输入“＝3＞2”，则显示“TRUE”。比较运算符可以对数字、日期、文本等进行比较，具体类型见表 2-1。

表 2-1　比较运算符的类型与含义

比较运算符	＞	＝	＜	＞＝	＜＝	＜＞
含义	大于	等于	小于	不小于	不大于	不等于

（3）文本运算符。主要用于将两个或多个字符连接成一个完整的文本，文本符号只有一个“&”，如在单元格中输入“＝"我爱"&"机务士官学校"&"质量控制教研室"”后回车，单元格显示“我爱机务士官学校质量控制教研室”。注意：在公式中引用文本时要用英文或半角的双引号括起来，但是直接引用单元格地址则不需要双引号。

（4）引用运算符。主要用于工作表中单元格之间的引用，包含引号“:”、逗号“,”、空格“ ”以及绝对引用符号“＄”。引用运算符在公式中用于表示区间或者地址，如在单元格中输入“＝AVERAGE(F2:K2)”，其中的“:”表示计算 F2 至 K2 区间所有单元格的平均值；如在单元格中输入“＝AVERAGE(F2,K2)”，其中的“,”表示计算 F2 和 K2 两个单元格的平均值。尤其要注意的是绝对引用符号“＄”，绝对引用是保持对单元格的固定引用，使其不随公式的复制而发生变化的一种引用方式，如公式中对单元格 A2 的绝对引用的写法是“＄A＄2”，而相对引用的写法是“A2”。

运算符之间的优先顺序为：引用运算符＞算术运算符＞文本运算符＞比较运算符，如果需要改变运算符的顺序，可以使用括号。

2.1.2　参数

Excel 函数通常包含一个或多个参数，也有些函数不带参数，各个函数的参数的含义都不相同，函数的含义可以使用 Excel 帮助进行查看，如图 2-1 所示。

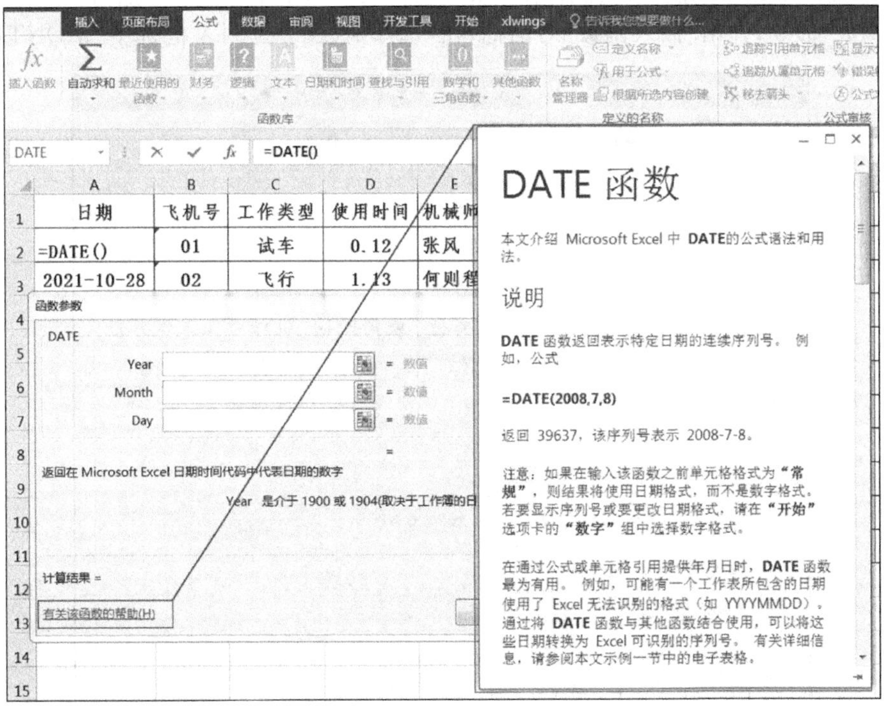

图 2-1　Excel 函数帮助信息

2.1.3　函数输入方式

函数以“＝”开始，当输入“＝”时，单元格便默认开始输入函数和参数，可以使用手动输入与插入函数两种方式完成编写。

(1) 手动输入。如图 2-2 所示，在单元格 F2 中输入“＝MONTH(A2)”后回车即可完成函数与参数的输入，单元格中“＝”代表后面是函数，“MONTH(　)”是函数的函数名，“A2”指的是参数所在的位置(单元格)。手动输入函数需记住函数名称和参数。注意：参数既可以直接写入函数中，也可以引用其位置。

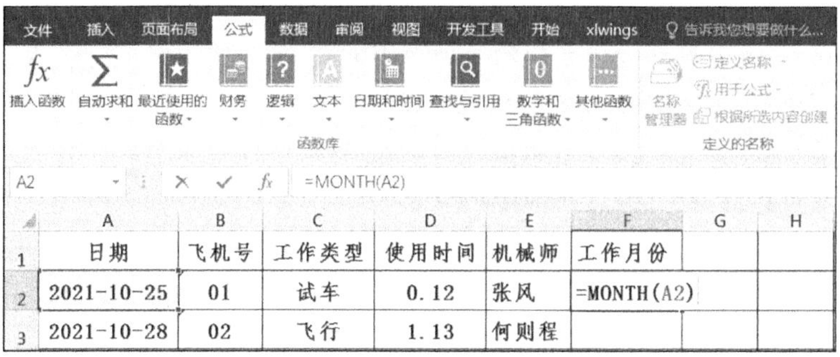

图 2-2　手动输入公式

(2) 插入函数。如图 2-3 所示，在 Excel 工作表中选中单元格 F3，点击“公式”菜单下“插入函数”命令，弹出[插入函数]对话框，在“选择函数”下拉列表框选中“MONTH”，点

图 2-3　插入函数——选择函数

击[确定]按钮，弹出[函数参数]对话框，点击参数后的斜箭头按钮，选择单元格 A3，返回到[函数参数]对话框，如图 2-4 所示，点击[确定]按钮，则完成函数输入并将结果显示在单元格 F3。

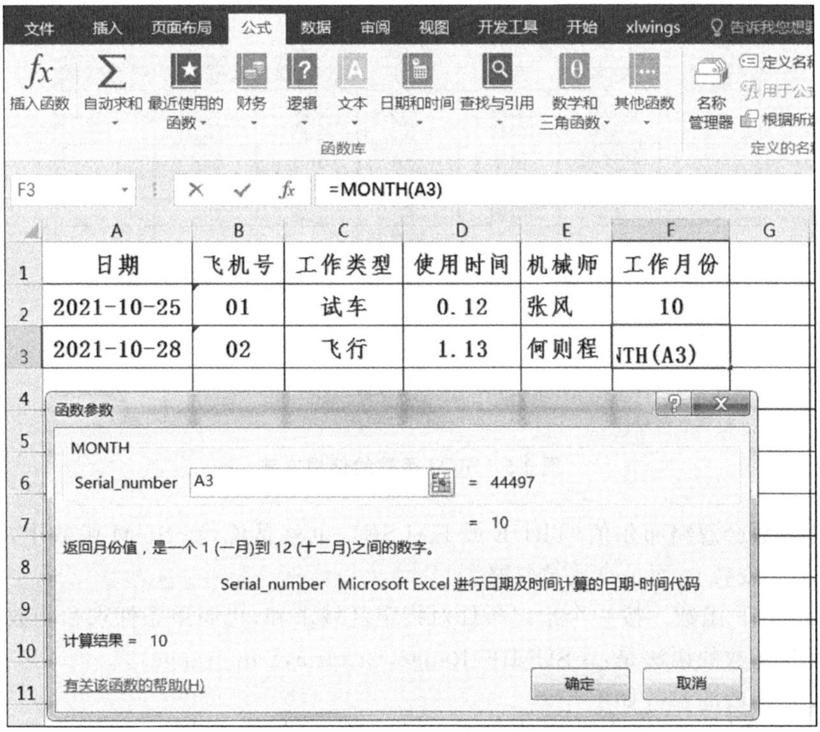

图 2-4　[函数参数]对话框

2.2　航空机务质量控制工作中常用的统计函数

Excel 中自动求和函数命令下内置求和函数、平均值函数、计数函数、最大值函数和最小值函数等。

2.2.1　求和函数

在质量控制工作中，经常需要进行数据的统计，常用的求和函数主要有 SUM、SUMIF 和 SUMIFS 等。

(1) SUM 函数。是一个数学和三角函数，通过引用运算符可将单个值、单元格引用或对区域求和，或者将三者的组合相加，是求和运算使用频率最高的函数。例如，在图 2-5 所示的窗体①表格中，需要计算每位学生的综合成绩，并分别计算所有学生的理论总成绩和实操总成绩，使用方法：在单元格 G2 中输入“=SUM(E2,F2)”后回车，向下填充公式(或双击填充柄),即可完成综合成绩的计算,这里使用逗号“,”引用运算符是对单元格求和;在单元格 E7 中输入“=SUM(E2:E6)”后回车,即可完成理论总成绩的计算,这里使用冒号“:”引用运算符是对区域求和。向右填充公式即可完成实操总成绩的计算,效果如图 2-5 窗体②所示。

①号	姓名	专业	性别	理论成绩	实操成绩	综合成绩
1	陈杰	机械	男	145	146	
2	李涛	机械	男	136	141	
3	施凌晨	电子	男	142	132	
4	马赫	机械	女	128	132	
5	李帅	机械	男	123	134	
			班级总分			

序号②	姓名	专业	性别	理论成绩	实操成绩	综合成绩	函数写法
1	陈杰	机械	男	145	146	292	=SUM(E2,F2)
2	李涛	机械	男	136	141	276	=SUM(E3,F3)
3	施凌晨	电子	男	142	132	274	=SUM(E4,F4)
4	马赫	机械	女	128	132	261	=SUM(E5,F5)
5	李帅	机械	男	123	134	256	=SUM(E6,F6)
			班级总分	674	685	1359	
			函数写法	=SUM(E2:E6)	=SUM(F2:F6)	=SUM(E2:F6)	

图 2-5 SUM 函数的使用方法

SUM 函数会忽略布尔值(TRUE 或 FALSE),也就是说,在 SUM 函数中,布尔值不会被转换为 1 或者 0,而是直接被忽略了。

(2) SUMIF 函数。按一个指定条件对指定区域求和,也叫单条件求和函数。

SUMIF 函数的语法是:=SUMIF(Range,Criteria,Sum_range)。

SUMIF 函数的参数如下:

① Range 为条件区域,用于条件判断的单元格区域;

② Criteria 是求和条件,是由数字、逻辑表达式等组成的判定条件;

③ Sum_range 为实际求和区域,用于需要求和的单个值、区域或单元格引用。

例如,在图 2-6 所示的窗体①表格中,分别计算各专业学生的理论总成绩。使用方法:在单元格 E7 中输入“=SUMIF(C2:C6,H2,E2:E6)”后回车即可得到机械专业的理论总成绩;在单元格 E8 中输入“=SUMIF(C2:C6,H3,E2:E6)”后回车即可得到电子专业的理论总成绩,效果如窗体②所示。其中“C2:C6”代表条件区域,也就是求和条件搜索判断的区域;“H2”是指定的求和条件,以单元格 H2 的数值在“C2:C6”区域中判断符合条件的数据;“E2:E6”是值求和区域,即在判断符合条件后就将对应的值求和。

(3) SUMIFS 函数。按多个指定条件对指定区域求和,也叫多条件求和函数。

SUMIFS 函数的语法是:=SUMIFS(Sum_range,Criteria_range1,Criteria1,Criteria_range2,Criteria2,…)。

SUMIFS 函数的参数如下:

① Criteria_range1 为计算关联条件的第一个区域;

② Criteria1 为条件 1,条件的形式为数字、表达式、单元格引用或者文本,可用来定义将对 Criteria_range1 参数中的哪些单元格求和。例如,条件可以表示为 10、">10"、H2、"机械"或"32";

序号①	姓名	专业	性别	理论成绩	实操成绩	综合成绩
1	陈杰	机械	男	145	146	292
2	李涛	机械	男	136	141	276
3	施凌晨	电子	男	142	132	274
4	马赫	机械	女	128	132	261
5	李帅	机械	男	123	134	256

序号②	姓名	专业	性别	理论成绩	实操成绩	综合成绩	专业
1	陈杰	机械	男	145	146	292	机械
2	李涛	机械	男	136	141	276	电子
3	施凌晨	电子	男	142	132	274	
4	马赫	机械	女	128	132	261	
5	李帅	机械	男	123	134	256	
			机械专业	532	=SUMIF(C2:C6,H2,E2:E6)		
			电子专业	142	=SUMIF(C2:C6,H3,E2:E6		

图 2-6　SUMIF **函数的使用方法**

③ Criteria_range2 为计算关联条件的第二个区域；

④ Criteria2 为条件 2；

⑤ Sum_range 是需要求和的实际单元格，包括数字或含有数字的名称、区域或单元格引用。求和时自动忽略空白值和文本值。

SUMIFS 函数最多允许 127 个区域、条件对，即参数总数不超 255 个。

例如，图 2-7 所示的窗体①表格中，分别计算机械专业男生、女生的理论总成绩，此时判断的条件有专业和性别，使用方法：在单元格 E7 中输入"＝SUMIFS(E2:E6,C2:C6,H2,D2:D6,I2)"后回车即可得到机械专业男生的理论成绩总和，其中"E2:E6"是求和值的区域，"C2:C6"是条件 1 的搜索区域，"H2"是条件 1 的判断条件，"D2:D6"是条件 2 的搜索区域，"I2"是条件 2 的判断条件；在单元格 E8 中输入"＝SUMIFS(E2:E6,C2:C6,H2,D2:D6,I3)"后回车即可得到机械专业女生的理论成绩总和，效果如图 2-7 窗体②所示。

序号①	姓名	专业	性别	理论成绩	实操成绩	综合成绩
1	陈杰	机械	男	145	146	292
2	李涛	机械	女	136	141	276
3	施凌晨	电子	男	142	132	274
4	马赫	机械	女	128	132	261
5	李帅	机械	男	123	134	256

序号	②姓名	专业	性别	理论成绩	实操成绩	综合成绩	专业	性别
1	陈杰	机械	男	145	146	292	机械	男
2	李涛	机械	女	136	141	276	电子	女
3	施凌晨	电子	男	142	132	274		
4	马赫	机械	女	128	132	261		
5	李帅	机械	男	123	134	256		
机械专业男生理论总成绩				268	=SUMIFS(E2:E6,C2:C6,H2,D2:D6,I2)			
机械专业女生理论总成绩				264	=SUMIFS(E2:E6,C2:C6,H2,D2:D6,I3)			

图 2-7　SUMIFS **函数的使用方法**

2.2.2 平均值函数

在质量控制工作中，每月需统计飞机平均使用时间、起落次数以及法规和业务考试成绩等，通常使用平均值函数能够轻松完成此项工作。

AVERAGE 函数：返回其参数的算术平均值，参数可以是数值或含有数值的名称、区域或单元格引用。

AVERAGE 函数的语法是：=AVERAGE(Number1,Number2,…)。

例如，图 2-7 所示的窗体①表格中，分别计算每位学生的平均成绩、所有学生的理论平均成绩和实操平均成绩。使用方法：在单元格 H2 中输入"=AVERAGE(E2,F2)"后回车，向下填充公式(或双击填充柄)，即可完成平均综合成绩的计算。这里使用逗号","引用运算符是对单元格求和，注意此处函数还可以写成"=AVERAGE(E2:F2)"，使用冒号":"引用单元格区域。在单元格 E7 中输入"=AVERAGE (E2:E6)"后回车，即可完成理论平均成绩的计算，这里使用冒号":"引用运算符是对区域求和。在单元格 E8 中输入"=AVERAGE (F2:F6)"后回车，即可完成实操平均成绩的计算，效果如图 2-8 所示。

序号	姓名	专业	性别	理论成绩	实操成绩	综合成绩	每门平均成绩	函数写法
1	陈杰	机械	男	145	146	292	146	=AVERAGE(E2,F2)
2	李涛	机械	女	136	141	276	138	=AVERAGE(E3:F3)
3	施凌晨	电子	男	142	132	274	137	=AVERAGE(E4:F4)
4	马赫	机械	女	128	132	261	130	=AVERAGE(E5:F5)
5	李帅	机械	男	123	134	256	128	=AVERAGE(E6:F6)
		理论平均成绩		135	=AVERAGE(E2:E6)			
		实操平均成绩		137	=AVERAGE(F2:F6)			

图 2-8　AVERAGE 函数的使用方法

2.2.3 计数函数

计数函数是用于统计指定区域中单元格的个数，在质量控制工作中，常用的计数函数有 COUNT、COUNTIF 和 COUNTIFS 等。下面分别介绍它们的用法。

(1) COUNT 函数。用于计算单元格区域中数据的个数。在质量控制工作中常用来统计参训飞机架数、参加训练人数以及统计参加考试人数等。

COUNT 函数的语法是：=COUNT(Value1,[Value2],…)。

COUNT 函数的参数如下：

① Value1 是必需参数，可以是要计算其中数字个数的第一项、单元格引用或区域。

② Value2 是可选参数，可以是要计算其中数字个数的其他项、单元格引用或区域，最多可包含 255 个。

说明：如果参数是一个区域或单元格引用，那么只统计区域或单元格引用中的数字；

区域或单元格引用的空单元格、逻辑值、文字或错误值都将忽略。具体如下：如果参数为数字、日期或者代表数字的文本（如用引号引起的数字，如 "1"），则将被计算在内；逻辑值和直接键入参数列表中代表数字的文本被计算在内；如果参数为错误值或不能转换为数字的文本，则不会被计算在内。

例如，图 2-9 所示的需要统计各列字段有信息的单元格个数。使用方法：在单元格 B9 中输入"=COUNT(B2:B7)"后回车，然后向右填充，即可得到各列字段有信息的单元格个数，效果如图 2-9"结果"栏所示。从"说明"栏中可以发现，单元格中的文本、空单元格和错误值等不统计，只统计有数字的单元格个数，因此，如果需要统计则选择字段为数字的列。

序号	姓名	专业	性别	理论成绩	实操成绩	综合成绩
1	陈杰	机械	男	145	146	292
2	李涛	机械	女	136	141	276
3	施凌晨	电子	男	142	132	274
4	马赫	机械	女	128	132	261
5	李帅	机械	男	123	134	256
6	刘德庆		男		"1"	#VALUE!
公式	=COUNT(B2:B7)	=COUNT(C2:C7)	=COUNT(D2:B7	=COUNT(E2:B7)	=COUNT(F2:F7)	=COUNT(G2:G7)
结果	0	0	0	5	5	5
说明	文本不统计	文本不统计	文本不统计	空单元格不统计	文本不统计	错误值不统计

图 2-9　COUNT 函数的使用方法

(2) COUNTIF 函数。计算区域中符合指定条件的单元格个数。COUNTIF 函数是计数函数中使用最为广泛的函数，可以指定统计条件。在质量控制工作中，常用来统计各专业人数以及考试成绩优秀、良好、合格以及不合格的人数等。

COUNTIF 函数的语法是：=COUNTIF(Range,Criteria)。

COUNTIF 函数的参数如下：

① Range 是指要计算其中非空单元格数目的区域；

② Criteria 是以数字、表达式或文本形式定义的统计条件。

例如，如图 2-10 所示，对 COUNTIF 函数的不同统计条件进行了演示，"结果"栏是公式计算的结果，公式写法和说明如图 2-10 所示。

(3) COUNTIFS 函数。计算多个区域中满足给定条件的单元格个数，只有一个条件区域也适用。相较于 COUNTIF 函数，COUNTIFS 函数功能更强大，因为 COUNTIF 函数的所有用法都适用于 COUNTIFS 函数。在质量控制工作中常用于多条件下的数据统计，如区分专业、职务统计考试成绩等。

COUNTIFS 函数的语法是：=COUNTIFS(Criteria_range1,Criteria1,Criteria_range2,Criteria2,…)。

序号	1	2	3	4	5	结果	公式写法	说明
姓名	陈杰	李涛	施凌晨	马赫	李帅			
专业	机械	机械	电子	机械	机械	1	=COUNTIF(B3:F3,"电子")	统计电子专业人数
性别	男	女	男	女	男	2	=COUNTIF(B4:F4,"女")	统计女生人数
理论成绩	145	136	142	128	123	2	=COUNTIF(B5:F5,">140")	统计140分以上人数
实操成绩	146	141	132	132	134	2	=COUNTIF(B6:F6,">140")	统计140分以上人数
综合成绩	292	276	274	261	256	4	=COUNTIF(B7:F7,">260")	统计260分以上人数

图 2-10　COUNTIF 函数的使用方法

COUNTIFS 函数的参数如下：

① Criteria_range1 为第一个需要计算其中满足某个条件的单元格数目的单元格区域(简称条件区域)；

② Criteria1 为第一个区域中将被计算在内的条件，其形式可以为数字、表达式或文本，如条件可以表示为 50、"50"、">=50"或 G8；

③ 同理，Criteria_range2 为第二个条件区域，Criteria2 为第二个条件，依次类推。最终结果为多个区域中满足所有条件的单元格个数。

需统计机械专业女生综合成绩大于 270 分的人数，函数的写法如图 2-11 所示。

序号	1	2	3	4	5
姓名	陈杰	李涛	施凌晨	马赫	李帅
专业	机械	机械	电子	机械	机械
性别	男	女	男	女	男
理论成绩	145	136	142	128	123
实操成绩	146	141	132	132	134
综合成绩	292	276	274	261	256
结果	1				
公式写法	=COUNTIFS(B3:F3,"机械",B4:F4,"女",B7:F7,">270")				
说明	计算机械专业女生综合成绩高于270分的人数				

图 2-11　COUNTIFS 函数的使用方法

2.3　航空机务质量控制工作中常用的日期与时间函数

日期与时间函数是质量控制工作中使用得最多的函数，在有寿机件控制、周期性工作控制和技术通报落实控制等工作中有广泛的用途。日期与时间函数有 YEAR、MONTH、DAY、DATE、WEEKDAY、WORKDAY、TIME 和 NOW 函数等，熟练掌握日期与时间函数的使用技巧，对提高质量控制工作效率有巨大的帮助。

2.3.1　时间函数

Excel 中的时间函数是专门用来处理时间格式的函数，在质量控制工作中，常用的函数包括 HOUR、MINUTE 和 SECOND 函数，通常用于提取飞机、发动机使用时间中的小时、分钟和秒。

(1) HOUR 函数返回小时数值，是一个 0(12:00 AM)到 23(11:00 PM)之间的整数，通常用于提取时间序列中的小时数。

HOUR 函数的语法是：=HOUR(Serial_number)。

HOUR 函数的参数如下：

Serial_number 是 Excel 中进行日期及时间计算的日期-时间代码，或以时间格式表示的文本，如 12:15:00 或 12:15:00 PM，还可以是单元格引用。

(2) MINUTE 函数返回分钟数值，是一个 0 到 59 之间的整数，通常用于提取时间序列中的分钟数。

MINUTE 函数的语法是：=MINUTE (Serial_number)。

MINUTE 函数的参数如下：

Serial_number 是 Excel 中进行日期及时间计算的日期-时间代码，或以时间格式表示的文本，如 12:15:00 或 12:15:00 PM，还可以是单元格引用。

(3) SECOND 函数返回秒数值，是一个 0 到 59 之间的整数，通常用于提取时间序列中的秒数。

SECOND 函数的语法是：=SECOND (Serial_number)。

SECOND 函数的参数如下：

Serial_number 是 Excel 中进行日期及时间计算的日期-时间代码，或以时间格式表示的文本，如 12:15:00 或 12:15:00 PM，还可以是单元格引用。

例如，图 2-12 所示的表格中演示了 HOUR、MINUTE 和 SECOND 函数的使用，通过表格可以看出它们的使用方法。从表格可以发现：当返回的小时数大于 23 时，会将数值除以 24 取余数作为小时数；时间格式和文本格式都可以使用函数，但是非时间格式函数会返回错误信息。

项目	时间格式	文本格式	自定义格式	非时间格式
时间	23:07:02	22时32分16秒	38:06:09	38:76:89
HOUR函数	23	22	14	#VALUE!
公式写法1	=HOUR(B2)			
MINUTE函数	7	32	6	#VALUE!
公式写法2	=MINUTE(B2)			
SECOND函数	2	16	9	#VALUE!
公式写法3	=SECOND(B2)			

图 2-12　常用时间函数的使用方法

2.3.2 日期函数

在 Excel 中通常使用 TODAY、YEAR、MONTH 和 DAY 函数获取或处理时间，它们是日期函数中最为基础的函数。

(1) TODAY 函数是返回日期格式的系统当前日期，在质量控制工作中通常使用 TODAY 函数获取系统日期与到期日期作对比。

TODAY 函数的语法是：=TODAY( )。

TODAY 函数不需要参数。

(2) NOW 函数是返回日期与时间格式的当前系统日期和时间，相较于 TODAY 函数，NOW 函数除了获取系统日期，还获取了系统时间。

NOW 函数的语法是：=NOW( )。

NOW 函数不需要参数。

(3) YEAR 函数是返回日期的年份值，结果是一个在 1900～9999 之间的数字。

YEAR 函数的语法是：=YEAR (Serial_number)。

YEAR 函数的参数如下：

Serial_number 是需要进行日期与时间计算的日期或时间代码，可以是日期或单元格引用。

(4) MONTH 函数是返回日期的月份值，结果是一个在 1～12 之间的数字。

MONTH 函数的语法是：=MONTH (Serial_number)。

MONTH 函数的参数如下：

Serial_number 是需要进行日期与时间计算的日期或时间代码，可以是日期或单元格引用。

(5) DAY 函数是返回一个月中第几天的数值，结果是一个在 1～31 之间的数字。

DAY 函数的语法是：=DAY (Serial_number)。

DAY 函数的参数如下：

Serial_number 是需要进行日期与时间计算的日期或时间代码，可以是日期或单元格引用。

在质量控制工作中，通常使用上述几个函数处理日期数据，如提取系统当前日期与时间进行对比，或者提取指定日期中的年、月、日数值进行计算。图 2-13 所示的表格中，使用上述几个函数进行计算，体会这几个基础的日期与时间函数的用法，可以发现 YEAR、MONTH、DAY 函数都可以对 TODAY 和 NOW 函数的结果进行运算。

函数	TODAY	NOW	YEAR	MONTH	DAY
效果	2020-4-2	2020-4-2 20:11	2020	4	2
公式写法	=TODAY ()	=NOW ()	=YEAR(B2)	=MONTH(C2)	=DAY(C2)

图 2-13 常用日期函数的使用方法

2.3.3　日期计算函数

在质量控制工作中，经常需要使用 DATE、DATEDIF 函数对日期进行计算，获得指定的结果。

(1) DATE 函数。DATE 函数返回在 Excel 日期时间代码中代表日期的数字。DATE 函数返回日期序列号。在质量控制工作中，使用 DATE 函数，可以根据给定的年月日组合成日期，或者将文本字符串或数字转换成日期、总是获取某月中最后一天的日期、获取指定月数之后的日期和计算周期性工作、有寿机件到期日期。

DATE 函数的语法是：DATE(Year，Month，Day)。

DATE 函数的参数如下：

Year 是介于 1900 至 9999 之间的数字。如果 Year 介于 0 至 1899 之间，则 Excel 会将该值与 1900 相加来计算年份；如果 Year 介于 1900 至 9999 之间，则 Excel 将使用该值作为年份；如果 Year 小于 0 或大于等于 10000，则 Excel 返回错误提示 #NUM!。

Month 代表一年中月份的数字，其值在 1 到 12 之间。如果 Month 大于 12，则 Excel 会从指定年份的第一个月开始加上该月份数；如果 Month 小于 1，则 Excel 会从指定年份的第一个月开始减去该月份数，然后再加上 1 个月。

Day 代表一个月中第几天的数字，其值在 1 到 31 之间。如果 Day 大于指定月中的天数，则 Excel 会从该月的第一天开始加上该天数；如果 Day 小于 1，则 Excel 会从指定月份的第一天开始减去该天数，然后再加上 1 天。

例如，图 2-14 所示的表格使用 DATE 函数将年月日组合后，得到不同的效果，函数的写法见“公式写法”栏，从“结果”栏观察组合后的效果，结合参数定义，加深理解 DATE 函数参数和使用方法。

序号	年	月	日	结果	公式写法	说明
1	2020	4	25	2020-4-25	=DATE(J2,K2,L2)	正常年月日组合
2	1888	8	3	3788-8-3	=DATE(J3,K3,L3)	Year<1900时，年份加1900
3	2020	13	12	2021-1-12	=DATE(J4,K4,L4)	Month>12,年份加1，月份减去12
4	2020	8	33	2020-9-2	=DATE(J5,K5,L5)	Day>31时，月份加1，日期减去上月最大天数
5	-1	5	15	#NUM!	=DATE(J6,K6,L6)	Year<0时，返回错误值

图 2-14　DATE 函数的使用方法

例如，图 2-15 所示的表格需要使用 DATE 函数来提取身份证号码中的出生日期。使用方法：在单元格 B11 中输入“=DATE(MID(B5,7,4),MID(B5,11,2),MID(B5,13,2))”后回车，向右填充即可得到出生日期，效果如图 2-15 所示，这里组合使用了 DATE 函数和 MID 函数。

例如，图 2-16 所示的表格需要计算到总寿命日期、阶段到寿日期和油封到期日期。在质量控制工作中，到寿日期＝寿命起始日期＋规定期限－1 天。到总寿命日期计算方

序号	1	2	3	4	5
姓名	陈杰	李涛	施凌晨	马赫	李帅
拼音	chenjie	litao	shilingchen	mahe	lishuai
学号	JX_001	JX_002	DZ_003	JX_003	JX_004
身份证号码	210781200010202215	41282519990817783X	371425199812253631	441402199911160225	230183200010090616
专业	机械	机械	电子	机械	机械
性别	男	男	男	女	男
理论成绩	145	132	142	120	134
实操成绩	147	141	142	132	134
综合成绩	292	273	284	252	268
结果	2000-10-20	1999-8-17	1998-12-25	1999-11-16	2000-10-9
公式写法	=DATE(MID(B5,7,4),MID(B5,11,2),MID(B5,13,2))				

图 2-15 提取身份证号码中的出生日期

法:在单元格 B5 中输入"=DATE(YEAR(B2)+B4,MONTH(B2),DAY(B2)-1)"后回车,向右填充即可得到到总寿命日期,效果如图 2-16 所示,第一个参数表示从 B2 单元格中提取年份再加上规定的年限,第二个参数表示从 B2 单元格提取月份,第三个参数表示从 B2 单元格提取日期再减去 1 天。阶段到寿日期计算方法:在单元格 B8 中输入"=DATE(YEAR(B3)+B7,MONTH(B3),DAY(B3)-1)"后回车,向右填充即可得到阶段到寿日期,效果如图 2-16 所示,第一个参数表示从 B3 单元格中提取年份再加上规定的年限,第二个参数表示从 B3 单元格提取月份,第三个参数表示从 B3 单元格提取日期再减去 1 天。油封到期日期的计算方法:在单元格 B12 中输入"=DATE(YEAR(B10),MONTH(B10)+B11,DAY(B3)-1)"后回车,向右填充即可得到油封到期日期,效果如图 2-16 所示,第一个参数表示从 B10 单元格中提取年份,第二个参数表示从 B10 单元格提取月份再加上油封月限(参数结果大于 12 会自动往年份加 1),第三个参数表示从 B10 单元格提取日期再减去 1 天。

发动机号码	FDJ523285	FDJ723371	FDJ323654	FDJ523906	FDJ723099
出厂日期	2005-07-22	2007-05-24	2013-03-19	2015-06-22	2017-06-19
大修出厂日	2015-9-25	2016-10-06	2016-6-9	2019-3-5	2020-1-6
总规定年限	25	25	25	25	25
到总寿命日期	2030-7-21	2032-5-23	2038-3-18	2040-6-21	2042-6-18
公式写法1	=DATE(YEAR(B2)+B4,MONTH(B2),DAY(B2)-1)				
阶段规定年限	6	6	9	9	9
阶段到寿日期	2021-9-24	2022-10-5	2025-6-8	2028-3-4	2029-1-5
公式写法2	=DATE(YEAR(B3)+B7,MONTH(B3),DAY(B3)-1)				
油封日期	2020-1-25	2019-10-6	2020-1-13	2020-02-12	2019-06-02
油封月限	3	18	6	6	16
油封到期日期	2020-4-24	2021-4-5	2020-7-12	2020-8-11	2020-10-1
公式写法3	=DATE(YEAR(B10),MONTH(B10)+B11,DAY(B10)-1)				

图 2-16 计算到总寿命日期、阶段到寿日期和油封到期日期

(2) DATEDIF 函数。DATEDIF 函数根据指定的时间单位返回两个日期相差的年数、月数或者天数，通常使用 DATEDIF 函数计算年龄或工龄、计算月数或天数、仅计算天数差或月数差和精确计算两个日期之间的时间差等，在质量控制工作中通常用于计算有寿机件周期性工作的使用天数等。

DATEDIF 函数的语法是：DATEDIF(Start_date，End_date，Unit)。

DATEDIF 函数的参数如下：

① Start_date 是指定开始日期，可以是日期或单元格引用；

② End_date 是指定结束日期，可以是日期或单元格引用；

③ Unit 是指定时间单位。其中，“Y”计算完整的年数；“M”计算完整的月数；“D”计算天数；“YM”忽略年和日，只计算完整的月数；“YD”忽略年，只计算天数；“MD”忽略年和月，只计算天数。

使用 DATEDIF 函数时应注意：

① 在时间单位中应包括双引号，否则会产生错误提示＃NAME?；

② 开始时间应早于结束时间，否则会产生错误提示＃NUM!；

③ DATEDIF 是一个隐藏的函数，在 Excel 的插入函数中找不到 DATEDIF 函数，掌握函数的语法和使用方法，直接使用即可。

例如，图 2-17 所示的表格中计算阶段到寿剩余年数和剩余月数，计算油封剩余天数。剩余年数的计算方法：在单元格 B5 中输入“＝DATEDIF(TODAY()，B4，"Y")”后回车，向右填充即可，效果如图 2-17 所示，其中第一个参数代表当前时间，第二个参数代表到寿日期，第三个参数代表计算完整的年数，如果超过 1 年(比如 14 个月)也算 1 年。剩余月数的计算方法：在单元格 B7 中输入“＝DATEDIF(TODAY()，B4，"M")”后回车，向右填充即可，效果如图 2-17 所示，其中第一个参数代表当前时间，第二个参数代表到寿日期，第三个参数代表计算完整的月数(超过整月的天数舍去)。剩余天数的计算方法：在单元格 B12 中输入“＝DATEDIF(TODAY()，B11，"D")”后回车，向右填充即可，效果如图 2-17 所示，其中第一个参数代表当前时间，第二个参数代表到期日期，第三个参数代表计算天数。

发动机号码	FDJ523285	FDJ723371	FDJ323654	FDJ523906	FDJ723099
大修出厂日	2015-9-25	2016-10-06	2016-6-9	2019-3-5	2020-1-6
阶段规定年限	6	6	9	9	9
阶段到寿日期	2021-9-24	2022-10-5	2025-6-8	2028-3-4	2029-1-5
剩余寿命(年)	1	2	5	7	8
公式写法1	=DATEDIF(TODAY(),B4,"Y")				
剩余寿命(月)	17	30	62	95	105
公式写法2	=DATEDIF(TODAY(),B4,"M")				
油封日期	2020-1-25	2019-10-6	2020-1-13	2020-02-12	2019-06-02
油封月限	3	18	6	6	16
油封到期日期	2020-4-24	2021-4-5	2020-7-12	2020-8-11	2020-10-1
油封剩余天数	23	369	102	132	183
公式写法3	=DATEDIF(TODAY(),B11,"D")				

图 2-17　DATEDIF 函数的使用方法

2.4 航空机务质量控制工作中其他常用的函数

2.4.1 逻辑函数

逻辑函数是用于判断比较的函数，常用的逻辑函数有 IF、IFERROR、AND、OR 和 NOT 函数，在质量控制工作中，经常使用逻辑函数来判断比较是否满足指定条件，使用频率最高的逻辑函数是 IF、AND 和 OR 函数。

（1）IF 函数：判断是否满足某一个条件，满足则返回一个值，不满足则返回另一个值。IF 函数是一个强大的逻辑函数，通过判断提供相应操作，让 Excel 更加智能。在数组公式中使用 IF 函数，能够执行一些较复杂的操作，充分发挥 IF 函数的威力。

IF 函数的语法是：=IF(Logical_test，Value_if_true，Value_if_false)。

IF 函数的参数如下：

① Logical_test 是判断条件，可以是任何可能计算结果为 TRUE 或 FALSE 的数值或表达式，返回值为 TRUE 或 FALSE；

② Value_if_true 是判断条件为 TRUE 时返回的值，可以是数值、文本或其他类型的函数等；

③ Value_if_false 是判断条件为 FALSE 时返回的值，可以是数值、文本或其他类型的函数等。

例如，图 2-18 所示的表格中综合成绩不小于 260 分的为合格，低于 260 分的为不合格。使用方法如下：在单元格 B8 中输入"=IF(B6>260,"合格","不合格")"后回车，向右填充即可，效果如图 2-18 所示。注意：如果函数的参数为文本型数据，应使用半角双引号把文本型数据引出，如"合格"。

序号	1	2	3	4	5
姓名	陈杰	李涛	施凌晨	马赫	李帅
专业	机械	机械	电子	机械	机械
性别	男	女	男	女	男
理论成绩	145	132	142	120	134
实操成绩	146	141	132	132	134
综合成绩	291	273	274	252	268
结果	合格	合格	合格	不合格	合格
公式写法	=IF(B6>260,"合格","不合格")				
说明	判断低于260分为不合格，大于等于260分为合格				

图 2-18 IF 函数的使用方法

IF 函数可以嵌套 7 层函数，也就是可以多次进行判断。例如，图 2-19 所示的表格中综合成绩<260 分为不合格，260≤综合成绩<280 为合格，280≤综合成绩<290 为良好，综合成绩≥290 为优秀。使用方法：在单元格 B8 中输入公式“IF(B7>=290,"优秀",IF(B7>=280,"良好",IF(B7>=260,"合格","不合格")))”后回车，向右填充即可，效果如图 2-19 所示。此处采用了 3 重嵌套 IF 函数，实现 4 层分类。

序号	1	2	3	4	5
姓名	陈杰	李涛	施凌晨	马赫	李帅
专业	机械	机械	电子	机械	机械
性别	男	女	男	女	男
理论成绩	145	132	142	120	134
实操成绩	146	141	142	132	134
综合成绩	291	273	284	252	268
结果	优秀	合格	良好	不合格	合格
公式写法	IF(B7>=290,"优秀",IF(B7>=280,"良好",IF(B7>=260,"合格","不合格")))				
说明	按综合成绩区分优秀、良好、合格和不合格。				

图 2-19　IF 函数的嵌套使用

(2) AND 函数。AND 函数是用于检测所有参数是否均为 TRUE，只有当所有参数均为 TRUE 时，AND 函数才返回 TRUE。AND 函数经常用于判断多个并列条件。

AND 函数的语法是：AND(Logical1,Logical2,…)。

AND 函数的参数如下：

① Logical1 是检测条件，检测内容可以是逻辑值、数组或引用；

② Logical2 是检测条件，检测内容可以是逻辑值、数组或引用，检测条件最大可以有 255 个。

例如，图 2-20 所示的表格中，如果是机械专业的男生则返回 TRUE，否则返回 FALSE。使用方法：在单元格 B8 中输入“=AND(B3="机械",B4="男")”后回车，向右填充即可，效果如图 2-20 所示，只有当两个条件都满足时才返回 TRUE。

序号	1	2	3	4	5
姓名	陈杰	李涛	施凌晨	马赫	李帅
专业	机械	机械	电子	机械	机械
性别	男	女	男	女	男
理论成绩	145	132	142	120	134
实操成绩	146	141	142	132	134
综合成绩	291	273	284	252	268
结果	TRUE	FALSE	FALSE	FALSE	TRUE
公式写法	=AND(B3="机械",B4="男")				

图 2-20　AND 函数的使用方法

(3) OR 函数。OR 函数是用于检测所有参数是否均为 TRUE，只有当所有参数均为 FALSE 时才返回 FALSE，否则返回 TRUE。OR 函数经常用于判断多个并列条件。

OR 函数的语法是：OR(Logical1，Logical2，…)。

OR 函数的参数如下：

① Logical1 是检测条件，检测内容可以是逻辑值、数组或引用；

② Logical2 是检测条件，检测内容可以是逻辑值、数组或引用，检测条件最大可以有 255 个。

例如，如图 2-21 所示，如果理论成绩或实操成绩有一门高于 135 分，或综合成绩高于 260 分，则返回 TRUE，否则返回 FALSE。使用方法：在单元格 B8 中输入"=OR(B5>135，B6>135，B7>260)"后回车，向右填充即可，效果如图 2-21 所示，只有当三个条件都不满足时才返回 FALSE。

序号	1	2	3	4	5
姓名	陈杰	李涛	施凌晨	马赫	李帅
专业	机械	机械	电子	机械	机械
性别	男	女	男	女	男
理论成绩	145	132	142	120	134
实操成绩	146	141	142	132	134
综合成绩	291	273	284	252	268
结果	TRUE	TRUE	TRUE	FALSE	TRUE
公式写法	=OR(B5>135,B6>135,B7>260)				

图 2-21 OR 函数的使用方法

2.4.2 文本函数

文本函数是对单元格中的文本进行处理的函数，文本函数的种类非常多，在质量控制工作中常用的文本函数有 TEXT、LEFT、RIGHT、LEN、REPLACE、MID、TRIM 和 VALUE，可进行格式转换、字符串处理以及文本数值转换等，尤其是 TEXT、MID 和 REPLACE 函数的使用频率较高。

(1) TEXT 函数。TEXT 函数用于将数值转化为指定的文本格式，除了将单元格中的数值转换为特定格式，还可以用于一些特殊判定。质量控制工作中，通常用于将数值、时间或日期转换为指定的格式。

TEXT 函数的语法是：=TEXT(Value，Format_text)。

TEXT 函数的参数如下：

① Value 是数值、能够返回数值的公式或者对数值单元格的引用；

② Format_text 是文字形式的数字格式，文字形式来自[设置单元格格式]对话框中[数字]选项卡的分类框，不是[常规]选项卡。

例如，图 2-22 所示的表格中将综合成绩转换成文本形式的数字格式。使用方法：在单元格 B8 中输入“=TEXT(B7,"# #.00")”后回车，向右填充即可，"# #.00"表示两位小数的数字格式，效果如图 2-22 所示。从图中“结果”栏中发现，转换后的文本形式的数字格式多了两位小数，为了验证“结果”栏中的数字是否为文本形式，在单元格 B10 中输入“=T(B8)”后向右填充，可以发现都显示数字，没有空文本，说明“结果”栏中的数字都为文本。

序号	1	2	3	4	5
姓名	陈杰	李涛	施凌晨	马赫	李帅
专业	机械	机械	电子	机械	机械
性别	男	女	男	女	男
理论成绩	145	132	142	120	134
实操成绩	147	141	142	132	134
综合成绩	292	273	284	252	268
结果	291.50	273.00	284.00	252.00	268.00
公式写法	'=TEXT(B7,"##.00")	=TEXT(C7,"##.00")	=TEXT(D7,"##.00")	'=TEXT(E7,"##.00")	'=TEXT(F7,"##.00")
检查格式	291.50	273.00	284.00	252.00	268.00

图 2-22　TEXT 函数转换数值格式

TEXT 函数还可以将日期和时间格式转换成特定形式，如将图 2-23 所示表格中的出生日期转换成其他各种日期的形式。使用方法：在单元格 B9 中输入“=TEXT(B3,"yyyy/mm/dd")”后回车，从“结果”栏可以看出日期格式转换成“1999/05/09”；在单元格 C9 中输入“=TEXT(C3,"yy/mm/dd")”后回车，从“结果”栏可以看出日期格式转换成“98/11/06”；在单元格 D9 中输入“=TEXT(D3,"yyyy 年 mm 月 dd 日")”后回车，从“结果”栏可以看出日期格式转换成“2000 年 02 月 15 日”；在单元格 E9 中输入“=TEXT(E3,"yy 年 mm 月 dd 日")”后回车，从“结果”栏可以看出日期格式转换成“00 年 04 月 08 日”，结果如图 2-23 所示。为了验证“结果”栏中的日期是否为文本形式，在单元格 B11 中输入“=T(B9)”后向右填充，可以发现都显示数字，没有空文本，说明“结果”栏中的数字都为文本。注意：Format_text 中可以设置占位符，如需要四位数显示年份则可设置“yyyy”，如需要两位数显示年份则可设置“yy”。

序号	1	2	3	4
姓名	陈杰	李涛	施凌晨	马赫
出生日期	1999-5-9	1998-11-6	2000-2-15	2000-4-8
专业	机械	机械	电子	机械
性别	男	女	男	女
理论成绩	145	132	142	120
实操成绩	147	141	142	132
综合成绩	292	273	284	252
结果	1999/05/09	98/11/06	2000年02月15日	00年04月08日
公式写法	=TEXT(B7,"yyyy/mm/dd")	=TEXT(C7,"yy/mm/dd")	'=TEXT(D7,"yyyy年mm月dd日")	=TEXT(E7,"yy年mm月dd日")
检查格式	1999/05/09	98/11/06	2000年02月15日	00年04月08日

图 2-23　TEXT 函数转换日期格式

TEXT 函数还可以用于设定不同条件显示不同的效果，如图 2-24 所示的表格中，综合成绩在 280 分以上为优秀，260～280 分为良好，260～280 分为合格，260 分以下为不及格，使用方法：在单元格 B9 中输入"=TEXT(B8,"[>=280]优秀；[>=260]合格；不合格")"后回车，向右填充即可，效果如图 2-24 所示。

序号	1	2	3	4
姓名	陈杰	李涛	施凌晨	马赫
出生日期	1999-5-9	1998-11-6	2000-2-15	2000-4-8
专业	机械	机械	电子	机械
性别	男	女	男	女
理论成绩	145	132	142	120
实操成绩	147	141	142	132
综合成绩	292	273	284	252
结果	优秀	合格	优秀	不合格
公式写法	=TEXT(B8,"[>=280]优秀;[>=260]合格;不合格")			

图 2-24　TEXT 函数特殊判定

(2) LEFT 函数。LEFT 函数是用于从一个文本字符串第一个字符开始返回指定个数的字符，经常用于提取字符串左边指定个数的字符串。在质量控制工作中常用于从字符串左边提取指定长度的字符串信息。

LEFT 函数的语法是：=LEFT(Text,Num_chars)。

LEFT 函数的参数如下：

① Text 是要提取字符的字符串，可以是字符串、单元格或引用；

② Num_chars 是提取字符的个数，可以是数字或能得到数字的公式。

例如，图 2-25 所示的表格中，需提取学号的前 2 位。使用方法：在单元格 B10 中输入"=LEFT(B3,2)"后回车，向右填充即可，效果如图 2-25 所示，从"结果"栏中可以发现，学号的前两位都被提取出来了。

序号	1	2	3	4	5
姓名	陈杰	李涛	施凌晨	马赫	李帅
学号	JX_001	JX_002	DZ_003	JX_003	JX_004
出生日期	1999-5-9	1998-11-6	2000-2-15	2000-4-8	2000-7-3
专业	机械	机械	电子	机械	机械
性别	男	女	男	女	男
理论成绩	145	132	142	120	134
实操成绩	147	141	142	132	134
综合成绩	292	273	284	252	268
结果	JX	JX	DZ	JX	JX
公式写法	=LEFT(B3,2)	=LEFT(C3,2)	=LEFT(D3,2)	=LEFT(E3,2)	=LEFT(F3,2)

图 2-25　LEFT 函数的使用方法

(3) RIGHT 函数。RIGHT 函数是用于从一个文本字符串第一个字符开始返回指定个数的字符,经常用于提取字符串左边指定个数的字符串。在质量控制工作中常用于从字符串左边提取指定长度的字符串信息。

RIGHT 函数的语法是:=RIGHT(Text,Num_chars)。

RIGHT 函数的参数如下:

① Text 是要提取字符的字符串,可以是字符串、单元格或引用;

② Num_chars 是提取字符的个数,可以是数字或能得到数字的公式。

例如,图 2-26 所示的表格中,需提取学号的后 3 位。使用方法:在单元格 B10 中输入"=RIGHT(B3,3)"后回车,向右填充即可,效果如图 2-26 所示,从"结果"栏中可以发现,学号的后 3 位都被提取出来了。

序号	1	2	3	4	5
姓名	陈杰	李涛	施凌晨	马赫	李帅
学号	JX_001	JX_002	DZ_003	JX_003	JX_004
出生日期	1999-5-9	1998-11-6	2000-2-15	2000-4-8	2000-7-3
专业	机械	机械	电子	机械	机械
性别	男	女	男	女	男
理论成绩	145	132	142	120	134
实操成绩	147	141	142	132	134
综合成绩	292	273	284	252	268
结果	001	002	003	003	004
公式写法	=RIGHT(B3,3)	=RIGHT(C3,3)	=RIGHT(D3,3)	=RIGHT(E3,3)	=RIGHT(F3,3)

图 2-26　RIGHT 函数的使用方法

(4) LEN 函数。LEN 函数是返回文本字符串中的字符个数,经常用于检查字符串的长度。在质量控制工作中常用于获取指定字符串的长度。

LEN 函数的语法是:=LEN(Text)。

LEN 函数的参数如下:

Text 是要计算长度的文本字符串(包括空格),可以是字符串、单元格或引用。

例如,图 2-27 所示的表格中,需要判断姓名拼音的长度。使用方法:在单元格 B11 中输入"=LEN(B3)"后回车,向右填充即可,效果如图 2-27 所示,从"结果"栏中可以发现,拼音的长度被提取出来了。

(5) REPLACE 函数。REPLACE 函数是用来将一个字符串的部分字符用另一个字符串替换,经常用于批量替换字符串。在质量控制工作中常用于替换指定字符串中的信息。

REPLACE 函数的语法是:=REPLACE (Old_text,Start_num,Num_chars,New_text)。

REPLACE 函数的参数如下:

① Old_text 是要进行字符替换的文本,可以是文本、单元格或引用;

序号	1	2	3	4	5
姓名	陈杰	李涛	施凌晨	马赫	李帅
拼音	chenjie	litao	shilingchen	mahe	lishuai
学号	JX_001	JX_002	DZ_003	JX_003	JX_004
出生日期	1999-5-9	1998-11-6	2000-2-15	2000-4-8	2000-7-3
专业	机械	机械	电子	机械	机械
性别	男	女	男	女	男
理论成绩	145	132	142	120	134
实操成绩	147	141	142	132	134
综合成绩	292	273	284	252	268
结果	7	5	11	4	7
公式写法	=LEN(B3)	=LEN(C3)	=LEN(D3)	=LEN(E3)	=LEN(F3)

图 2-27　LEN 函数的使用方法

② Start_num 是要替换为 New_text 的字符在 Old_text 中的位置，可以是数字或可以得到数字的公式；

③ Num_chars 是要从 Old_text 中替换的字符个数；

④ New_text 是用来在 Old_text 中进行替换的指定字符串。

例如，图 2-28 所示的表格中，需将学号中的"_"用"-"替换。使用方法：在单元格 B11 中输入"=REPLACE(B4,3,1,"-")"后回车，向右填充即可，效果如图 2-28 所示。公式中第二个参数 3 代表"_"在字符串中的位置，第三个参数 1 代表要替换 1 个字符，第四个参数代表要替换的字符。

序号	1	2	3	4	5
姓名	陈杰	李涛	施凌晨	马赫	李帅
拼音	chenjie	litao	shilingchen	mahe	lishuai
学号	JX_001	JX_002	DZ_003	JX_003	JX_004
出生日期	1999-5-9	1998-11-6	2000-2-15	2000-4-8	2000-7-3
专业	机械	机械	电子	机械	机械
性别	男	女	男	女	男
理论成绩	145	132	142	120	134
实操成绩	147	141	142	132	134
综合成绩	292	273	284	252	268
结果	JX-001	JX-002	DZ-003	JX-003	JX-004
公式写法	=REPLACE(B4,3,1,"-")				

图 2-28　REPLACE 函数的使用方法

（6）MID 函数。MID 函数从文本字符串中指定起始位置返回指定长度的字符，常用于从字符串提取指定的字符。在质量控制工作中常用于从字符串中间位置提取指定长度的字符串。

MID 函数的语法是：=MID(Text,Start_num,Num_chars)。

MID 函数的参数如下：

① Text 是要提取字符的字符串，可以是字符串、单元格或引用；

② Start_num 是提取字符的起始位置，可以是数字或可以得到数字的公式；

③ Num_chars 是要提取字符的长度，可以是数字或可以得到数字的公式。

例如，图 2-29 所示的表格中，需要从身份证号码中提取学生的性别(身份证第 17 位数字是奇数代表男性，偶数代表女性)和出生日期。使用方法：在“出生日期”栏的单元格 B12 中输入“=MID(B5,7,8)”后回车，向右填充即可得到学生的出生日期，其中第二个参数 7 代表从身份证第 7 位开始提取字符，第三个参数 8 代表提取 8 个字符，得到的字符串为出生日期，虽然出生日期提取成功，但是格式不符合一般的日期格式，需要使用分列或者 TEXT 函数转换成日期格式。

如果使用 TEXT 函数嵌套使用，则可一步将日期提取与转换成功。使用方法：在单元格 B14 中输入“=TEXT(MID(B5,7,8),"#-00-00")”后回车，向右填充即可得到日期格式的出生日期，其中 MID 函数是提取 8 位的出生日期，TEXT 函数将 MID 函数提取的字符串转换成“#-00-00”格式。

从身份证号码中提取性别的方法是：在“性别”栏单元格 B7 中输入“=IF(MOD(MID(B5,17,1),2),"男","女")”后回车，向右填充即可得到学生的性别。其中 MID 函数表示从身份证第 17 位开始提取 1 个字符(即只提取第 17 位)；MOD 函数是求余的函数(通常用于判断数值奇偶性，后续章节将详细介绍其用法)；IF 函数的作用是根据 MOD 函数的值来返回性别，如果 MOD 函数有结果(即有余数)则为 TRUE，返回“男”，如果 MOD 函数无结果(即无余数)则为 FALSE，返回“女”。此处使用了三层嵌套函数，分别使用了 MID、MOD 和 IF 函数。

序号	1	2	3	4	5
姓名	陈杰	李涛	施凌晨	马赫	李帅
拼音	ChenJie	LiTao	ShiLingChen	MaHe	LiShuai
学号	JX_001	JX_002	DZ_003	JX_003	JX_004
身份证号码	210781200010202215	41282519990817783X	371425199812253631	441402199911160225	230183200010090616
专业	机械	机械	电子	机械	机械
性别	男	男	男	女	男
公式写法	=IF(MOD(MID(B5,17,1),2),"男","女")				
理论成绩	145	132	142	120	134
实操成绩	147	141	142	132	134
综合成绩	292	273	284	252	268
出生日期	20001020	19990817	19981225	19991116	20001009
公式写法	=MID(B5,7,8)				
转换格式	2000-10-20	1999-08-17	1998-12-25	1999-11-16	2000-10-09
公式写法	=TEXT(MID(B5,7,8),"#-00-00")				

图 2-29　MID 函数的使用方法

(7) TRIM 函数。TRIM 函数是用于删除字符串中多余的空格，但会在英文字符串中保留一个作为词与词之间分隔的空格。TRIM 函数的用处非常大，在处理文本中的空格方面非常实用，在质量控制工作中常用于删除指定文本数据中多余的空格。

TRIM 函数的语法是：=TRIM(Text)。

TRIM 函数的参数如下：

Text 是要删除空格的字符串，可以是文本、单元格或引用。

例如，图 2-30 所示的表格中，拼音字段中有大量的空格，需要去除多余的空格。使用方法：在单元格 B11 中输入"=TRIM(B3)"后回车，向右填充即可，效果如图 2-30 所示，从"结果"栏可以看出，拼音中的多余空格都删除了，但是保留了英文词与词之间的空格。

序号	1	2	3	4	5
姓名	陈杰	李涛	施凌晨	马赫	李帅
拼音	chen　　jie	li　　tao	shi　　lingchen	ma　　he	li　　shuai
学号	JX_001	JX_002	DZ_003	JX_003	JX_004
身份证号码	210781200010202215	41282519990817783X	371425199812253631	441402199911160225	230183200010090616
专业	机械	机械	电子	机械	机械
性别	男	男	男	女	男
理论成绩	145	132	142	120	134
实操成绩	147	141	142	132	134
综合成绩	292	273	284	252	268
结果	chen jie	li tao	shi lingchen	ma he	li shuai
公式写法	=TRIM(B3)				

图 2-30　TRIM 函数的使用方法

(8) VALUE 函数。VALUE 函数是将一个代表数值的文本字符串转换成数值，在质量控制工作中，通常使用 VALUE 函数将文本格式的数值转换成数值型数值。

VALUE 函数的语法是：=VALUE(Text)。

VALUE 函数的参数如下：

Text 是带双引号的文本或是一个单元格的引用(该单元格中有要转换的文本)。

例如，图 2-31 所示的表格中，需要将文本格式的出生日期转换成数值型的日期格式。使用方法：在单元格中 B13 中输入"=VALUE(B5)"后回车，向右填充即可，效果如图 2-31 所示，"结果"栏使用 VALUE 函数转换成数值型的日期，此处将"结果"栏设置成短日期格式。为了检查"出生日期"栏是否为文本函数，在单元格 B7 中输入"=T(B5)"，向右填充即可，在"文本检测"栏 T 函数返回了文本，说明"出生日期"栏为文本型日期；同理，在单元格 B15 中输入"=T(B13)"，向右填充即可，发现"格式检测"栏单元格为空，T 函数返回的是空单元格，说明"结果"栏中的日期为数值型日期格式。

序号	1	2	3	4	5
姓名	陈杰	李涛	施凌晨	马赫	李帅
拼音	chen jie	li tao	shi lingchen	ma he	li shuai
学号	JX_001	JX_002	DZ_003	JX_003	JX_004
出生日期	2000-10-20	1999-08-17	1998-12-25	1999-11-16	2000-10-09
检测公式1	=T(B5)				
文本检测	2000-10-20	1999-08-17	1998-12-25	1999-11-16	2000-10-09
专业	机械	机械	电子	机械	机械
性别	男	男	男	女	男
理论成绩	145	132	142	120	134
实操成绩	147	141	142	132	134
综合成绩	292	273	284	252	268
结果	2000-10-20	1999-8-17	1998-12-25	1999-11-16	2000-10-9
公式写法	=VALUE(B5)				
格式检测					
检测公式2	=T(B13)				

图 2-31　VALUE 函数的使用方法

2.4.3　查找与引用函数

查找与引用函数是质量控制中非常实用的函数，通常用于查找和匹配数据。质量控制工作中，常用的查找与引用函数有 INDEX、MATCH 和 VLOOKUP 函数等，掌握这些函数的用法将提高质量控制工作效率。

(1) INDEX 函数。INDEX 函数是在给定的单元格区域中，返回特定行列交叉处单元格的值或引用，通常用来查找指定地址单元格的值或获取对指定行、列和区域的引用等，与其他函数如 MATCH 函数联合使用，可以构造强大的公式。

INDEX 函数的语法有两种形式——数组和引用。使用数组形式，返回值；使用引用形式，返回引用。

① INDEX 函数数组形式的语法如下：

INDEX(Array,Row_num,Column_num)。

a. Array 是单元格区域或数组常量。如果数组仅有 1 行或列，那么相应的行/列号参数可选；如果数组大于 1 行或列，并且仅使用 Row_num 或 Column_num，返回整行或整列组成的数组。

b. Row_num 是目标单元格在引用区域中的行序号，如果忽略，则必须有 Column_num 参数。

c. Column_num 是目标单元格在引用区域中的列序号，如果忽略，则必须有 Row_num 参数。

注意：如果 Row_num 和 Column_num 参数全都使用，则返回 Row_num 和 Column_num 交叉的单元格中的值；如果 Row_num 或 Column_num 是零，返回整列或整行的值组成的数组；如果 Row_num 和 Column_num 没有指向数组里的单元格，那么 INDEX 函数返回错误提示“#REF!”。

在图 2-32 所示的表格中，仔细对比不同参数设置带来的不同结果。

序号	1	2	3	4
姓名	陈杰	李涛	施凌晨	马赫
拼音	chen jie	li tao	shi lingchen	ma he
效果	陈杰	陈杰	施凌晨	#REF!
函数写法	=INDEX($B$2:$F$2,1,1)	=INDEX($B$2:$F$2,0,1)	=INDEX($B$2:$F$2,1,0)	=INDEX($B$2:$F$2,2,2)
备注	行列参数皆有时指向行列交叉的单元格	行参数为0时则默认首行数组	列参数为0时则默认所在列数组	行列参数没有指向单元格时返回错误提示

图 2-32　INDEX 不同参数设置的效果

事实上，如果行参数或列参数设置成“0”或为空，意味着返回整列或整行数组。如果 Row_num 参数为 0 或者缺失，那么这指示 INDEX 返回由 Column_num 参数指定的整列！

如{=INDEX(A1:C5,2)}将返回对单元格区域 B1:B5 的引用。

并且相反的情况也成立，即将 Column_num 参数设置为“0”或缺失将返回整行。此时，缺失的 Column_num 参数必须包括逗号。

如{=INDEX(A1:C5,2,)}将返回对单元格区域 A2:C2 的引用。

但是，当提供特定的单元格给多单元格区域或者该单元格设置成等于某数组时，只有第一个元素显示在输出单元格中，因此上面两个 INDEX 公式返回的大多数行或列都将隐藏。然而，可以以数组形式输入该公式到一个单元格区域来查看完整的输出。使用下面的方法返回二维数组的整行或整列：

=SUM(INDEX({1,2,3,4,5;6,7,8,9,10;11,12,13,14,15},3,))

结果是 65，即输入数组的整个第三行的和；

=SUM(INDEX({1,2,3,4,5;6,7,8,9,10;11,12,13,14,15},,3))

结果是 24，即输入数组的整个第三列的和。

② INDEX 函数引用形式的语法如下：

INDEX(Reference,Row_num,Column_num,Area_num)。

a. Reference 是对一个或多个单元格区域的引用，如果在引用中的每个区域仅有 1 行或 1 列，那么相应的行/列参数是可选的。

b. Row_num 是目标单元格在引用区域中的行序号，如果忽略，则必须有 Column_num 参数。

c. Column_num 是目标单元格在引用区域中的列序号，如果忽略，则必须有 Row_num 参数。

d. Area_num 是指定所要返回的行列交叉点位于引用区域中的第几个区域，第一个区域为 1，第二个区域为 2，依次类推。

注意：如果 Row_num 或 Column_num 是 0，返回整列或整行的引用，可用于其他函数中；如果忽略 Area_num 参数，使用区域 1；如果 Row_num 和 Column_num 没有指向引用里的单元格，那么 INDEX 函数返回错误提示“＃REF!”。

在图 2-33 所示的表格中，比较不同参数设置带来的不同结果，体会 INDEX 函数的用法。

序号	1	2	3	4
姓名	陈杰	李涛	施凌晨	马赫
拼音	chen jie	li tao	shi lingchen	ma he
效果	chen jie	陈杰	shi lingchen	#REF!
函数写法	=INDEX(($B$2:$F$2,$B$3:$F$3),1,1,2)	=INDEX(($B$2:$F$2,$B$3:$F$3),0,1,1)	=INDEX(($B$2:$F$2,$B$3:$F$3),,0,2)	=INDEX(($B$2:$F$2,$B$3:$F$3),2,1,2)
备注	参数指向第二个区域中的第一行第一列	参数指向第一个区域中首行首列	参数指向第二个区域中该列的首行	参数指向第二个区域中第二行第一列，无该单元格

图 2-33　INDEX 不同参数引用的设置

（2）MATCH 函数。MATCH 函数是返回特定值特定顺序的项在数组中的相对位置，MATCH 函数返回的是所查询出值的位置，INDEX 函数是通过位置返回出位置中的值，所以通常将两者嵌套使用便可以通过关键字查询出需要得到的信息。

MATCH 函数的语法是：

＝MATCH(Lookup_value，Lookup_array，Match_type)。

MATCH 函数的参数如下：

① Lookup_value 是在数组中所要查找与匹配的值，可以是数值、文本或逻辑值，或者对上述类型的引用；

② Lookup_array 是含有要查找的值的连续单元格区域、一个数组，或是对某数组的引用；

③ Match_type 是用数字－1、0 和 1 表示匹配的形式。其中－1 表示模糊匹配，查找区域中大于或等于查找值的最接近值，且查找区域必须按降序排列；0 表示精确匹配，查找区域中可无序排列；1 表示模糊匹配，查找区域中小于或等于查找值的最接近值，且查找区域必须按升序排列。

例如，在图 2-34 所示的表格中，综合成绩是无序排列的，使用不同参数的 MATCH 函数查找 268 在“综合成绩”列的位置。比较发现，当参数为 0 时，结果返回 2，表示 268 在该列的位置是 2；当参数为 1 时，查找区域必须按升序排列，268 比第一个值 292 小，因此返回错误值；当参数为－1 时，查找区域必须按降序排列，因为第一个值比第二个值大，误认为该列按降序排列，返回 2。注意：如果被查找区域有多个被查找的值，则返回第一个值所在的位置。

对图 2-34 中表格的综合成绩按升序排列，进一步比较不同参数设置带来的不同结果，如图 2-35 所示。经比较发现，当参数为 0 时，结果返回 2，表示 268 在该列的位置是 2；当参数为 1 时，查找区域必须按升序排列，结果返回 3，表示在这个升序排列中最后一

序号	姓名	出生日期	专业	性别	理论成绩	实操成绩	综合成绩
1	陈杰	2000-10-20	机械	男	145	147	292
2	李涛	1999-08-17	机械	男	132	136	268
3	施凌晨	1998-12-25	电子	男	142	142	284
4	马赫	1999-11-16	机械	女	120	132	252
5	李帅	2000-10-09	机械	男	134	134	268
参数为0		=MATCH(268,$H$2:$H$6,0)				结果	2
参数为1		=MATCH(268,$H$2:$H$6,1)				结果	#N/A
位数为-1		=MATCH(268,$H$2:$H$6,-1)				结果	2

图 2-34 MATCH 函数不同参数设置的效果 1

个接近 268 的值在第 3 个位置;当参数为－1 时,查找区域必须按降序排列,因此返回错误值。注意:如果被查找区域有多个被查找的值,则返回第一个值所在的位置。

序号	姓名	出生日期	专业	性别	理论成绩	实操成绩	综合成绩
1	马赫	1999-11-16	机械	女	120	132	252
2	李涛	1999-08-17	机械	男	132	136	268
3	李帅	2000-10-09	机械	男	134	134	268
4	施凌晨	1998-12-25	电子	男	142	142	284
5	陈杰	2000-10-20	机械	男	145	147	292
参数为0		=MATCH(268,$H$2:$H$6,0)				结果	2
参数为1		=MATCH(268,$H$2:$H$6,1)				结果	3
位数为-1		=MATCH(268,$H$2:$H$6,-1)				结果	#N/A

图 2-35 MATCH 函数不同参数设置的效果 2

对图 2-35 中表格的综合成绩按降序排列,进一步比较不同参数设置带来的不同结果,如图 2-36 所示。经比较发现,当参数为 0 时,结果返回"3",表示 268 在该列的位置是"3";当参数为 1 时,查找区域必须按升序排列,结果返回"4",表示在这个升序排列中最后一个接近 268 的值在第 4 个位置。注意:如果被查找区域有多个被查找的值,则返回第一个值所在的位置。

MATCH 函数还有一个重要的应用是与 INDEX 函数组合使用,构建功能强大的查找工具,从单元格区域或数组中查找并返回整列或整行的信息。

例如,在图 2-37 表格中查找李涛的综合成绩。表格中第 2 列为"姓名"列,第 8 列为"综合成绩"列,根据姓名查找综合成绩,使用 INDEX 函数嵌套 MATCH 函数实现。首先,定义第 2 列为"姓名"列,函数为"＝INDEX($A$1:$H$6,,2)";然后,定义第 8 列为"综合成绩"列,函数为"＝INDEX($A$1:$H$6,,8)";最后,以"姓名"列中的姓名使用 MATCH 函数返回综合成绩中的位置,利用 INDEX 函数返回该位置的值,函数写法见图 2-37,返回李涛的综合成绩"273"。

序号	姓名	出生日期	专业	性别	理论成绩	实操成绩	综合成绩
1	陈杰	2000-10-20	机械	男	145	147	292
2	施凌晨	1998-12-25	电子	男	142	142	284
3	李涛	1999-08-17	机械	男	132	136	268
4	李帅	2000-10-09	机械	男	134	134	268
5	马赫	1999-11-16	机械	女	120	132	252
参数为0		=MATCH(268,$H$2:$H$6,0)				结果	3
参数为1		=MATCH(268,$H$2:$H$6,1)				结果	4
位数为-1		=MATCH(268,$H$2:$H$6,-1)				结果	3

图 2-36　MATCH 函数不同参数设置的效果 3

序号	姓名	出生日期	专业	性别	理论成绩	实操成绩	综合成绩
1	陈杰	2000-10-20	机械	男	145	147	292
2	李涛	1999-08-17	机械	男	132	141	273
3	施凌晨	1998-12-25	电子	男	142	142	284
4	马赫	1999-11-16	机械	女	120	132	252
5	李帅	2000-10-09	机械	男	134	134	268
查找结果		273					
公式写法		=INDEX(INDEX($A$1:$H$6,,8),MATCH("李涛",INDEX($A$1:$H$6,,2),0))					

图 2-37　MATCH 函数与 INDEX 函数组合使用

MATCH 函数与 INDEX 函数组合使用查找效率高，并且支持向左向右查询，比 VLOOKUP 函数功能强大。

(3) VLOOKUP 函数。VLOOKUP 函数是查找与匹配函数，通过搜索表区域首列满足条件的元素，确定待检索单元格在区域中的行序号，再进一步返回选定单元格的值。默认情况下，被搜索表是以升序排列的。在质量控制工作中，VLOOKUP 函数是使用最为频繁的查找函数。

VLOOKUP 函数使用需满足三个条件：

第一：至少需要两个表格，两个表格既可以在同一个工作表内也可以不在一个工作表内。

第二：两张表格有共同的字段可作为查找值，即第一个参数。

第三：两张表格有不同的字段，即一个表格有某字段而另一个表格没有该字段。

VLOOKUP 函数的语法是：

=VLOOKUP(Lookup_value，Table_array，Col_index_num，Range_lookup)。

VLOOKUP 函数的参数如下：

① Lookup_value 是需要在数据表首列进行搜索的值，可以是数值、引用或字符串；

② Table_array 是需要在其中搜索数据的信息表，可以是对区域或区域名称的引用；

③ Col_index_num 是满足条件的单元格在数组区域中的列序号，首列序号为 1；

④ Range_lookup 是指在查找时是要求精确匹配还是模糊匹配，如果为 FALSE 则为模糊匹配，如果为 TRUE 或忽略则为精确匹配。

例如，如图 2-38 所示，两个表格是学生信息，但是缺少专业内容，需要将专业内容补全，考虑到两个表格排序方式不同，不能简单地拷贝粘贴，因此，使用 VLOOKUP 函数来实现。

序号	姓名	出生日期	专业	性别	综合成绩
1	陈杰	2000-10-20		男	292
2	施凌晨	1998-12-25		男	284
3	李涛	1999-08-17		男	268
4	李帅	2000-10-09		男	268
5	马赫	1999-11-16		女	252

序号	姓名	出生日期	专业
1	施凌晨	1998-12-25	电子
2	陈杰	2000-10-20	机械
3	李涛	1999-08-17	机械
4	李帅	2000-10-09	机械
5	马赫	1999-11-16	机械

图 2-38　学生信息表

使用方法：在上面表格的单元格 D2 中输入函数"＝VLOOKUP($B$2:$B$6,$B$10:$D$14,3,0)"后回车，向下填充即可，即可得到考生的专业信息，如图 2-39 所示。其中第一个参数代表需要查找的信息，第二个参数代表被查找的区域，第三个参数代表在被查找区域的第三列，第四个参数代表精确匹配。注意：在使用填充时，对于第一个参数和第二个参数应当使用绝对引用，防止在填充时引用的地址发生变化而导致错误。

序号	姓名	出生日期	专业	函数写法	性别	综合成绩
1	陈杰	2000-10-20	机械	=VLOOKUP($B$2:$B$6,$B$10:$D$14,3,0)	男	292
2	施凌晨	1998-12-25	电子	=VLOOKUP($B$2:$B$6,$B$10:$D$14,3,0)	男	284
3	李涛	1999-08-17	机械	=VLOOKUP($B$2:$B$6,$B$10:$D$14,3,0)	男	268
4	李帅	2000-10-09	机械	=VLOOKUP($B$2:$B$6,$B$10:$D$14,3,0)	男	268
5	马赫	1999-11-16	机械	=VLOOKUP($B$2:$B$6,$B$10:$D$14,3,0)	女	252

序号	姓名	出生日期	专业
1	施凌晨	1998-12-25	电子
2	陈杰	2000-10-20	机械
3	李涛	1999-08-17	机械
4	李帅	2000-10-09	机械
5	马赫	1999-11-16	机械

图 2-39　VLOOKUP 函数的使用方法

例如，图 2-40 所示的表格中，需要给定学生的成绩等级，使用 VLOOKUP 函数的模糊匹配可以完成此项工作。

使用方法：首先，在成绩等级标准表格中增加一列下限，并把分数改成"a-b"区间形式，这样下限和区间这种不精准对应关系可采用模糊匹配；然后，在上面表格的单元格 F2 中输入函数"＝VLOOKUP($G$2:$G$6,$B$10:$D$13,3,1)"后回车，向下填

序号	姓名	专业	性别	理论成绩	实操成绩	综合成绩	成绩等级
1	陈杰	机械	男	145	147	292	
2	施凌晨	电子	男	142	142	284	
3	李涛	机械	男	132	136	268	
4	李帅	机械	男	134	134	268	
5	马赫	机械	女	120	132	252	

序号	分数	成绩等级
1	>=290	优秀
2	>=280	良好
3	>=260	及格
4	>=260	不及格

图 2-40　使用 VLOOKUP 函数处理前

充即可，如图 2-41 所示。其中，第一个参数代表需要查找的综合成绩，第二个参数代表被查找的区域（从“下限”“分数”和“成绩等级”三列中查找），第三个参数代表在被查找区域的第三列，第四个参数代表模糊匹配。注意：在使用填充时，对于第一个和第二个参数应当使用绝对引用，防止在填充时引用的地址发生变化而导致错误。

序号	姓名	理论成绩	实操成绩	综合成绩	成绩等级	公式写法
1	陈杰	145	147	292	优秀	=VLOOKUP($G$2:$G$6,$B$10:$D$13,3,1)
2	施凌晨	142	142	284	良好	=VLOOKUP($G$2:$G$6,$B$10:$D$13,3,1)
3	李涛	132	136	268	及格	=VLOOKUP($G$2:$G$6,$B$10:$D$13,3,1)
4	李帅	134	134	268	及格	=VLOOKUP($G$2:$G$6,$B$10:$D$13,3,1)
5	马赫	120	132	252	不及格	=VLOOKUP($G$2:$G$6,$B$10:$D$13,3,1)

序号	下限	分数	成绩等级
1	0	0-260	不及格
2	260	260-280	及格
3	280	280-290	良好
4	290	>=290	优秀

图 2-41　使用 VLOOKUP 函数处理后

VLOOKUP 函数在数据量越大时越能体现它的高效，在处理飞机大量机件信息时具有很高的效率。

2.4.4　数学函数

在质量控制工作中，经常使用 INT 和 MOD 函数来进行小时、分钟和秒的时间转换。

（1）INT 函数。INT 函数是将数值向下取最为接近的整数，在质量控制中经常用于小时、分钟和秒之间转换时取整。

INT 函数的语法是：=INT(Number)。

INT 函数的参数如下：

Number 是要取整的实数，可以是数值或单元格引用。

（2）MOD 函数。MOD 函数返回两数相除的余数，结果符号与除数相同，在质量控制工作中通常用于秒、分钟转换为分钟、小时时取余。

MOD 函数的语法是：=MOD(Number,Divisor)。

MOD 函数的参数如下：

① Number 是被除数，可以是数值或单元格引用；

② Divisor 是除数，可以是数值或单元格引用。

在质量控制工作中，时间通常是六十进制的，在计算时需要将时间转化为分钟再进行计算。六十进制的时间转换为分钟的方法有两种(假设 A 为六十进制的时间)：

方法一：=INT(A) * 60+(A-INT(A)) * 100；

方法二：=A * 100-INT(A) * 40。

方法一是分别将 A 的整数部分和小数部分分开进行转换后相加；方法二是先将整个数值转换为整数，然后再减去多余的部分。

例如，图 2-42 所示的表格中"时间(小时)"列的时间是六十进制，需要转换成分钟进行计算。转换方法：在单元格 C2 中输入时间转换公式"=INT(B2) * 60+(B2-INT(B2)) * 100"后回车，即可得到转换成分钟的时间，这个公式采用的是方法一；在单元格 C4 中输入时间转换公式"=B4 * 100-INT(B4) * 40"后回车，即可得到转换成分钟的时间，这个公式采用的是方法二。

序号	时间(小时)	时间(分钟)	函数写法	说明
1	6.01	361	=INT(B2)*60+(B2-INT(B2))*100	算法1
2	12.18	738	=INT(B3)*60+(B3-INT(B3))*100	算法1
3	36.45	2205	=B4*100-INT(B4)*40	算法2
4	45.23	2723	=B5*100-INT(B5)*40	算法2

图 2-42　INT 函数的使用方法

在质量控制工作中，经常将分钟制的时间转换成六十进制的小时制时间，假设 A 为分钟，转换方法是在单元格中输入公式"=INT(A/60)+MOD(A,60)/100"。

例如，图 2-43 所示的表格中，"时间(分钟)"列是分钟制时间，需要转化成六十进制的小时制时间。转换方法：在单元格 C2 中输入转换公式"=INT(B2/60)+MOD(B2,60)/100"后回车，向下填充，效果如图 2-43 所示。

序号	时间(分钟)	时间(小时)	函数写法
1	361	6.01	=INT(B2/60)+MOD(B2,60)/100
2	738	12.18	=INT(B3/60)+MOD(B3,60)/100
3	2205	36.45	=INT(B4/60)+MOD(B4,60)/100
4	2723	45.23	=INT(B5/60)+MOD(B5,60)/100

图 2-43　INT 函数和 MOD 函数组合的使用方法

2.5　数据透视表在航空机务质量控制工作中的应用

2.5.1　利用数据透视表进行统计分析

数据透视表是一种交互式的表，可以进行某些计算，如求和与计数等。所进行的计算与数据和数据透视表中的排序有关。之所以称为数据透视表，是因为可以动态地改变它们的版面布置，以便按照不同方式分析数据，也可以重新安排行号、列标和页字段。每一次改变版面布置时，数据透视表会立即按照新的布置重新计算数据。另外，如果原始数据发生更改，则可以更新数据透视表。

数据透视表既不像函数那样需要输入长公式，也不像 VBA 那样需要识得复杂的代码。对于数据透视表来说，只需要点击几下鼠标就能实现大量数据的分析汇总，简单的操作就可以实现全方位的分析，使用它就等于同时操控多个函数，它是数据分析的终极武器。

图 2-44 所示的“考生成绩汇总表”中，需要按出生年份统计各专业男女学生的平均身高。如果按常规的统计分析方法，需要先按出生年份进行分类，然后按专业分类，再按性别

姓名	性别	专业	出生日期	身高(cm)	体重(kg)	理论成绩	实操成绩	综合成绩
孙志国	男	电子	1997-12-01	165	66	102	132	234
陈航鹏	男	特设	1994-07-14	172	70	107	116	223
金彪	男	特设	1993-06-15	177	73	124	196	320
鞠贺	男	特设	1993-10-12	185	77	128	107	235
李挺	男	特设	1997-11-11	172	69	139	105	244
孟俊勇	男	特设	1995-08-13	169	64	110	109	219
密其龙	男	特设	1995-12-01	174	65	97	113	210
施凌晨	男	特设	1996-10-21	176	70	103	136	239
王腾腾	女	特设	1994-11-07	168	56	115	140	255
杨国勇	女	特设	1997-09-28	168	55	101	106	207
张凭斌	男	电子	1996-07-06	177	80	126	117	243
陈杰	女	特设	1997-06-05	163	52	117	124	241
高桐	男	军械	1997-12-17	171	64	96	129	225
李帅	男	军械	1995-11-28	172	62	123	137	260
刘辉	男	军械	1994-03-12	170	70	121	111	232
穆帅名	男	军械	1997-10-01	169	69	106	97	203
徐永星	男	特设	1993-01-06	168	62	108	130	238
张大伟	男	军械	1994-01-02	179	80	99	113	212
张凯	男	军械	1993-06-01	173	74	107	118	225

图 2-44　考生成绩汇总表

分类，最后统计平均身高，这个过程比较复杂也容易出错；而使用数据透视表则可以轻易实现并且不容易出错，数据更新后还可以实时更新统计结果，数据量越大，越能展现数据透视表强大的功能。

数据透视表的操作步骤如下：

步骤一：如图 2-45 所示，在表格中选择数据区域①，然后点击[插入]选项卡②下的“数据透视表”命令③，在弹出的[创建数据透视表]对话框中选择“选择一个表或区域”选项④（如果已选择数据区域，则这一步可以默认；如果需要调整数据区域，则重新选择表或区域），在“选择放置数据透视表的位置”⑤可以选择“新工作表”或“现有工作表”（选择“新工作表”则自动创建一个工作表放置数据透视表，选择“现有工作表”则在当前工作表放置数据透视表），默认为新工作表，单击[确定]按钮⑥即可生成数据透视表，生成一张新的 Sheet 工作表，如图 2-46 所示。注意：被选区域的字段名称不能为空，否则不能创建数据透视表；被选区域不能有空白行，否则数据透视表分组功能不能使用。

步骤二：如图 2-46 所示，在新生成的 Sheet 工作表中包含了空白的数据透视表①（数据透视表结果显示位置），右侧有一个[数据透视表字段]对话框②（进行数据透视表字段设置，该对话框可以移动）。

步骤三：在图 2-46 所示的[数据透视表字段]对话框的顶部按住鼠标左键可以进行拖曳，也可以拖曳[数据透视表字段]对话框的边缘调整其大小。数据透视表最主要的区域就是[数据透视表字段]对话框中的字段列表，将不同的字段分别拖曳到“筛选器”“行”“列”“值”这四个区域，就可得到不同的分析结果。

如图 2-47 所示，首先在字段中勾选“出生日期”“专业”“性别”和“身高（cm）”字段，将“出生日期”和“专业”放在行区域，“性别”放在列区域，“身高（cm）”放在值区域；然后选择“出生日期”字段①，在[设计]选项卡选择[分组]块下的“组字段”命令②，弹出[组合]对话框③，在“步长”中选择“年”，点击[确定]按钮④，完成出厂日期按年进行分组；右击“身高（cm）”字段⑤，在弹出的对话框中选择“值字段设置”命令，弹出[值字段设置]对话框⑥，在计算类型中选择“平均值”（计算类型有求和、计数、平均值、最大值、最小值和乘积），点击[确定]按钮⑦，完成平均身高统计。注意：在[值字段设置]对话框左下角有[数字格式]按钮，可以对统计的值格式进行设置，设置方法与单元格格式设置方法相同。

通常，数据透视表会自动进行汇总显示，并且格式也不够美观，为了提高数据透视表阅读性，对数据透视表进行美化。如图 2-48 所示，点击[设计]选项卡①下的[总计]下拉菜单，选择“对行和列禁用”命令②，自动除去各行各列的汇总统计；同样，表格样式既可以自己设置，也可以快速套用已有的数据透视表样式，点击[数据透视表样式]③，选择一种样式，表格自动按样式进行设置，最后效果如图 2-48 中窗体④所示，表格清爽、简明易懂。

从图 2-48 中可以发现，各个年度出生的学生分别按专业、按性别统计了平均身高，只需要几步就能完成以上统计，这比其他各种函数都要高效。当考生的数据发生变化时，只需要点击[设计]选项卡下的[数据]区中的“刷新”命令就能完成信息更新；并且如果需要按其他方式进行统计时，只需要在步骤三中重新设置新的统计方式，结果立马可得。

数据透视表的功能十分强大，在工作中灵活使用，令工作事半功倍。使用数据透视表时，需要注意以下事项：

（1）标题行必须完整。缺少标题行或某个字段的标题会导致数据透视表错误。

（2）表格格式必须规范。中间不能有合并的单元格，否则将导致统计数据时出现错误。

（3）进行计算的数值应当是数值型数据，文本型数据只能进行计数，不能进行其他数学运算。

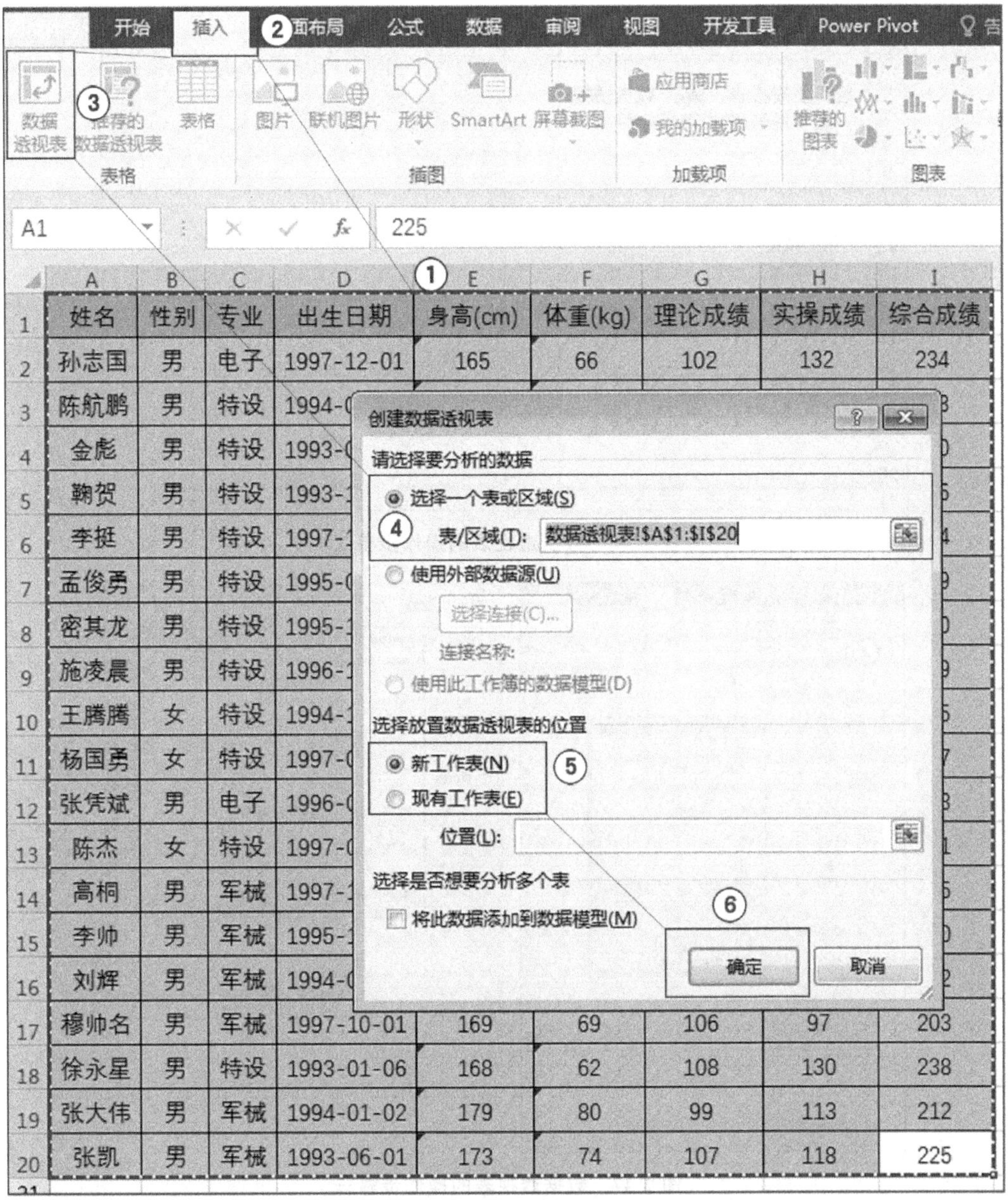

图 2-45　数据透视表的操作步骤一

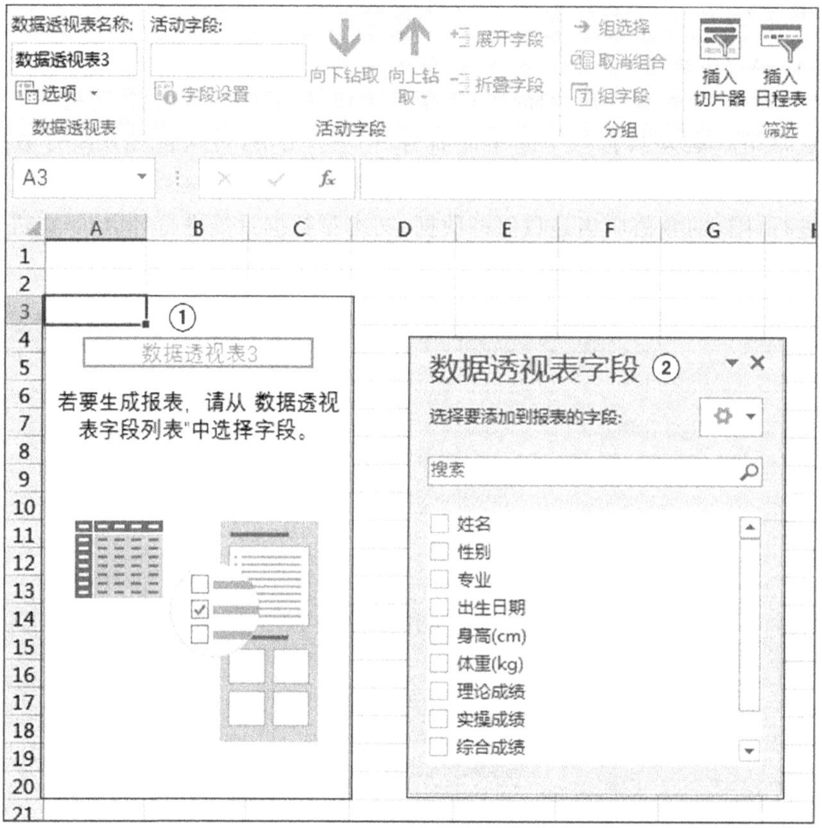

图 2-46　数据透视表的操作步骤二

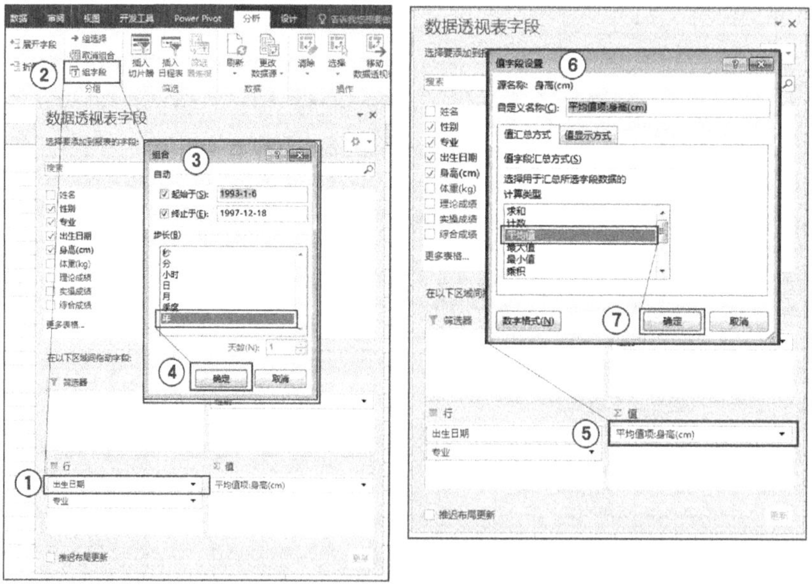

图 2-47　数据透视表的操作步骤三

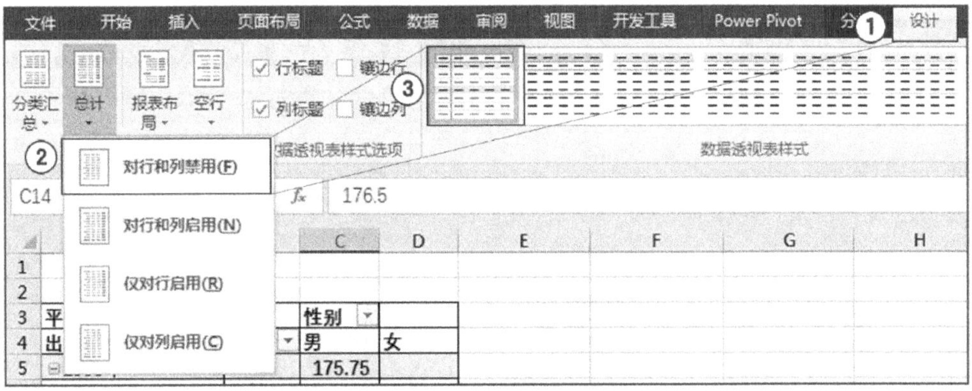

平均值项:身高(cm)	列标签	
行标签 ④	男	女
1993年	175.75	
军械	173.00	
特设	176.67	
1994年	173.67	168.00
军械	174.50	
特设	172.00	168.00
1995年	171.67	
军械	172.00	
特设	171.50	
1996年	176.50	
电子	177.00	
特设	176.00	
1997年	169.25	165.50
电子	165.00	
军械	170.00	
特设	172.00	165.50

图 2-48　数据透视表的样式设置

2.5.2　利用数据透视表合成多张工作表

在质量控制工作中，经常需要从多个 Sheet 工作表中统计数据。通常的办法是依次将需要统计的工作表数据复制并粘贴到同一个 Sheet 表中，然后再进行统计分析，这种操作不仅费时，而且必须要求每个工作表的字段设置一致，否则无法合并。事实上，数据透视表可以快速将多个工作表合并进行计算，相较于传统方法效率大大提高。

图 2-49 至图 2-51 是某部十月份至十二月份的飞机飞发使用时间表，现在需要统计每架飞机的飞行时间。

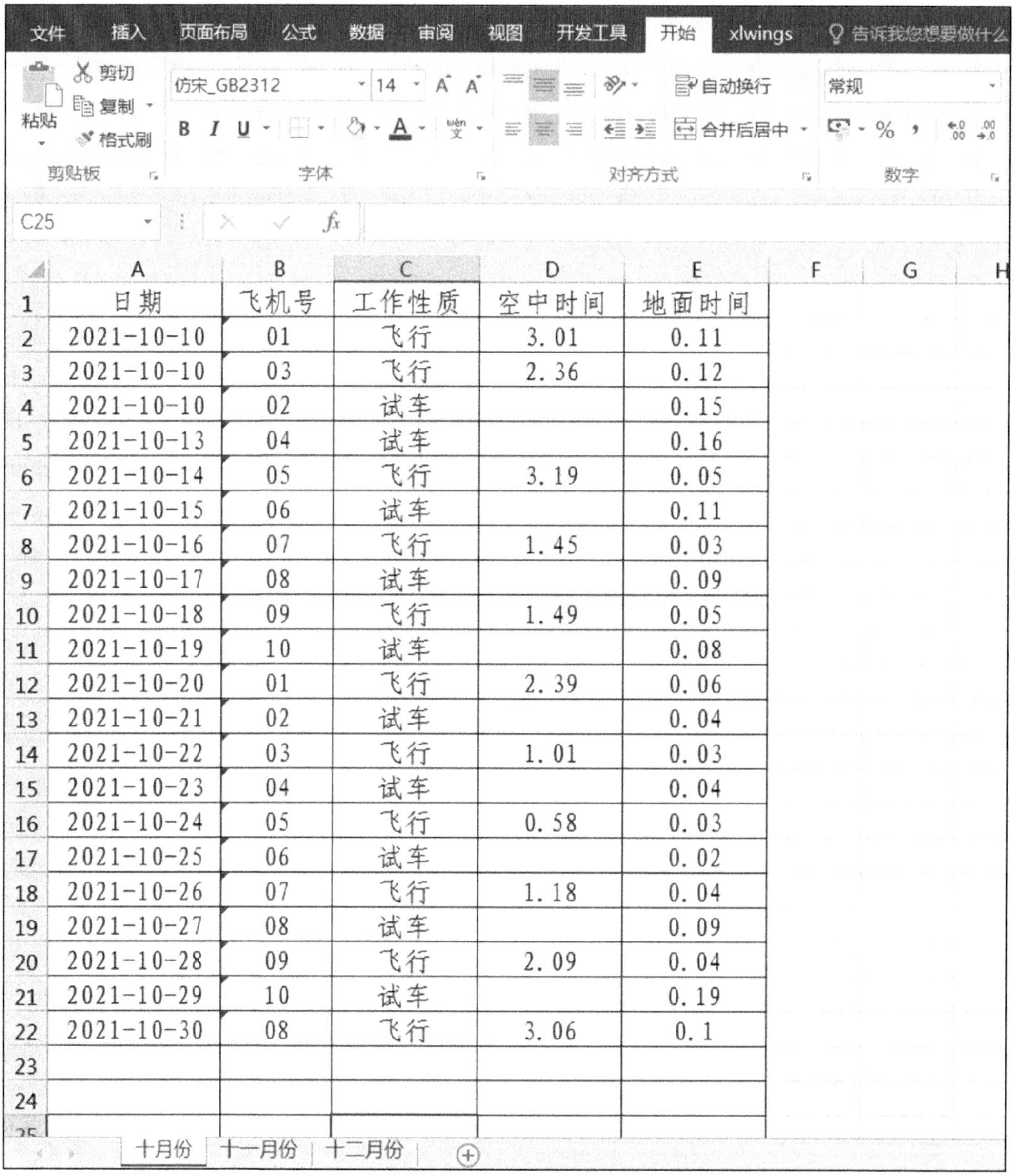

日期	飞机号	工作性质	空中时间	地面时间
2021-10-10	01	飞行	3.01	0.11
2021-10-10	03	飞行	2.36	0.12
2021-10-10	02	试车		0.15
2021-10-13	04	试车		0.16
2021-10-14	05	飞行	3.19	0.05
2021-10-15	06	试车		0.11
2021-10-16	07	飞行	1.45	0.03
2021-10-17	08	试车		0.09
2021-10-18	09	飞行	1.49	0.05
2021-10-19	10	试车		0.08
2021-10-20	01	飞行	2.39	0.06
2021-10-21	02	试车		0.04
2021-10-22	03	飞行	1.01	0.03
2021-10-23	04	试车		0.04
2021-10-24	05	飞行	0.58	0.03
2021-10-25	06	试车		0.02
2021-10-26	07	飞行	1.18	0.04
2021-10-27	08	试车		0.09
2021-10-28	09	飞行	2.09	0.04
2021-10-29	10	试车		0.19
2021-10-30	08	飞行	3.06	0.1

图 2-49　某部十月份飞机飞发使用时间

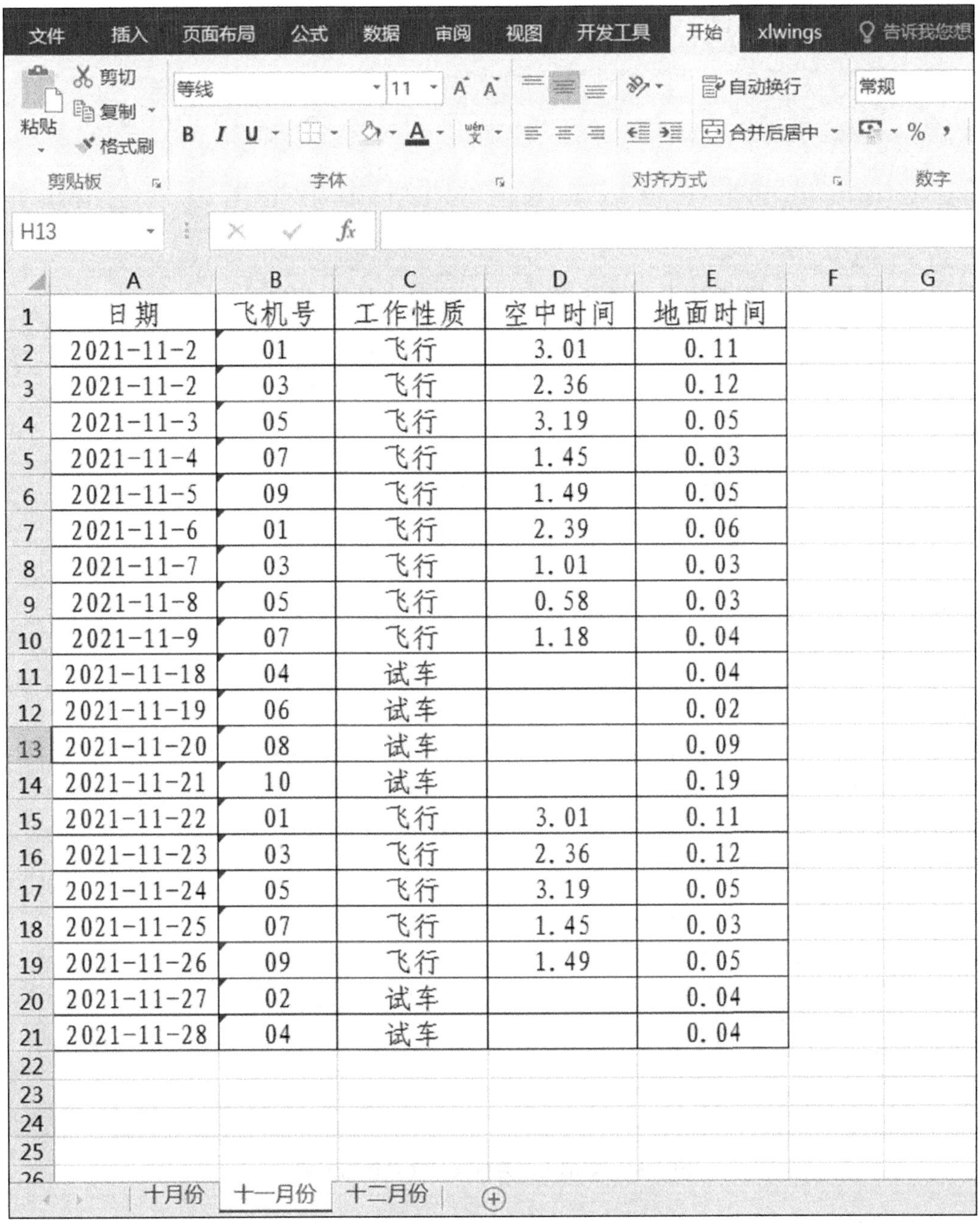

日期	飞机号	工作性质	空中时间	地面时间
2021-11-2	01	飞行	3.01	0.11
2021-11-2	03	飞行	2.36	0.12
2021-11-3	05	飞行	3.19	0.05
2021-11-4	07	飞行	1.45	0.03
2021-11-5	09	飞行	1.49	0.05
2021-11-6	01	飞行	2.39	0.06
2021-11-7	03	飞行	1.01	0.03
2021-11-8	05	飞行	0.58	0.03
2021-11-9	07	飞行	1.18	0.04
2021-11-18	04	试车		0.04
2021-11-19	06	试车		0.02
2021-11-20	08	试车		0.09
2021-11-21	10	试车		0.19
2021-11-22	01	飞行	3.01	0.11
2021-11-23	03	飞行	2.36	0.12
2021-11-24	05	飞行	3.19	0.05
2021-11-25	07	飞行	1.45	0.03
2021-11-26	09	飞行	1.49	0.05
2021-11-27	02	试车		0.04
2021-11-28	04	试车		0.04

图 2-50　某部十一月份飞机飞发使用时间

	A	B	C	D	E
1	日期	飞机号	工作性质	空中时间	地面时间
2	2021-12-2	01	飞行	3.01	0.11
3	2021-12-2	03	飞行	2.36	0.12
4	2021-12-4	05	飞行	3.19	0.05
5	2021-12-5	07	飞行	1.45	0.03
6	2021-12-6	09	飞行	1.49	0.05
7	2021-12-7	01	飞行	2.39	0.06
8	2021-12-8	03	飞行	1.01	0.03
9	2021-12-9	05	飞行	0.58	0.03
10	2021-12-10	07	飞行	1.18	0.04
11	2021-12-11	09	飞行	2.09	0.04
12	2021-12-12	08	飞行	3.06	0.1
13	2021-12-14	04	试车		0.16
14	2021-12-15	06	试车		0.11
15	2021-12-21	08	试车		0.09
16	2021-12-22	10	试车		0.19
17	2021-12-23	01	飞行	3.01	0.11
18	2021-12-24	03	飞行	2.36	0.12
19	2021-12-25	05	飞行	3.19	0.05
20	2021-12-26	07	飞行	1.45	0.03
21	2021-12-27	09	飞行	1.49	0.05
22	2021-12-28	02	试车		0.04
23	2021-12-29	04	试车		0.04

图2-51　某部十二月份飞机飞发使用时间

使用数据透视表来合成这三张表并计算，步骤如下：

步骤一：在Excel工作表中，按快捷键"Alt+D"后松开"D"键再按"P"键，弹出图2-52所示的[数据透视表和数据透视图向导]对话框，在"请指定待分析数据的数据源类型"中选择"多重合并计算数据区域"，在报表类型中选择"数据透视表"，点击[下一步]按钮。

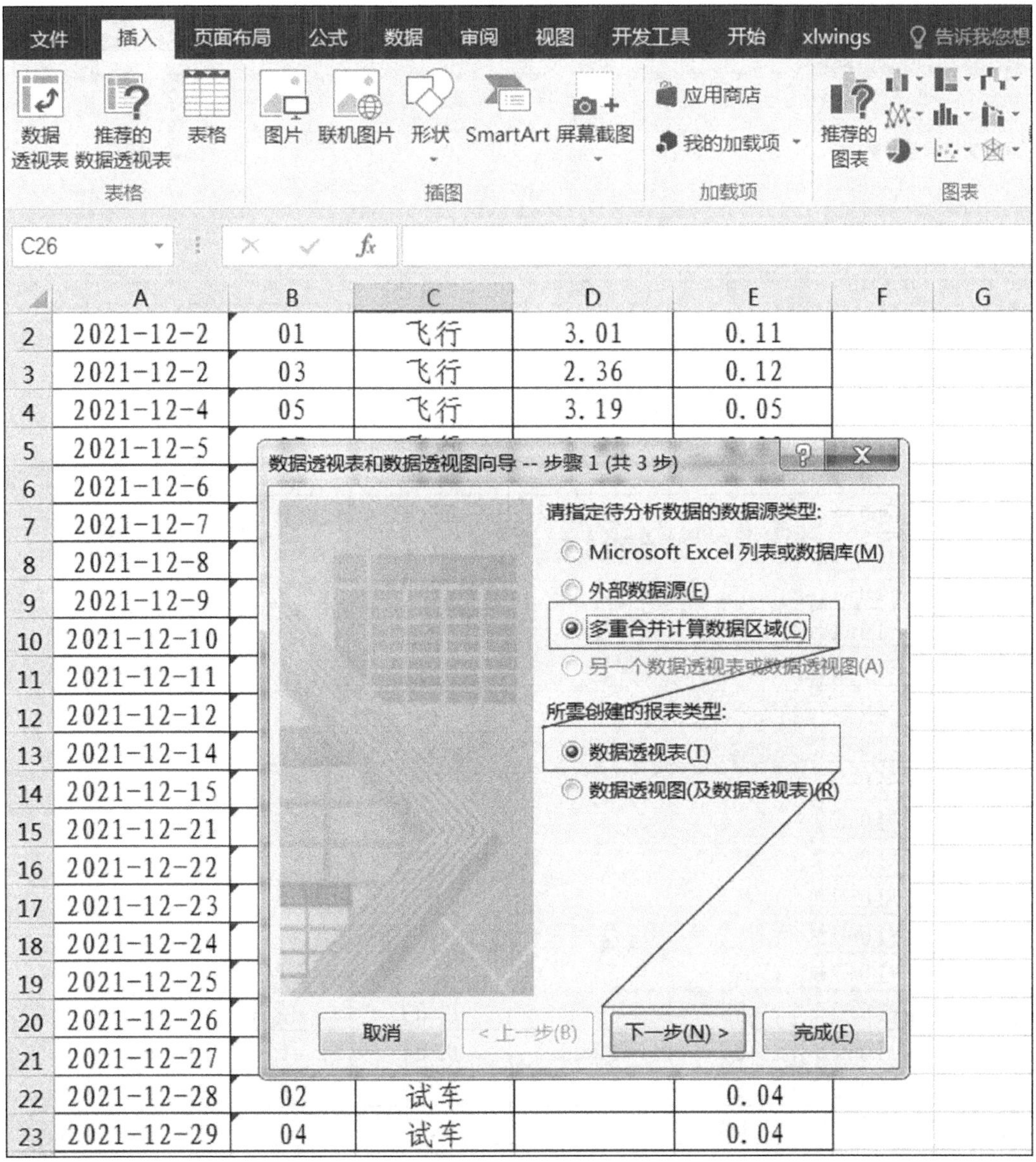

图 2-52　数据透视表合并多张工作表步骤一

步骤二：如图 2-53 所示，在窗体中选择“自定义页字段”，点击[下一步]按钮。

步骤三：如图 2-54 所示，依次选定数据所在区域，并完成添加。在下方的页字段数目勾选“1”，在“字段 1”中依次对选择的数据区域命名为“10 月份”“11 月份”和“12 月份”，点击[下一步]按钮。

步骤四：如图 2-55 所示，在“数据透视表显示位置”选择“新工作表”，点击[完成]按钮，完成新数据透视表的创建。

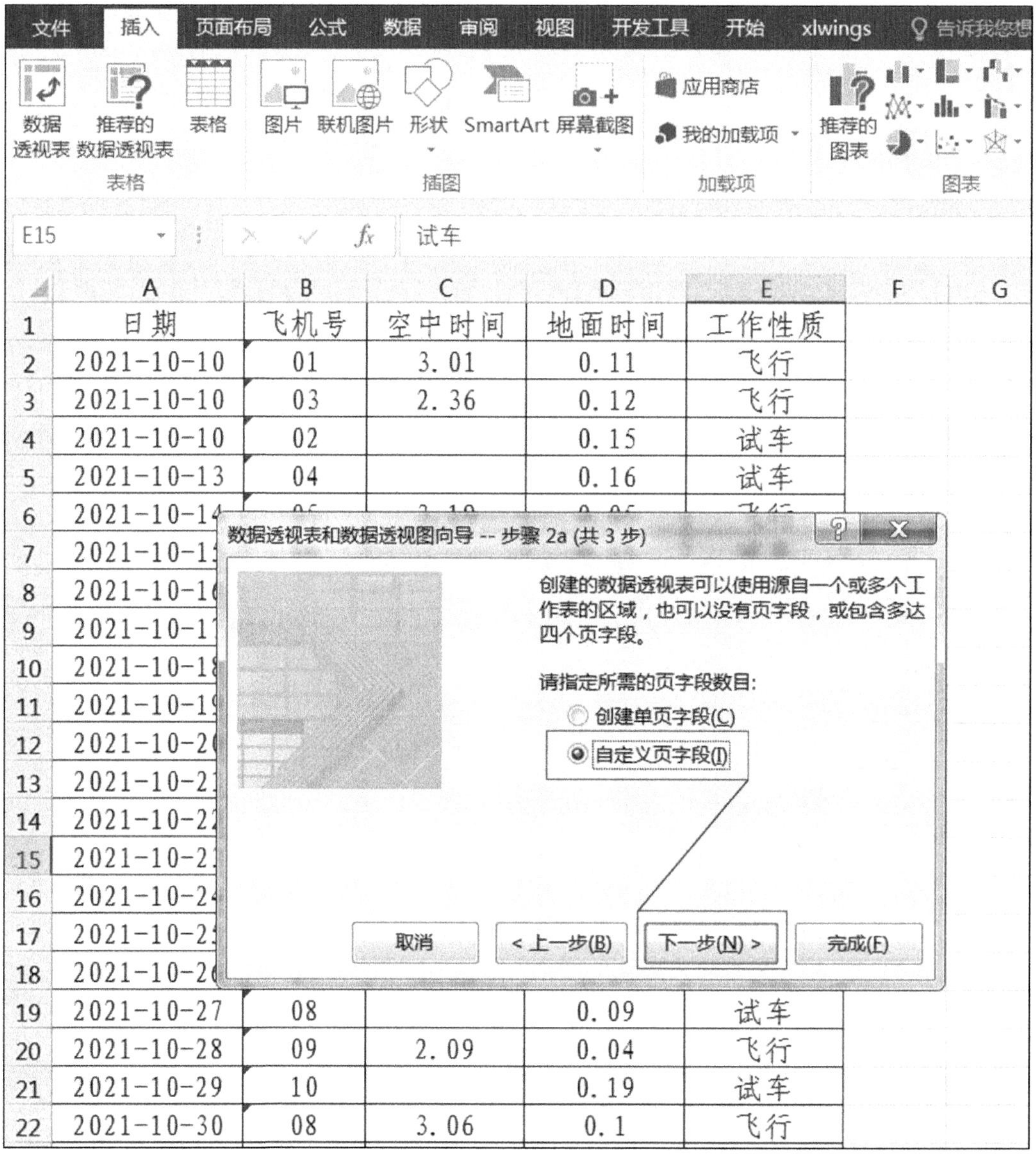

图 2-53　数据透视表合并多张工作表步骤二

在图 2-56 所示的[数据透视表字段]选项卡中，设置“计数项：值”字段的“计算类型”为求和；将“页 1”字段拖拽至“行”框内；点击“设计”菜单下“报表布局”命令，选中“以表格形式显示”，效果如图 2-57 所示，每架飞机的飞行时间都统计完毕。

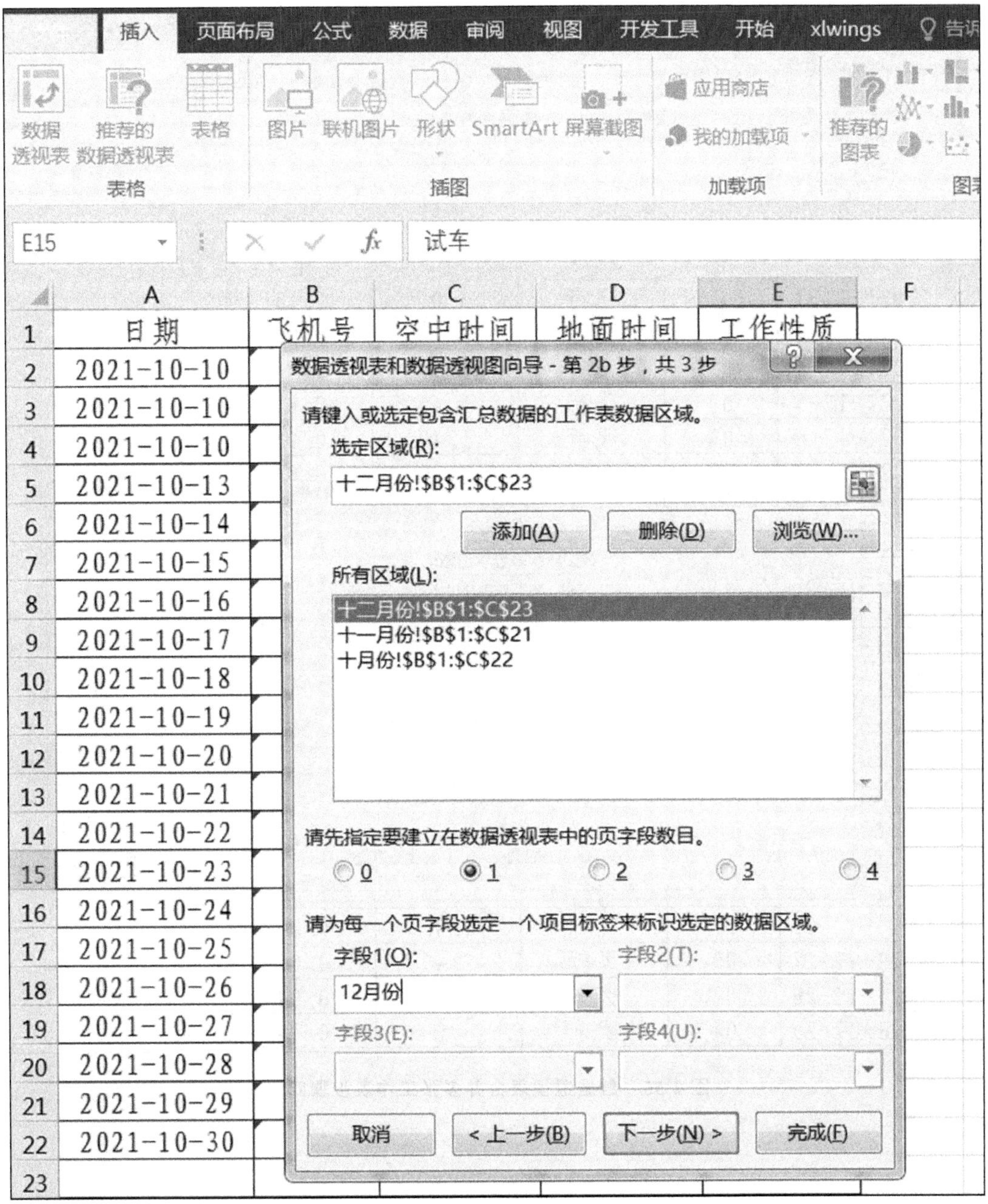

图 2-54　数据透视表合并多张工作表步骤三

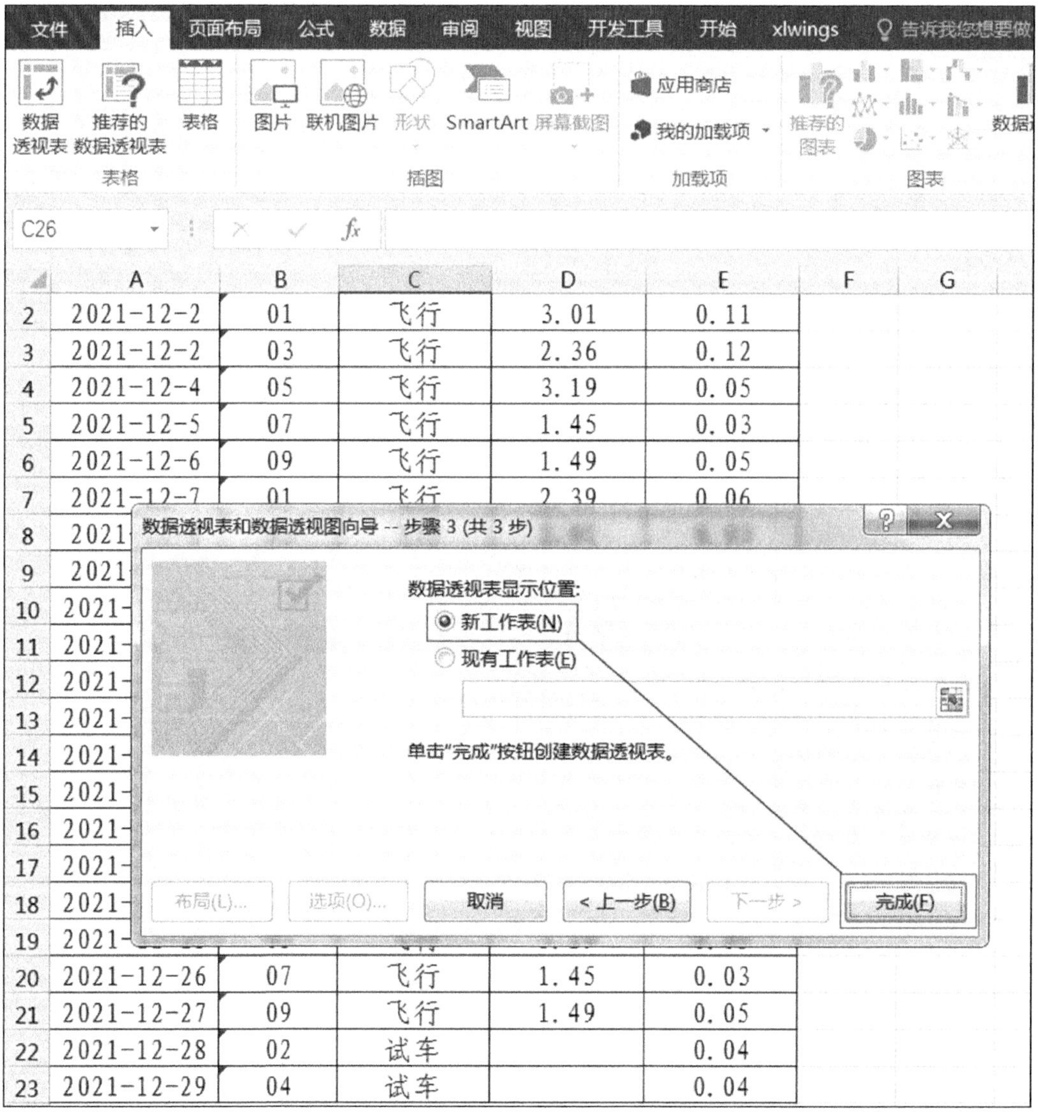

图 2-55 数据透视表合并多张工作表步骤四

图 2-56　合并数据表并创建数据透视表

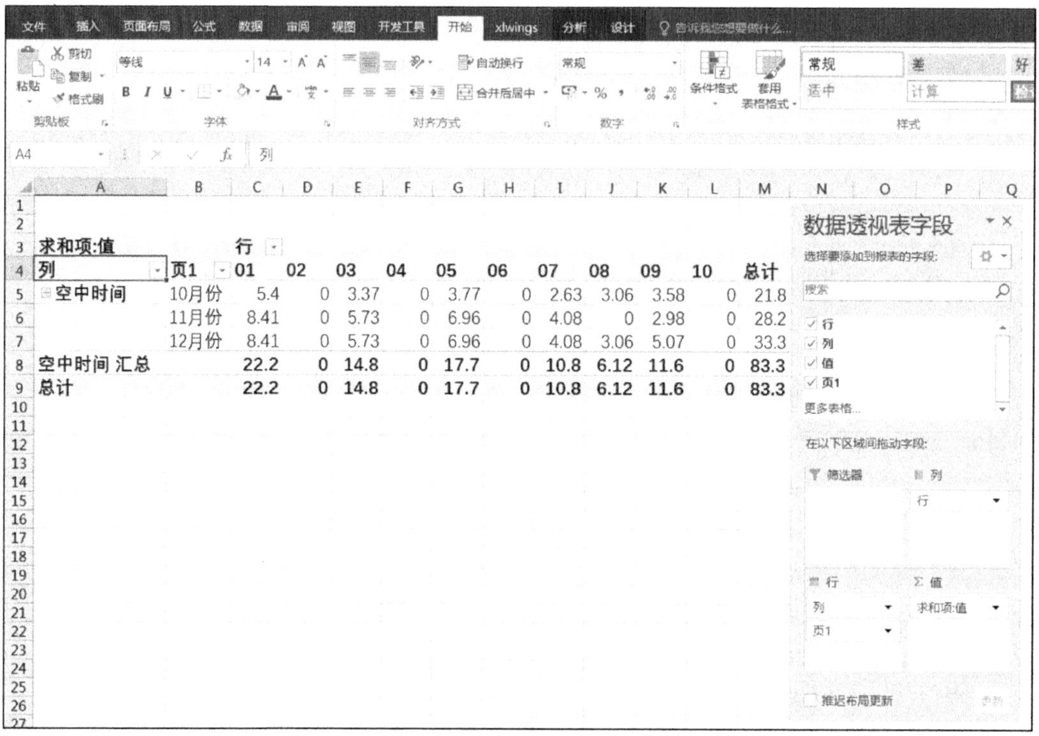

图 2-57　飞机的飞行时间统计结果

第3章　航空机务质量控制工作中常用的图表绘制

图表是将数据转化为直观、形象的可视化图像或图形，使用图表表达各种数据信息，使用户能更清晰、有效率地处理繁琐的数据，从而能够更直观地表达内容，更易于理解和交流。质量控制工作中离不开各种图表，本章将介绍几种常用的图表绘制方法。

3.1　质量控制管理图表的绘制

航空机务维修保障工作中，需要经常性地对维修质量进行总结分析，查找原因，制定改进措施，持续提升维修质量。分析航空机务维修质量，质量控制管理图表在质量控制工作中必不可少，如直方图、排列图以及控制图，因此质量控制人员应当掌握这些图表的绘制方法。

3.1.1　直方图的绘制

直方图是频数直方图的简称，也称质量分布图，是用一系列宽度相等、高度不等的长方形表示数据的统计报告图，同时也是一个连续变量（定量变量）的概率分布的估计。直方图一般用横轴表示数据类型，纵轴表示数据分布情况，长方形的宽度表示数据范围的间隔，长方形的高度表示在给定间隔内的数据分布。

在航空机务维修质量管理中，如何监控机件的质量状况？如何对机件的质量波动进行分析？直方图就是把这些问题图表化处理的工具之一。在航空维修质量管理中，通过对收集到的机件质量信息进行处理，统计机件故障时间的分布状况，可以解析出机件故障发生的规则性，进而直观地判断机件质量特性波动的分布状态。

为分析某型机件故障发生的规律，某部对120个该型机件故障发生时的使用时间进行了统计，如表3-1所示。将表中的故障前使用时间进行分析，绘制直方图，可观察和分析机件质量的波动情况，掌握机件故障的分布规律，制定针对性措施。

表3-1　某型机件故障前使用时间　　单位：小时

245	208	186	271	236	234
245	213	154	270	236	234
245	219	187	272	237	235

续表 3-1

246	219	187	279	237	235
246	219	192	280	237	235
246	219	193	280	238	236
247	219	194	280	238	236
248	235	196	281	238	236
248	236	196	281	238	236
250	236	197	286	238	237
245	314	199	286	239	237
246	314	206	287	240	237
246	316	209	288	240	232
250	332	209	294	240	241
250	334	209	300	241	241
265	336	211	301	243	241
266	338	201	305	244	242
268	340	211	308	244	228
268	342	211	311	244	228
269	344	212	312	244	244

直方图绘制的一般步骤如下：

(1) 确定极差 r。极差是样本中数据最大值与最小值的差，本样本中的极差为 190。

(2) 确定组数 k。确定组数的原则是分组的结果能正确地反映数据的分布规律。组数应根据数据总数来确定：组数过少，会掩盖数据的分布规律；组数过多，使数据过于零乱分散，不能显示出质量分布状况。

组数 k 的计算公式为：

$$k=1+3.32\times \ln n$$

当样本大小 $n=120$ 时，$k=1+3.32\times \ln 120=7.9$，即组数可为 8 组。

一般也可参考表 3-2 所示的经验数值确定。

表 3-2 组数确定经验数值表

数据总数(n)	组数(k)
50 以下	5～7

续表3-2

数据总数(n)	组数(k)
50～100	6～10
100～250	7～12
250 以上	10～20

本例中组数取 8。

(3) 确定组距 h。组距是组与组之间的间隔，也即一个组的范围，各组组距应相等，组距 h＝极差 r/组数 k。为便于计算，组距通常取 2、5、10 的倍数。

本例中组距 $h=190/8=23.75$，组距取 24。

(4) 确定组限。每组的最大值为上限，最小值为下限，上、下限统称组限。中心距为上限与下限的平均值。确定组限时应注意使各组之间连续，即较低组上限应为相邻较高组下限，这样才不致使有的数据被遗漏。样本最小值应当在最小组内，样本最大值应当在最大组内。对恰恰处于组限值上的数据，其解决的办法有二：一是规定每组上(或下)限不计在该组内，而应计入相邻较高(或较低)组内；二是将组限值较原始数据精度提高半个最小测量单位。

本例采取第一种办法划分组限，即每组上限不计入该组内，确定各组上、下限和中心距，如表 3-3 所示。

表 3-3　各组上、下限及中心距

组序	下限	上限	中心距
1	153	177	165
2	177	201	189
3	201	225	213
4	225	249	237
5	249	273	261
6	273	297	285
7	297	321	309
8	321	345	333

(5) 确定频数。可采用 FREQUENCY 函数统计样本中数据在各组中的频数。如图 3-1 所示，在频数统计列选中单元格 K2:K9，输入公式“＝FREQUENCY(A2:F21,J2:J9－1)”后按组合键“Ctrl＋Shift＋Enter”，统计结果即显示在单元格 K2:K9 中，频数的总和等于全部数据个数。

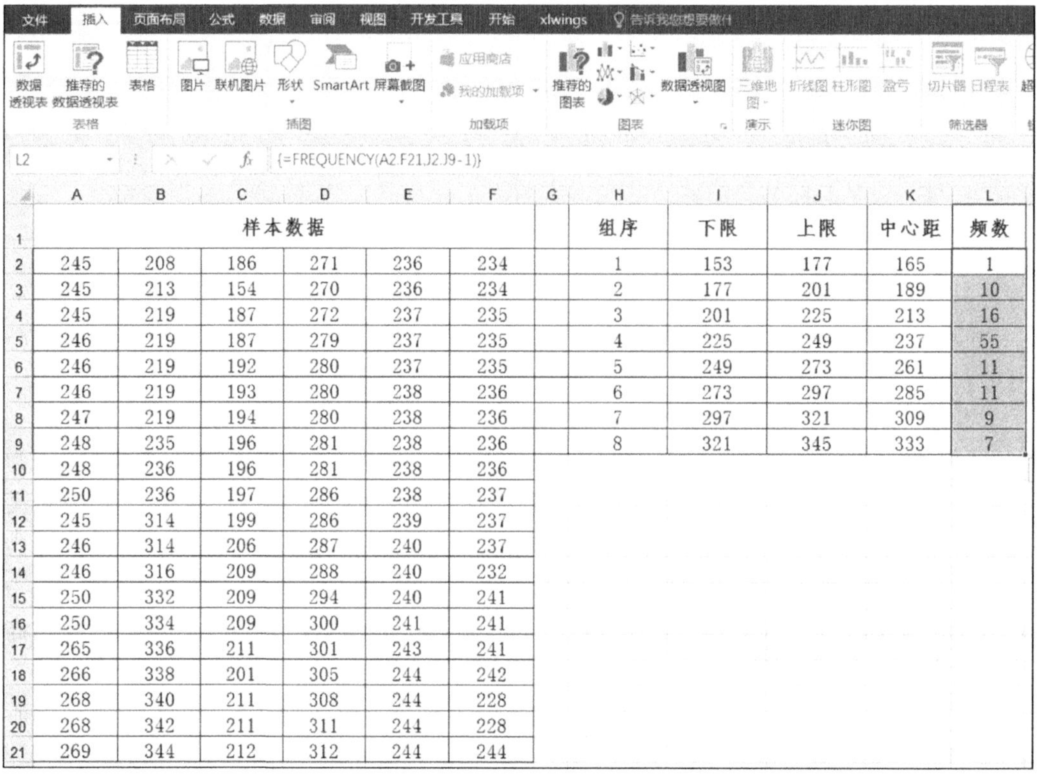

	A	B	C	D	E	F	G	H	I	J	K	L
1	样本数据							组序	下限	上限	中心距	频数
2	245	208	186	271	236	234		1	153	177	165	1
3	245	213	154	270	236	234		2	177	201	189	10
4	245	219	187	272	237	235		3	201	225	213	16
5	246	219	187	279	237	235		4	225	249	237	55
6	246	219	192	280	237	235		5	249	273	261	11
7	246	219	193	280	238	236		6	273	297	285	11
8	247	219	194	280	238	236		7	297	321	309	9
9	248	235	196	281	238	236		8	321	345	333	7
10	248	236	196	281	238	236						
11	250	236	197	286	238	237						
12	245	314	199	286	239	237						
13	246	314	206	287	240	237						
14	246	316	209	288	240	232						
15	250	332	209	294	240	241						
16	250	334	209	300	241	241						
17	265	336	211	301	243	241						
18	266	338	201	305	244	242						
19	268	340	211	308	244	228						
20	268	342	211	311	244	228						
21	269	344	212	312	244	244						

图 3-1　FREQUENCY 函数的使用方法

（6）绘制直方图。统计各组频数之后，就可以绘制直方图了。绘制直方图的步骤如下：

① 在 Excel 工作表中，点击“插入”菜单，在[图表]选项卡中选择“簇状柱形图”，在工作表中添加了图表画布，如图 3-2 所示。

② 在图 3-2 所示的画布中，单击鼠标右键，在弹出的命令列表中选择“选择数据”，弹出图 3-3 所示的[选择数据源]对话框。

在图 3-3 的[选择数据源]对话框中点击“图例项(系列)”下方的[添加]按钮，弹出图 3-4 所示的[编辑数据系列]对话框。在“系列名称”下方点击红色斜箭头按钮后选择单元格 K1，返回到[编辑数据系列]对话框；在“系列值”下方点击红色斜箭头按钮后选择单元格 K2：K9，返回到[编辑数据系列]对话框，点击[确定]按钮，返回到[选择数据源]对话框。

在[选择数据源]对话框中点击“水平(分类)轴标签”框下方的[编辑]按钮，弹出[轴标签]对话框。在“轴标签区域”后点击红色斜箭头按钮后选择单元格 H2：H9，点击[确定]按钮，返回到[选择数据源]对话框，点击[确定]按钮，即生成簇状柱形图，如图 3-5 所示。

③ 在图 3-5 中，右击簇状柱形图，在弹出的命令列表中选择“设置绘图区格式”，弹出图 3-6 所示界面，选择[系列选项]选项卡，在[填充与线条]选项卡中点击“边框”下的“实线”选项，图中柱形图边框变为黑色实线。

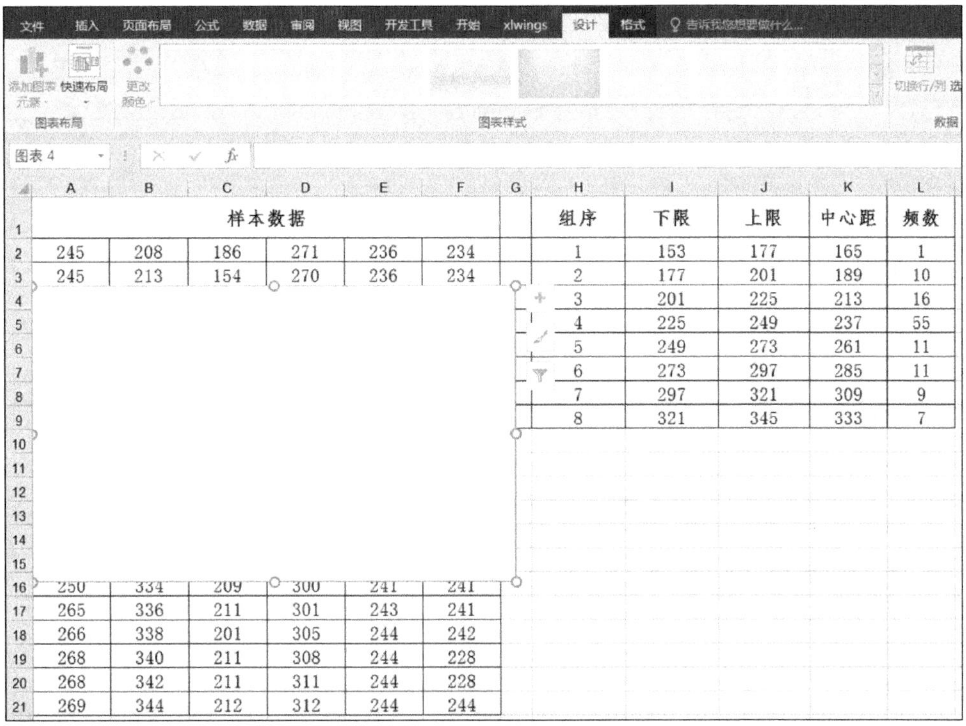

图 3-2　添加"簇状柱形图"画布

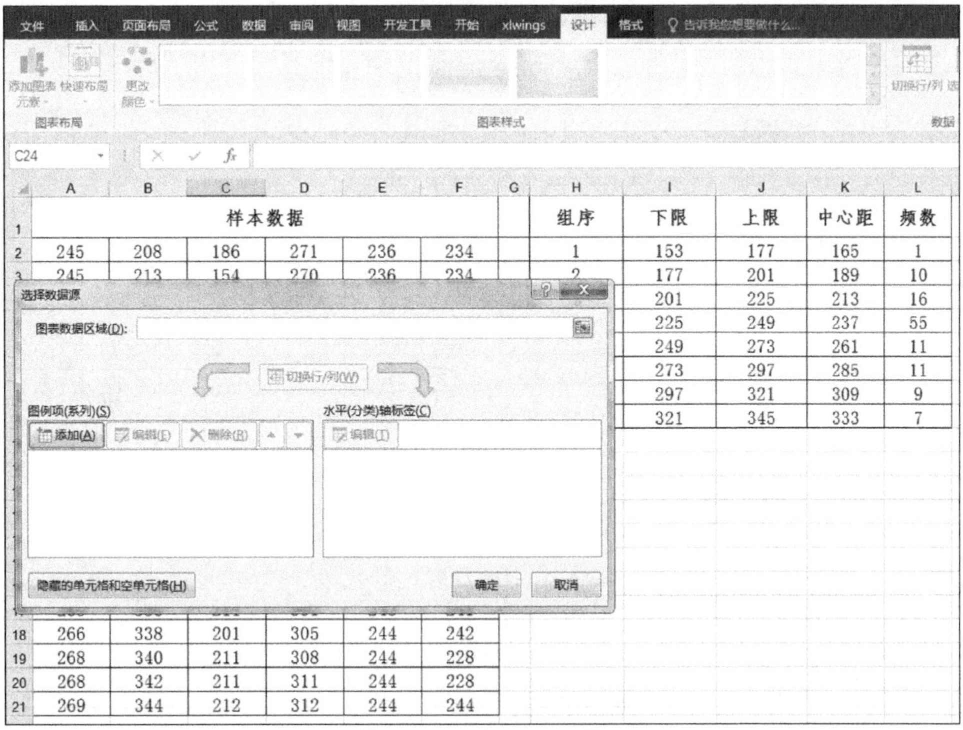

图 3-3　直方图数据源选择

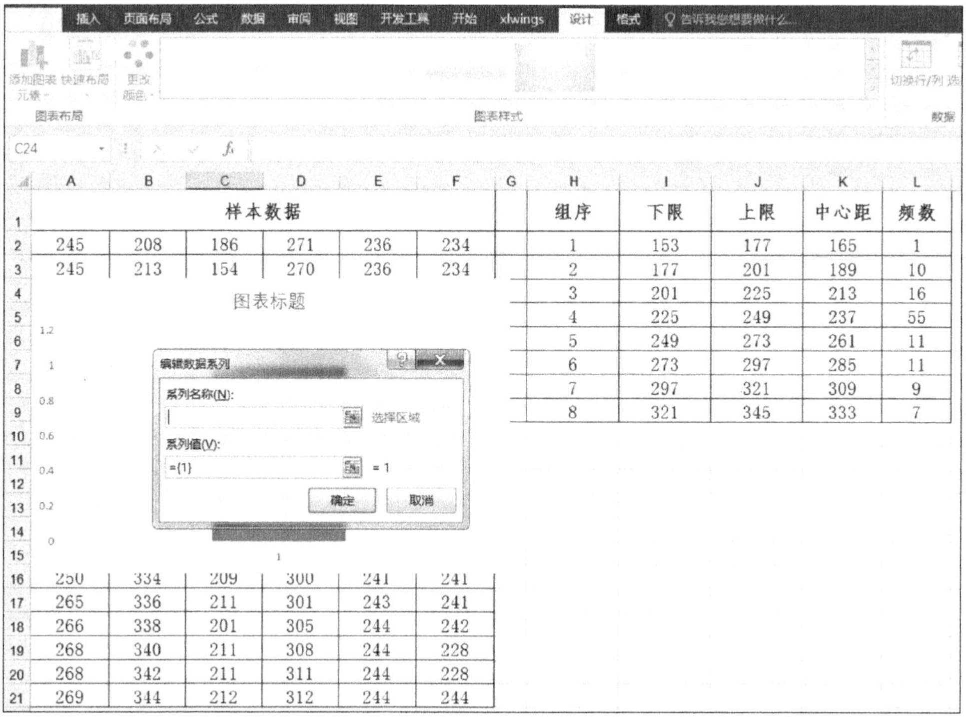

图 3-4 [编辑数据系列]对话框

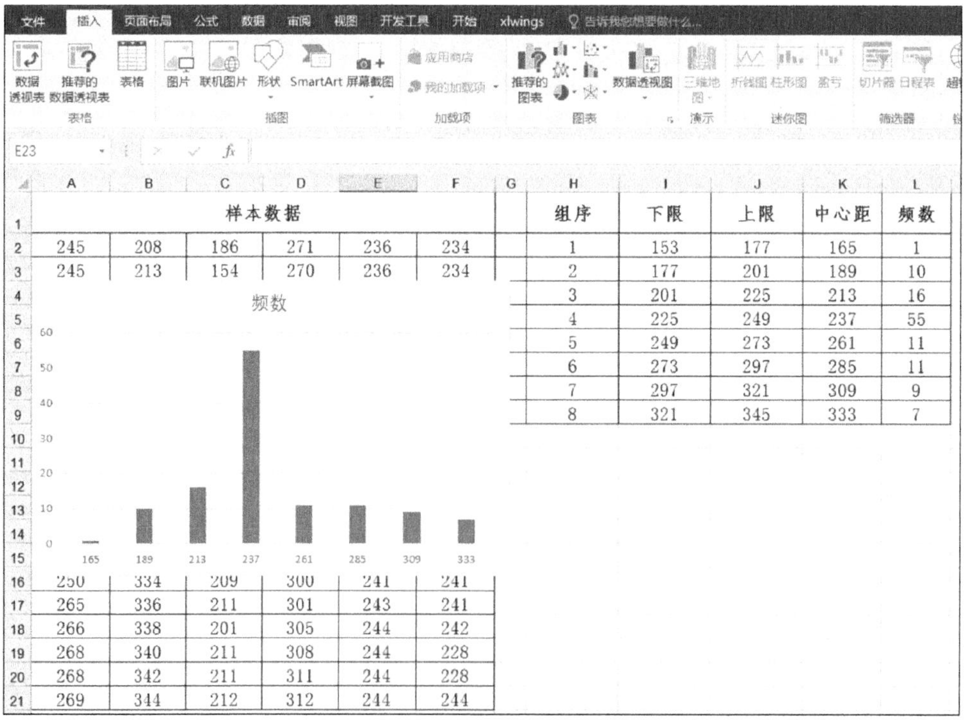

图 3-5 生成簇状柱形图

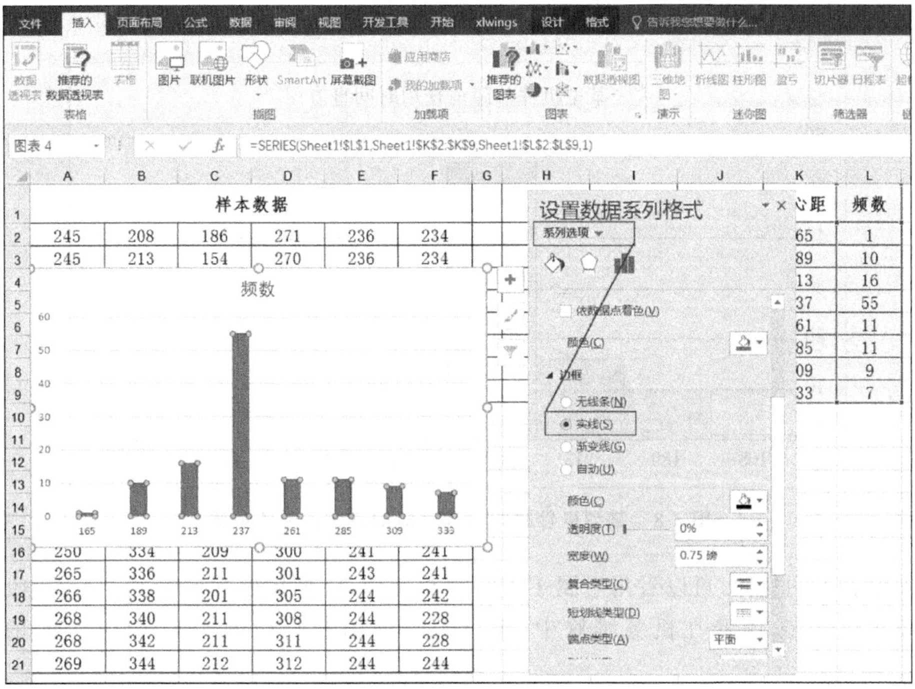

图 3-6　直方图设置边框

切换至[系列选项]选项卡，将“系列重叠”和“分类间距”都设为“.00%”，效果如图 3-7 所示。

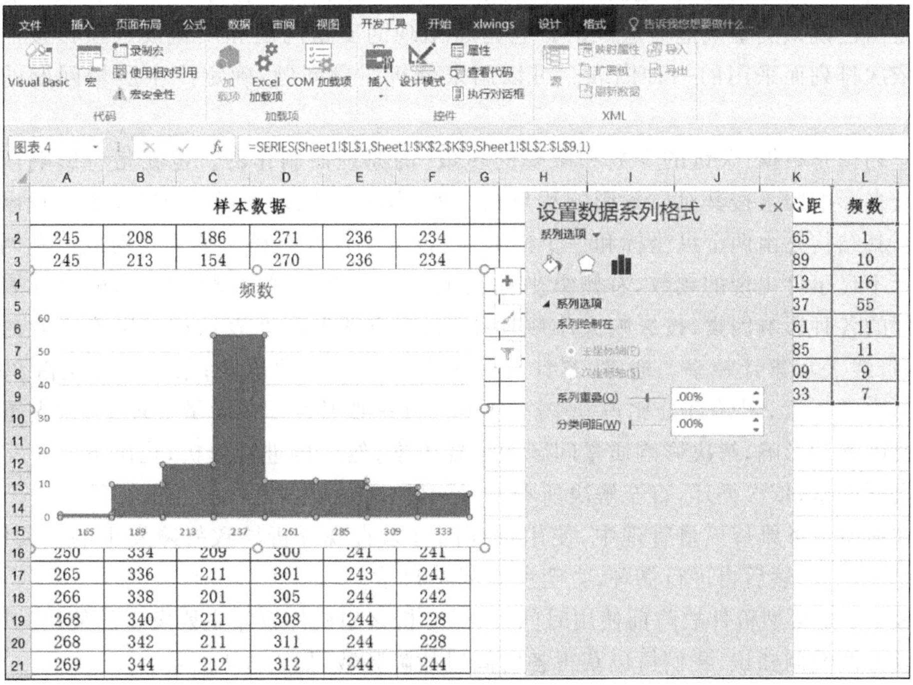

图 3-7　直方图设置分类间距

将图标标题更改为“某型机件故障前使用时间直方图”，最终效果如图3-8所示。

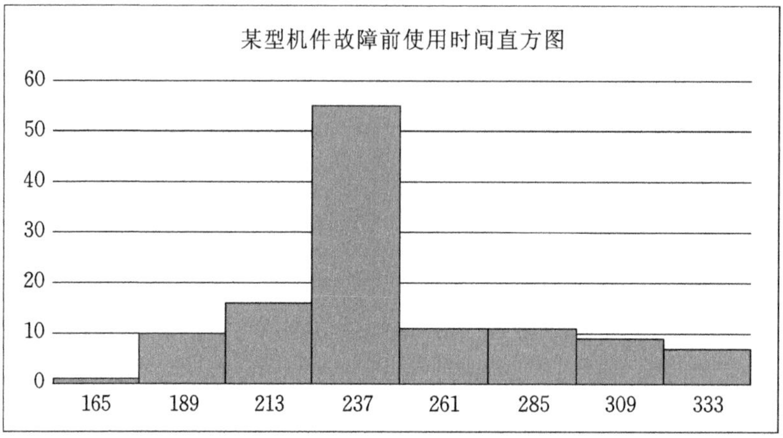

图3-8 某型机件故障前使用时间直方图最终效果

观察直方图整体，可以看出它属于正常型直方图，该型机件在使用到225～249小时时故障次数最多，因此在机务维修中，重点关注使用时间接近225～249小时的该型机件。

3.1.2 排列图的绘制

排列图又叫帕累托图、主次图，是按照发生频率大小顺序绘制的直方图，表示有多少结果是由已确认类型或范畴造成的。它是将出现的质量问题和质量改进项目按照重要程度依次排列而采用的一种图表。可以用来分析质量问题，确定产生质量问题的主要因素。

排列图是根据“关键的少数和次要的多数”的原理而制作的。也就是将影响产品质量的众多影响因素按其对质量影响程度的大小，用直方图形按顺序排列，从而找出主要因素。其结构是由两个纵坐标和一个横坐标，若干个直方形和一条折线构成。左侧纵坐标表示不良事件出现的频数，右侧纵坐标表示不良事件出现的累计频率，横坐标表示不良事件的各种影响因素，按影响大小顺序排列，直方图形高度表示相应影响因素的影响程度，折线表示累计频率。通常，累计百分比占80%为主要因素；累计百分比占80%至90%为次要因素；累计百分比占90%至100%为一般因素。在质量管理中，首先重点关注主要因素的影响，解决影响质量问题的主要因素；然后再进行分析，找出下一步需要解决的次要因素，依次循环，直至解决所有质量问题。

在航空机务维修质量管理中，使用排列图可以直观分析导致故障发生的主要因素，制定相关措施，然后再进行循环，直至所有问题归零。

表3-1是某型机件故障前使用时间，现需分析该型机件故障主要发生的使用时间段，根据直方图绘制知识，我们可以获得各时间段故障频数，如表3-4所示。

表 3-4　各使用时间段故障频数统计

组序	下限	上限	中心距	频数
1	153	177	165	1
2	177	201	189	10
3	201	225	213	16
4	225	249	237	55
5	249	273	261	11
6	273	297	285	11
7	297	321	309	9
8	321	345	333	7

将表中数据按频数的降序进行排序，计算各使用时间段内故障百分比，并计算累计百分比，如表 3-5 所示。

表 3-5　各使用时间段内故障百分比及累计百分比

组序	下限	上限	中心距	频数	百分比	累计百分比
4	225	249	237	55	45.83%	45.83%
3	201	225	213	16	13.33%	59.16%
5	249	273	261	11	9.17%	68.33%
6	273	297	285	11	9.17%	77.50%
2	177	201	189	10	8.33%	85.83%
7	297	321	309	9	7.50%	93.33%
8	321	345	333	7	5.84%	99.17%
1	153	177	165	1	0.83%	100.00%

表格数据计算完成后，就可以绘制排列图，排列图的绘制步骤如下：

(1) 在 Excel 工作表中，点击“插入”菜单，在[图表]选项卡中选择“簇状柱形图”，在工作表中添加了图表画布，如图 3-9 所示。

在图 3-9 所示的画布中，单击鼠标右键，在弹出的命令列表中选择“选择数据”，弹出[选择数据源]对话框。在对话框中点击“图例项(系列)”框下方的[添加]按钮，弹出[编辑数据系列]对话框。在“系列名称”下方点击红色斜箭头按钮后选择单元格 E1，返回到[编辑数据系列]对话框；在“系列值”下方点击红色斜箭头按钮后选择单元格 E2:E9，返回到[编辑数据系列]对话框，点击[确定]按钮，返回到[选择数据源]对话框。

再次点击“图例项(系列)”框下方的[添加]按钮，弹出[编辑数据系列]对话框。在“系列名称”下方点击红色斜箭头按钮后选择单元格 G1，返回到[编辑数据系列]对话框；

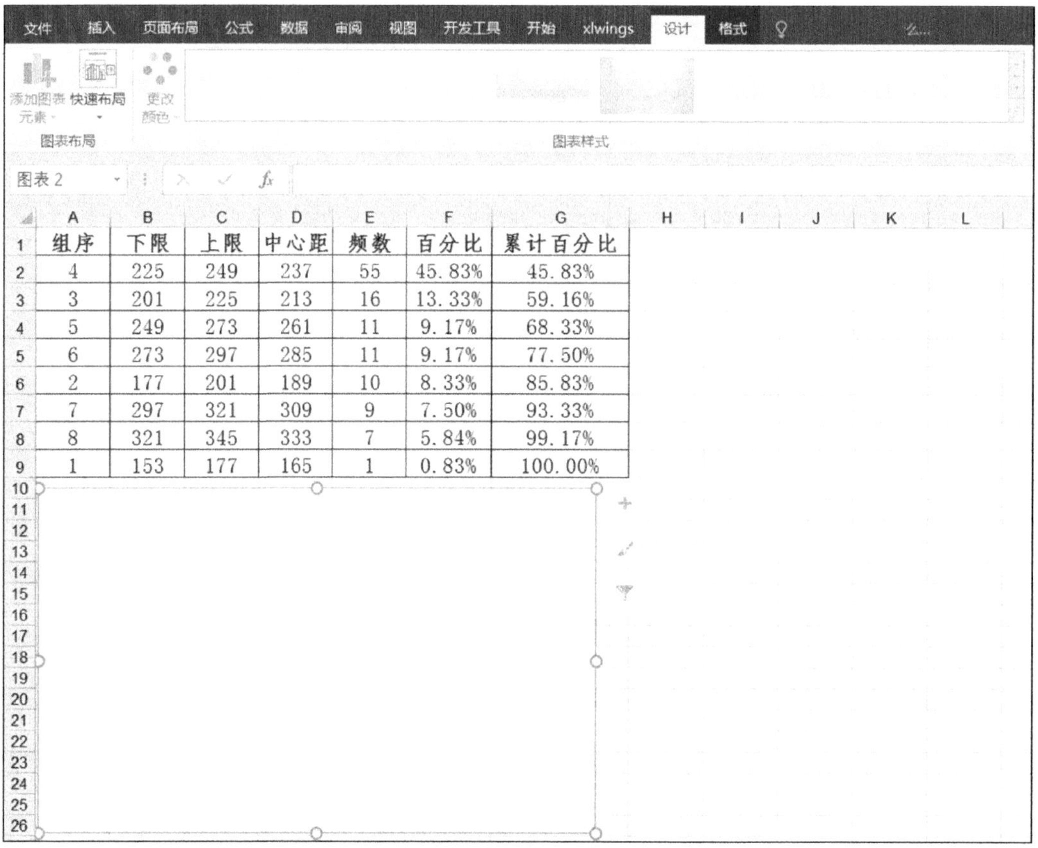

	A	B	C	D	E	F	G
1	组序	下限	上限	中心距	频数	百分比	累计百分比
2	4	225	249	237	55	45.83%	45.83%
3	3	201	225	213	16	13.33%	59.16%
4	5	249	273	261	11	9.17%	68.33%
5	6	273	297	285	11	9.17%	77.50%
6	2	177	201	189	10	8.33%	85.83%
7	7	297	321	309	9	7.50%	93.33%
8	8	321	345	333	7	5.84%	99.17%
9	1	153	177	165	1	0.83%	100.00%

图 3-9　添加“簇状柱形图”图表画布

在“系列值”下方点击红色斜箭头按钮后选择单元格 G2:G9，返回到[编辑数据系列]对话框，点击[确定]按钮，返回到[选择数据源]对话框。

在[选择数据源]对话框中点击“水平(分类)轴标签”下方的[编辑]按钮，弹出[轴标签]对话框。在“轴标签区域”点击红色斜箭头按钮后选择单元格 D2:D9，点击[确定]按钮，返回到[选择数据源]对话框，如图 3-10 所示。点击[确定]按钮，生成簇状柱形图，如图 3-11 所示。

(2) 在图 3-11 所示的簇状柱形图中选中“累计百分比”系列，单击鼠标右键，在弹出的命令列表中选择“设置数据系列格式”，弹出[设置数据系列格式]选项卡，在“系列绘制”中选择“次坐标轴”，如图 3-12 所示。

(3) 在图 3-13 所示的图表中单击鼠标右键，在弹出的命令列表中选择“更改系列图表类型”，弹出[更改图表类型]对话框，在“为您的数据系列选择图表类型和轴:”框下选择“累计百分比”，在图表类型下拉框中选择“带标记的堆积折线图”，选择“次坐标轴”，点击[确定]按钮，效果如图 3-14 所示。

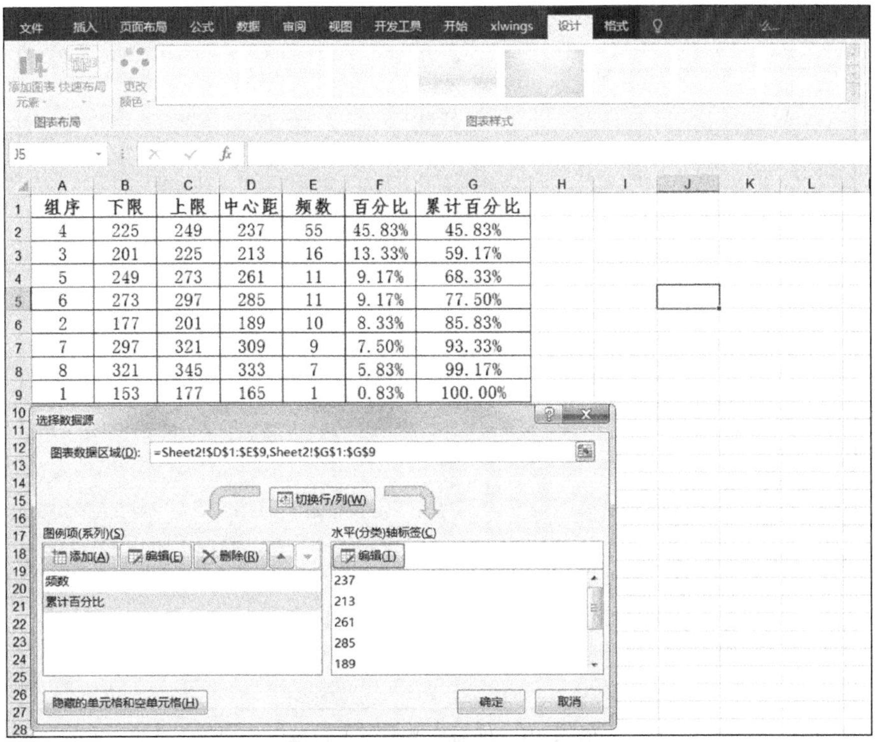

图 3-10　排列图数据源选择

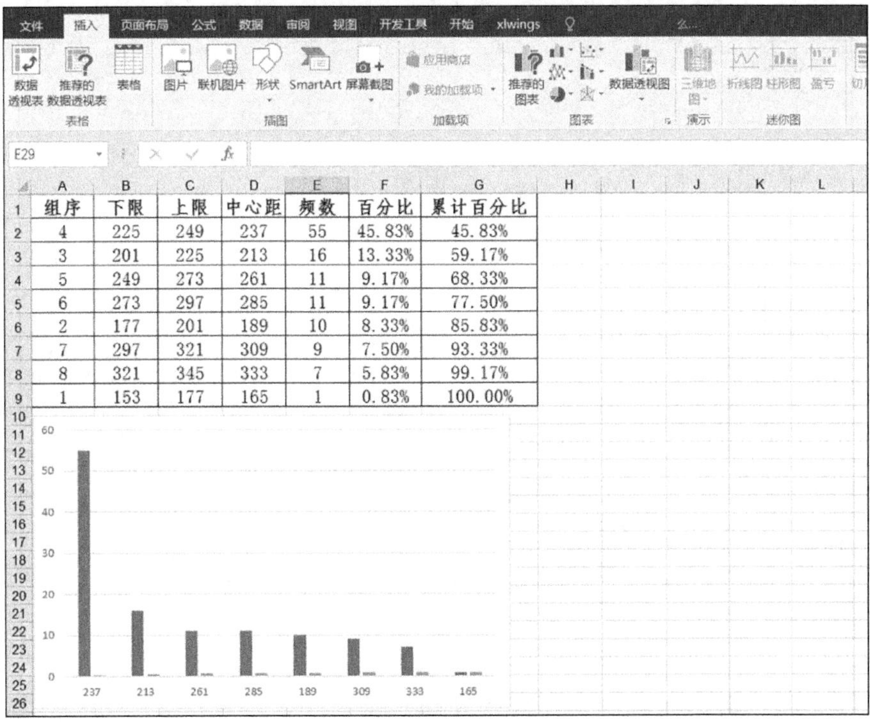

图 3-11　簇状柱形图初步效果

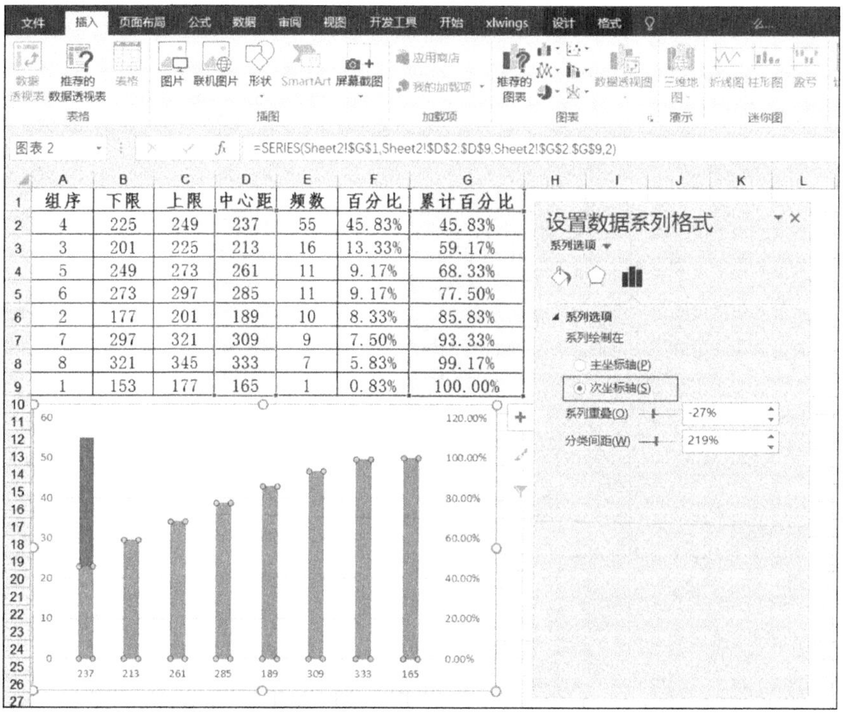

图 3-12　排列图设置次坐标轴

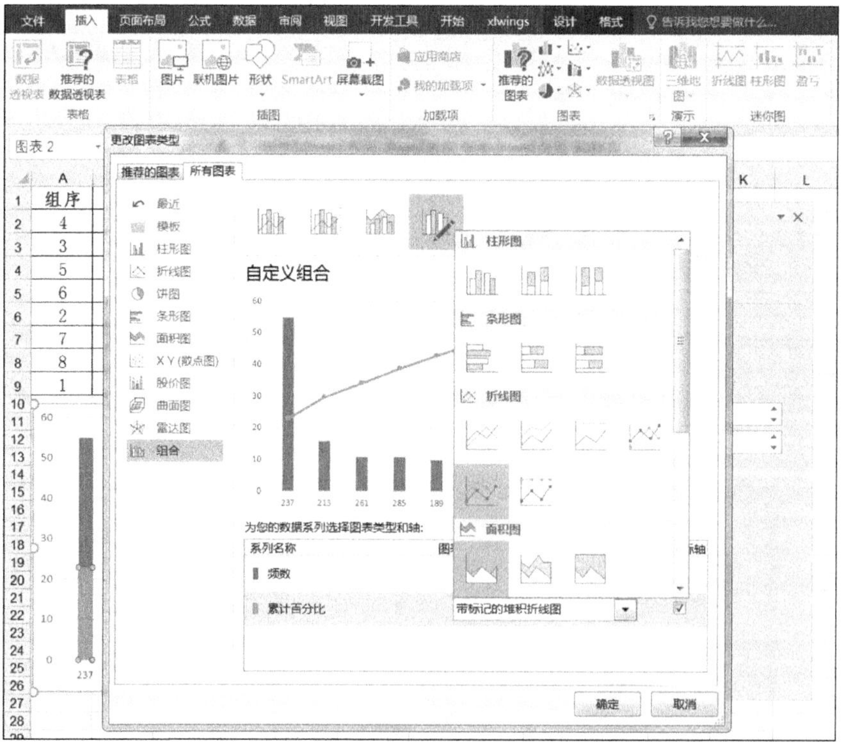

图 3-13　更改图表类型

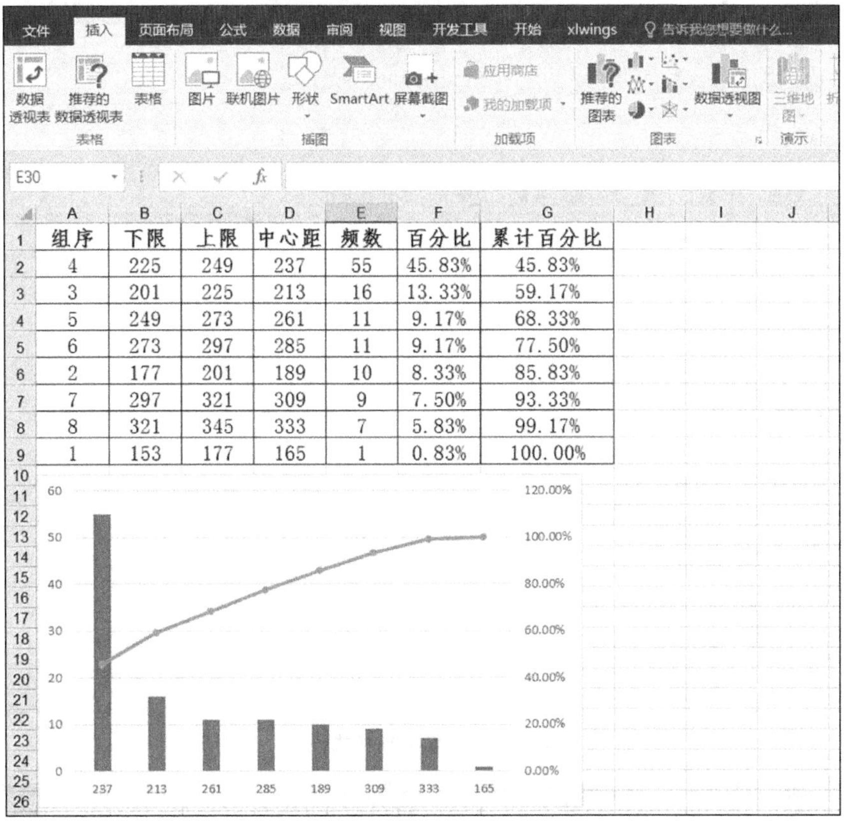

组序	下限	上限	中心距	频数	百分比	累计百分比
4	225	249	237	55	45.83%	45.83%
3	201	225	213	16	13.33%	59.17%
5	249	273	261	11	9.17%	68.33%
6	273	297	285	11	9.17%	77.50%
2	177	201	189	10	8.33%	85.83%
7	297	321	309	9	7.50%	93.33%
8	321	345	333	7	5.83%	99.17%
1	153	177	165	1	0.83%	100.00%

图 3-14　更改图表类型后的效果

(4) 在图 3-15 所示的图表中选中主坐标轴，单击鼠标右键，在弹出的命令列表中选择“设置坐标轴格式”，弹出图 3-15 所示的[设置坐标轴格式]选项卡，在“坐标轴选项”下的“边界”—“最大值”中输入“120.0”(频数的累计之和)；然后再选中次坐标轴，单击鼠标右键，在弹出的命令列表中选择“设置坐标轴格式”，弹出图 3-16 所示的[设置坐标轴格式]选项卡，在“坐标轴选项”下的“边界”—“最大值”中输入“1.0”(累计百分比为 100%)。注意：主、次坐标轴的边界最大值必须对应起来，即主坐标最大值为频数之和，次坐标最大值为百分比之和，否则柱形图与折线图不能代表数据且不能对应。

(5) 在图 3-16 所示的图表中，鼠标右键单击簇状柱形图，在弹出的命令列表中选择“设置绘图区格式”，弹出图 3-17 所示的[设置数据系列格式]选项卡，选择“系列选项”，在[填充与线条]选项卡中点击“边框”下的“实线”单选按钮，颜色选择黑色，柱形图边框变为黑色实线；点击[系列选项]选项卡，将“系列重叠”和“分类间距”都设为“.00%”，效果如图 3-18 所示。

排列图最终效果如图 3-19 所示。

从排列图中可以看出，该型机件故障主要发生在使用时间 201～297 小时内，因此可以采取以下措施来降低故障率：

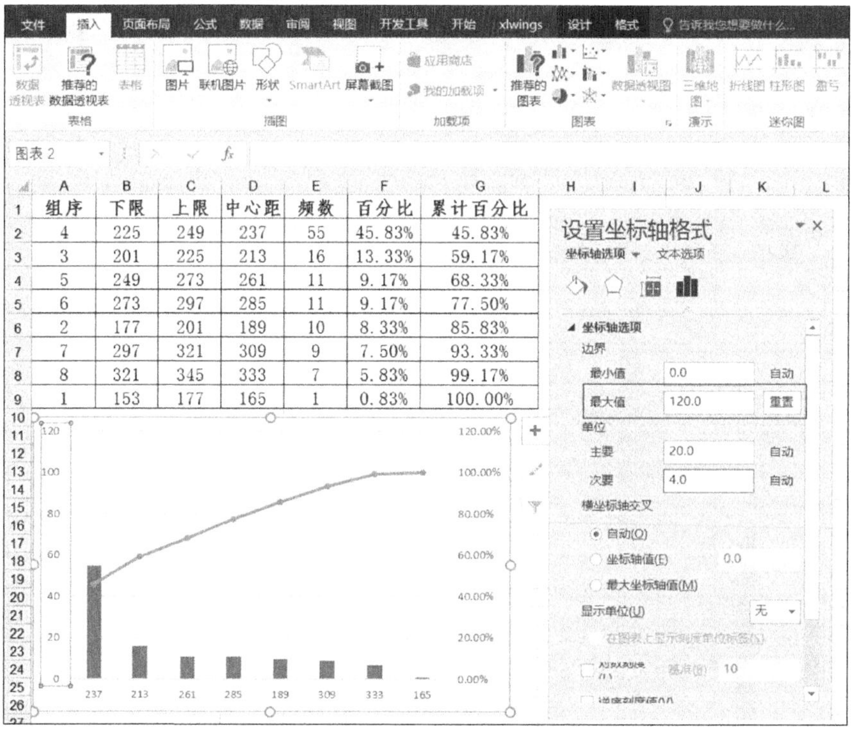

组序	下限	上限	中心距	频数	百分比	累计百分比
4	225	249	237	55	45.83%	45.83%
3	201	225	213	16	13.33%	59.17%
5	249	273	261	11	9.17%	68.33%
6	273	297	285	11	9.17%	77.50%
2	177	201	189	10	8.33%	85.83%
7	297	321	309	9	7.50%	93.33%
8	321	345	333	7	5.83%	99.17%
1	153	177	165	1	0.83%	100.00%

图 3-15 主坐标轴格式设置

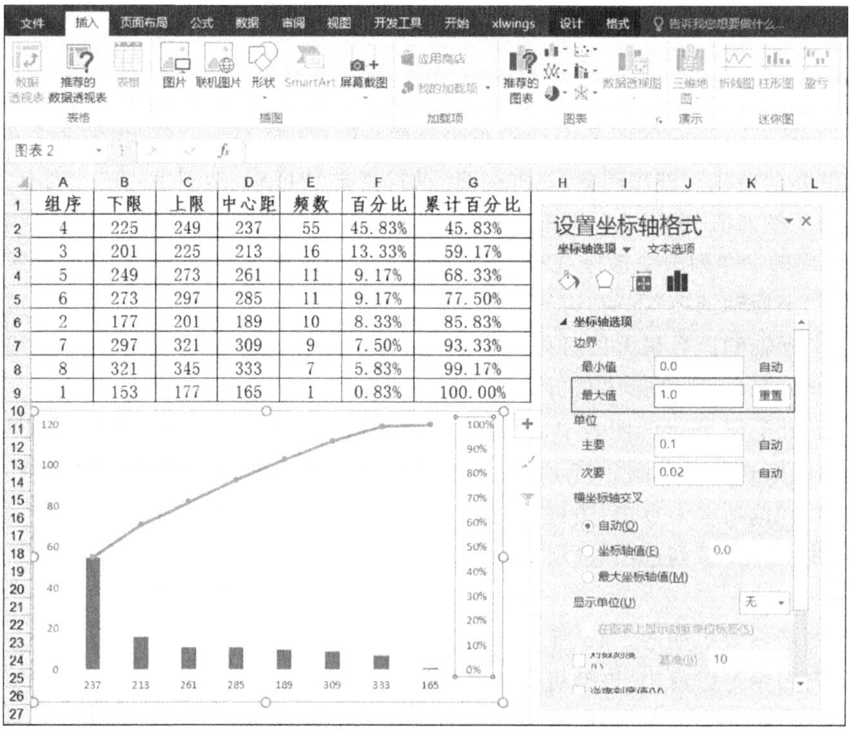

组序	下限	上限	中心距	频数	百分比	累计百分比
4	225	249	237	55	45.83%	45.83%
3	201	225	213	16	13.33%	59.17%
5	249	273	261	11	9.17%	68.33%
6	273	297	285	11	9.17%	77.50%
2	177	201	189	10	8.33%	85.83%
7	297	321	309	9	7.50%	93.33%
8	321	345	333	7	5.83%	99.17%
1	153	177	165	1	0.83%	100.00%

图 3-16 次坐标轴格式设置

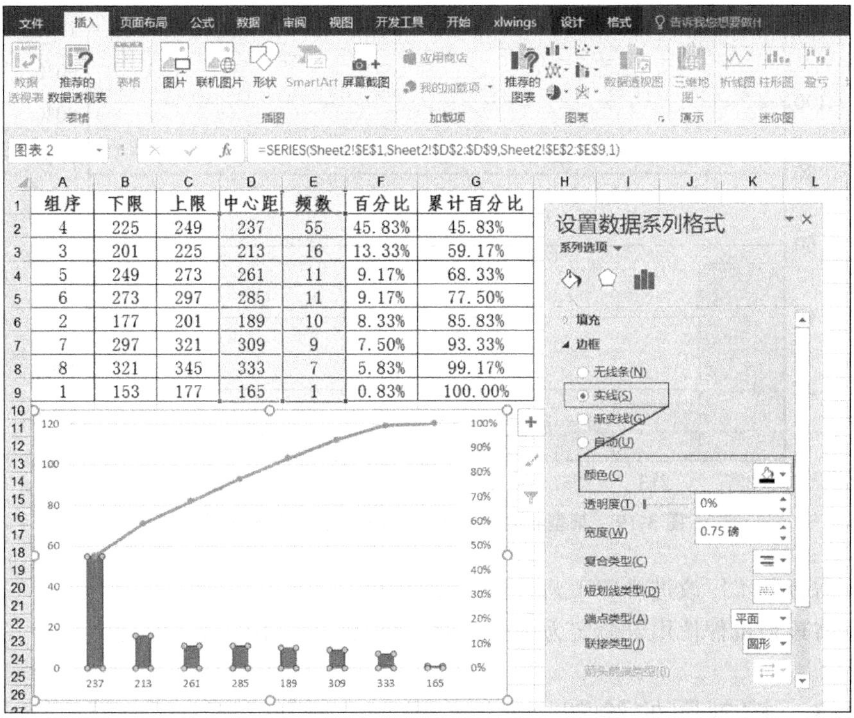

图 3-17　排列图边框设置

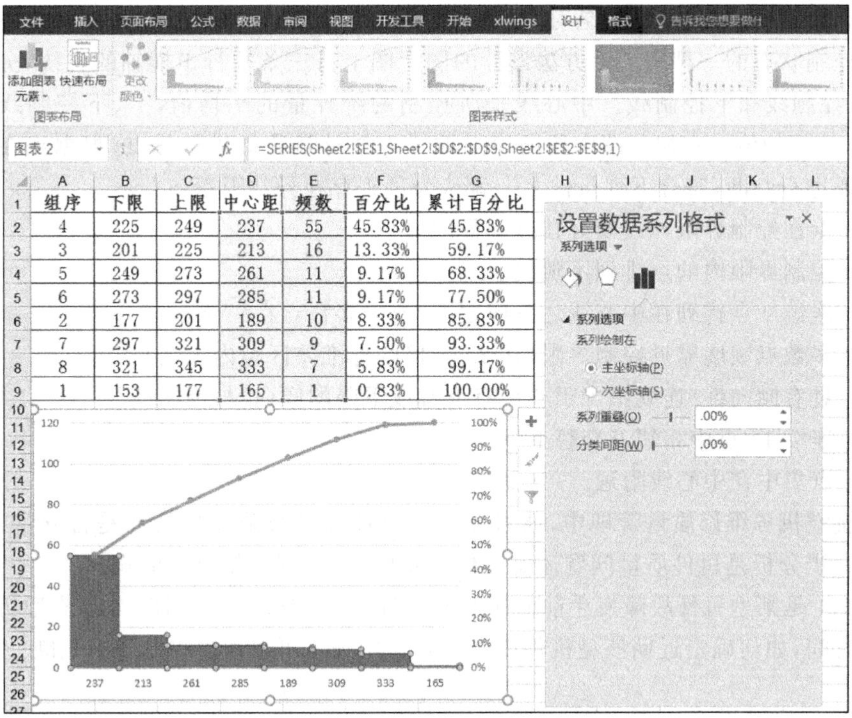

图 3-18　设置排列图分类间距

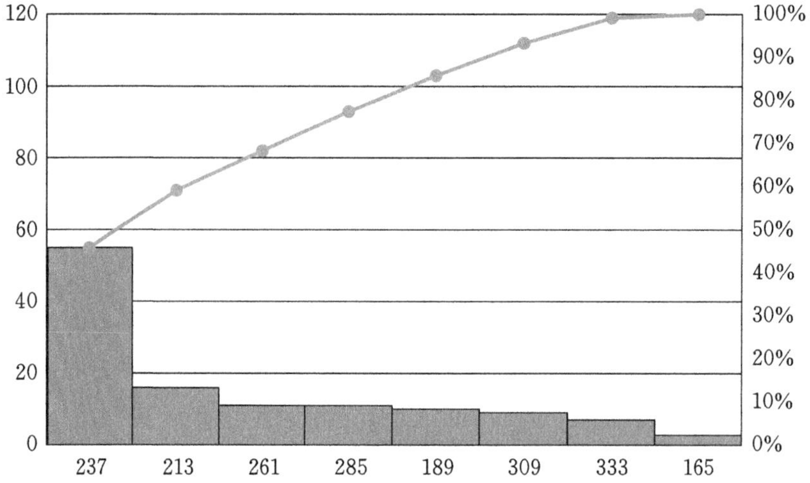

图 3-19　某型机件故障前使用时间排列图最终效果

（1）需督促工厂改进修理工艺，提高修理质量。

（2）将该型机件使用寿命定为 200 小时，使用到 200 小时后立即更换。

3.1.3　控制图的绘制

控制图又叫质量管理图，是对过程质量特性进行测定、记录、评估，从而监控过程是否处于控制状态的一种用统计方法设计的图。图上有三条平行于横轴的直线，分别是中心线、上控制线和下控制线。中心线是所控制的统计量的平均值，上、下控制线通常为±3倍标准差的值。在控制图中按顺序抽取样本统计量数值进行描点，根据点在控制图中的位置进行判断，符合下列条件之一就认为过程存在异常因素：

（1）点在控制界限外或恰好在控制界限上。

（2）控制界限内的点排列不随机。

（3）连续 9 点排列在中心线之下或之上，或大多数点在一侧。

（4）多数点屡屡靠近控制界限（在 2～3 倍的标准差区域内出现）。

（5）具有倾向性（连续不少于 6 点有上升或下降的倾向）与周期性。

（6）连续 14 点中相邻点交替上下。

（7）点集中在中心线附近。

在航空机务维修质量管理中，通过使用控制图监控故障发生时间是否异常，如果异常则进一步分析是机件质量问题还是维修质量问题，并制定相应的措施。

表 3-1 是某型机件故障发生前使用时间统计样本，表 3-6 是近期 12 起该型机件故障前使用时间，如何确定近期该型机件质量是否正常呢？可以通过控制图来判断。

表 3-6　近期12起机件故障前使用时间表　　单位：小时

序号	1	2	3	4	5	6
使用时间	230.02	169.18	302.04	233.18	245.19	285.45
序号	7	8	9	10	11	12
使用时间	289.48	290.19	345.56	349.03	256.12	204.43

绘制控制图前，需要确定中心线、上下控制线的值。对表3-1所示的样本进行计算，利用AVERAGE函数获得样本平均值，利用STDEV函数获得标准差，下控制线为中心线减3倍标准差，上控制线为中心线加3倍标准差，结果如表3-7所示。

表 3-7　控制图的中心线与上、下控制线值

中心线	标准差	下控制线	上控制线
248.51	38.25	133.77	363.25

将近期故障前使用时间和中心线、上下控制线汇总，如表3-8所示。

表 3-8　控制图绘制数据源表

序号	样本点	中心线	标准差	下控制线	上控制线
1	230.02	248.51	38.25	133.77	363.25
2	169.18	248.51	38.25	133.77	363.25
3	302.04	248.51	38.25	133.77	363.25
4	233.18	248.51	38.25	133.77	363.25
5	245.19	248.51	38.25	133.77	363.25
6	285.45	248.51	38.25	133.77	363.25
7	289.48	248.51	38.25	133.77	363.25
8	290.19	248.51	38.25	133.77	363.25
9	345.56	248.51	38.25	133.77	363.25
10	349.03	248.51	38.25	133.77	363.25
11	256.12	248.51	38.25	133.77	363.25
12	204.43	248.51	38.25	133.77	363.25

绘制控制图的步骤如下：

(1) 在Excel工作表中，点击“插入”菜单，在[图表]选项卡中选择“二维折线图”，在工作表中添加图表画布，如图3-20所示。

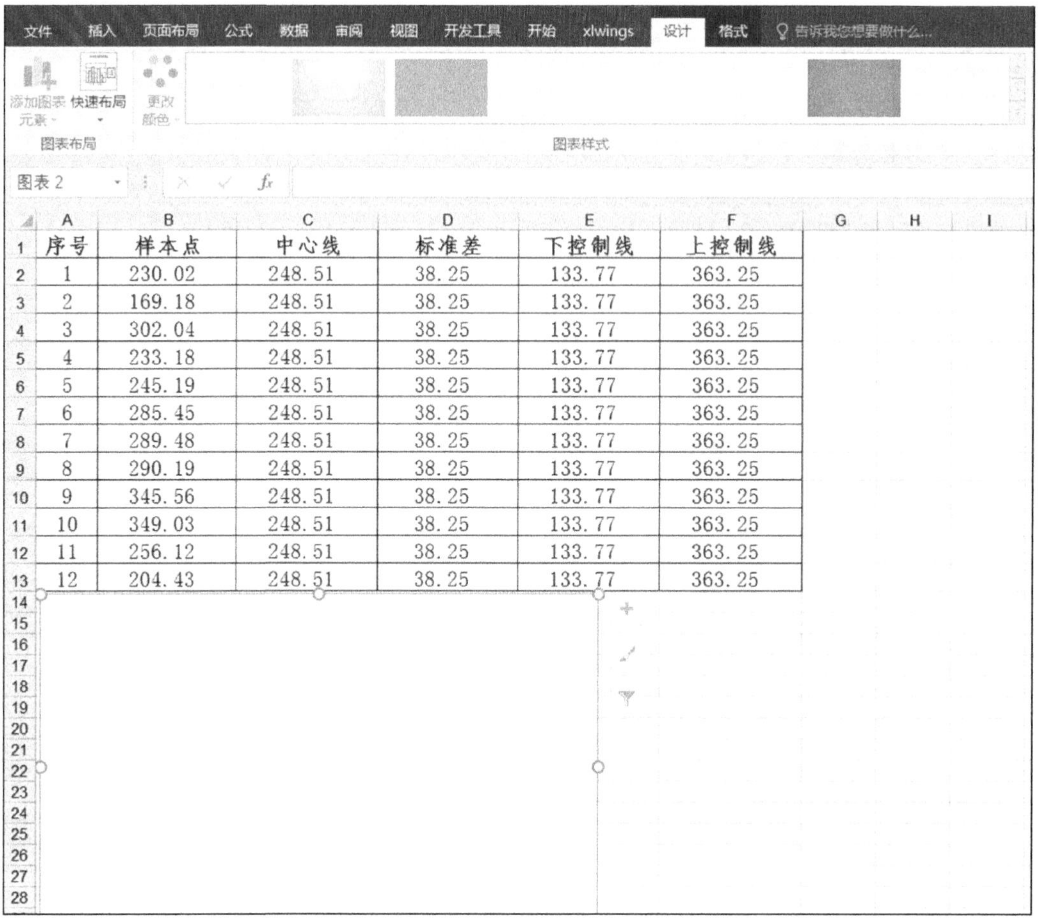

	A	B	C	D	E	F
1	序号	样本点	中心线	标准差	下控制线	上控制线
2	1	230.02	248.51	38.25	133.77	363.25
3	2	169.18	248.51	38.25	133.77	363.25
4	3	302.04	248.51	38.25	133.77	363.25
5	4	233.18	248.51	38.25	133.77	363.25
6	5	245.19	248.51	38.25	133.77	363.25
7	6	285.45	248.51	38.25	133.77	363.25
8	7	289.48	248.51	38.25	133.77	363.25
9	8	290.19	248.51	38.25	133.77	363.25
10	9	345.56	248.51	38.25	133.77	363.25
11	10	349.03	248.51	38.25	133.77	363.25
12	11	256.12	248.51	38.25	133.77	363.25
13	12	204.43	248.51	38.25	133.77	363.25

图 3-20 添加“二维折线图”画布

在图 3-20 所示的画布中，鼠标右键单击画布，在弹出的命令列表中选择“选择数据”，弹出[选择数据源]对话框。在图中点击“图例项(系列)”框下方的[添加]按钮，弹出[编辑数据系列]对话框。在“系列名称”下方点击红色斜箭头按钮后选择单元格 B1，返回到[编辑数据系列]对话框；在“系列值”下方点击红色斜箭头按钮后选择单元格 B2:B9，返回到[编辑数据系列]对话框，点击[确定]按钮，返回到[选择数据源]对话框。

再次点击“图例项(系列)”框下方的[添加]按钮，弹出[编辑数据系列]对话框。在“系列名称”下方点击红色斜箭头按钮后选择单元格 C1，返回到[编辑数据系列]对话框；在“系列值”下方点击红色斜箭头按钮后选择单元格 C2:C9，返回到[编辑数据系列]对话框，点击[确定]按钮，返回到[选择数据源]对话框。

再次点击“图例项(系列)”框下方的[添加]按钮，弹出[编辑数据系列]对话框。在“系列名称”下方点击红色斜箭头按钮后选择单元格 E1，返回到[编辑数据系列]对话框；在“系列值”下方点击红色斜箭头按钮后选择单元格 E2:E9，返回到[编辑数据系列]对话框，点击[确定]按钮，返回到[选择数据源]对话框。

再次点击“图例项（系列）”框下方的［添加］按钮，弹出［编辑数据系列］对话框。在“系列名称”下方点击红色斜箭头按钮后选择单元格 F1，返回到［编辑数据系列］对话框；在“系列值”下方点击红色斜箭头按钮后选择单元格 F2：F9，返回到［编辑数据系列］对话框，点击［确定］按钮，返回到［选择数据源］对话框。

在［选择数据源］对话框中点击“水平（分类）轴标签”下方的［编辑］按钮，弹出［轴标签］对话框。在“轴标签区域”下方点击红色斜箭头按钮后选择单元格 A2：A9，点击［确定］按钮，返回到［选择数据源］对话框，如图 3-21 所示，点击［确定］按钮，生成二维折线图，如图 3-22 所示。

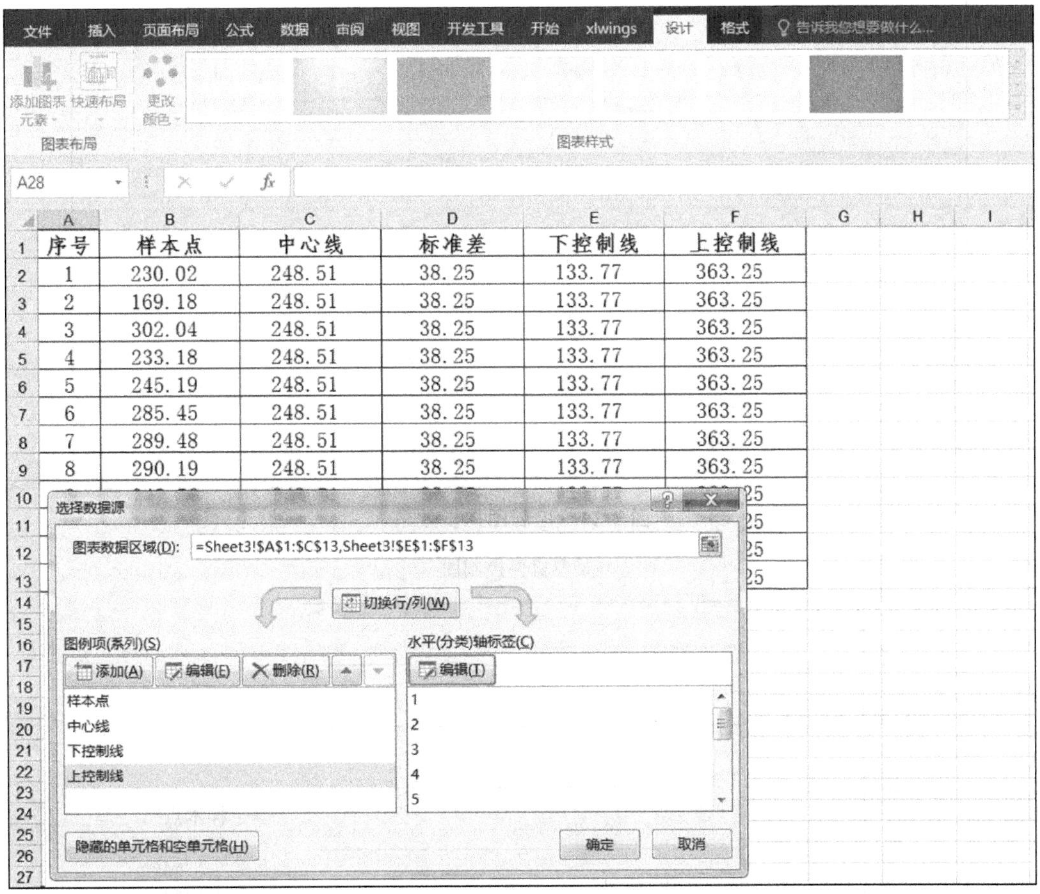

序号	样本点	中心线	标准差	下控制线	上控制线
1	230.02	248.51	38.25	133.77	363.25
2	169.18	248.51	38.25	133.77	363.25
3	302.04	248.51	38.25	133.77	363.25
4	233.18	248.51	38.25	133.77	363.25
5	245.19	248.51	38.25	133.77	363.25
6	285.45	248.51	38.25	133.77	363.25
7	289.48	248.51	38.25	133.77	363.25
8	290.19	248.51	38.25	133.77	363.25

图 3-21　控制图数据源选择

（2）设置控制图样式。为使控制图更方便阅读，需对控制图样式进行设置。在图 3-22 所示的图表中，鼠标右键单击图表后在弹出的命令列表中选择“更改系列图表类型”，弹出［更改图表类型］对话框，在“为您的数据系列选择图表类型和轴”框下选择“样本点”，在图表类型下拉框中选择“带数据标记的折线图”，点击［确定］按钮；点击“设计”菜单下“快速布局”命令，选择“布局 1”，为中心线、上下控制线添加说明标签，效果如图 3-23 所示。

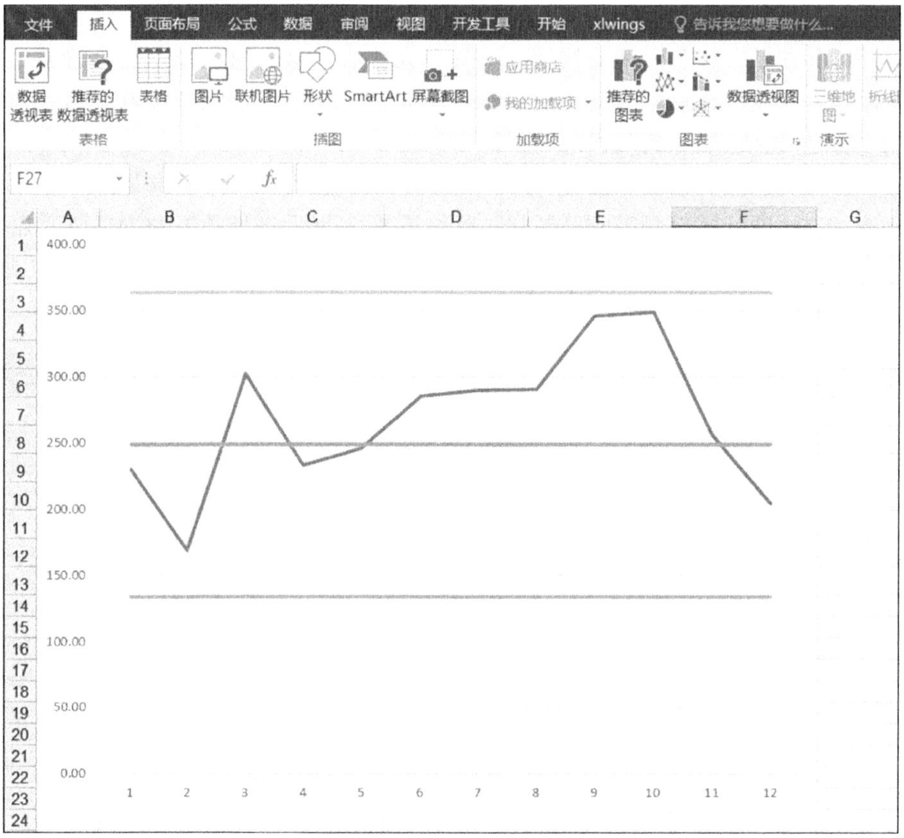

图 3-22　控制图初步效果

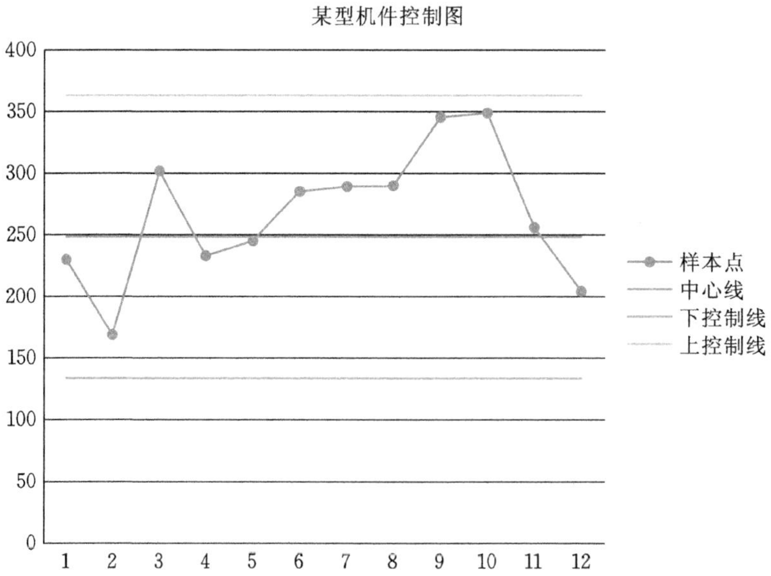

图 3-23　控制图最终效果

从近期 12 起机件故障前使用时间的描点分布可以看出，第 4 点至第 10 点出现明显的上升趋势，说明该型机件近期质量状况异常，需要进一步查找原因。

3.2　飞机梯形图的绘制

飞机梯次使用控制是航空机务维修质量控制的中心工作之一，对保证飞机合理使用和保持部队战斗力具有重要意义。飞机梯次使用控制的常用工具是飞机梯形图。飞机梯形图是将飞机剩余寿命按从少到多的顺序绘制成的柱形图，从图中可分析飞机梯次控制是否合理，每一个梯次间隔段的飞机所占百分比是否符合相关规定。

表 3-9 为某部飞机逐号信息表，假设该型飞机标准控制余寿比不低于 35%。现需要分析该部的飞机梯次使用控制状况。

表 3-9　某部飞机逐号信息表

飞机号	机型	规定寿命/小时	大修出厂日期	大修次数	规定年限	剩余寿命/小时	状况说明
01	歼-X	500	2016-06-05	1	12	16.16	完好
02	歼-X	500	2015-12-02	1	12	52.42	完好
03	歼-X	500	2016-04-17	1	12	220.51	完好
04	歼-X	500	2017-05-30	1	12	247.17	完好
05	歼-X	500	2021-02-24	2	12	454.04	完好
06	歼-X	500	2016-12-18	1	12	276.4	完好
07	歼-X	500	2017-01-23	1	12	152.08	完好
08	歼-X	500	2019-12-12	1	12	378.04	完好
09	歼-X	500	2017-09-27	2	12	248.52	完好
10	歼-X	500	2017-01-19	1	12	155.1	完好

分析飞机梯次使用控制状况应当先绘制飞机梯形图，飞机梯形图的绘制步骤如下：

(1) 先将飞机逐号信息表按飞机剩余寿命由少到多进行排序，然后在 Excel 工作表中点击“插入”菜单，在[图表]选项卡中选择“簇状柱形图”，在工作表中添加图表画布，如图 3-24 所示。

(2) 在如图 3-24 所示的画布中，鼠标右键单击画布，在弹出的命令列表中选择“选择数据”，弹出[选择数据源]对话框。在图中点击“图例项(系列)”框下方的[添加]按钮，弹出[编辑数据系列]对话框。在“系列名称”后点击红色斜箭头按钮后选择单元格 G1，返回到[编辑数据系列]对话框；在“系列值”后点击红色斜箭头按钮后选择单元格 G2:G11，返回到[编辑数据系列]对话框，点击[确定]按钮，返回到[选择数据源]对话框。

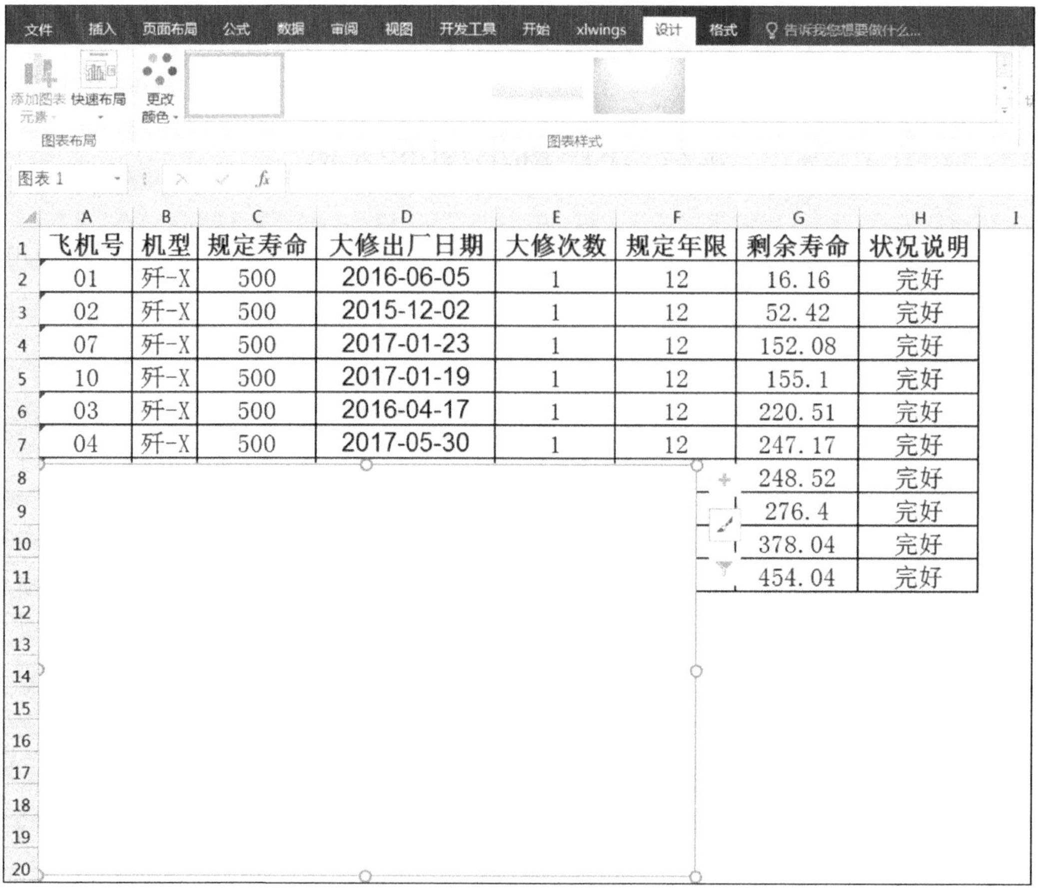

图 3-24 添加梯形图画布

在[选择数据源]对话框中点击“水平(分类)轴标签”框下方的[编辑]按钮,弹出[轴标签]对话框。在“轴标签区域”下方点击红色斜箭头按钮后选择单元格 A2:A11,点击[确定]按钮,返回到[选择数据源]对话框,如图 3-25 所示,点击[确定]按钮,生成二维折线图,如图 3-26 所示。

(3) 飞机梯形图中纵坐标的一个主要单位代表了一个梯次间隔,战斗机、轰炸机、运输机以及其他类型飞机的梯次间隔都有相应的规定,因此,需要根据相应飞机的梯次间隔规定设置梯形图的纵坐标。为使飞机梯形图符合相关规定和便于分析,需要对飞机梯形图进行设置。在图 3-26 所示的图表中,选中纵坐标轴后单击鼠标右键,在弹出的命令列表中选择“设置坐标轴格式”,弹出[设置坐标轴]选项卡,在“坐标轴选项”框下“主要”框中输入“100.0”后回车,效果如图 3-27 所示。

在图 3-27 所示的图表中,在飞机梯形图中单击鼠标右键,在弹出的命令列表中选择“设置绘图区格式”,弹出[设置数据系列格式]选项卡,选择“系列选项”,在[填充与线条]选项卡中点击“边框”下的“实线”单选按钮,颜色选择黑色,柱形图边框变为黑色实线;点击[系列选项]选项卡,将“系列重叠”和“分类间距”都设为“.00%”,效果如图 3-28 所示。

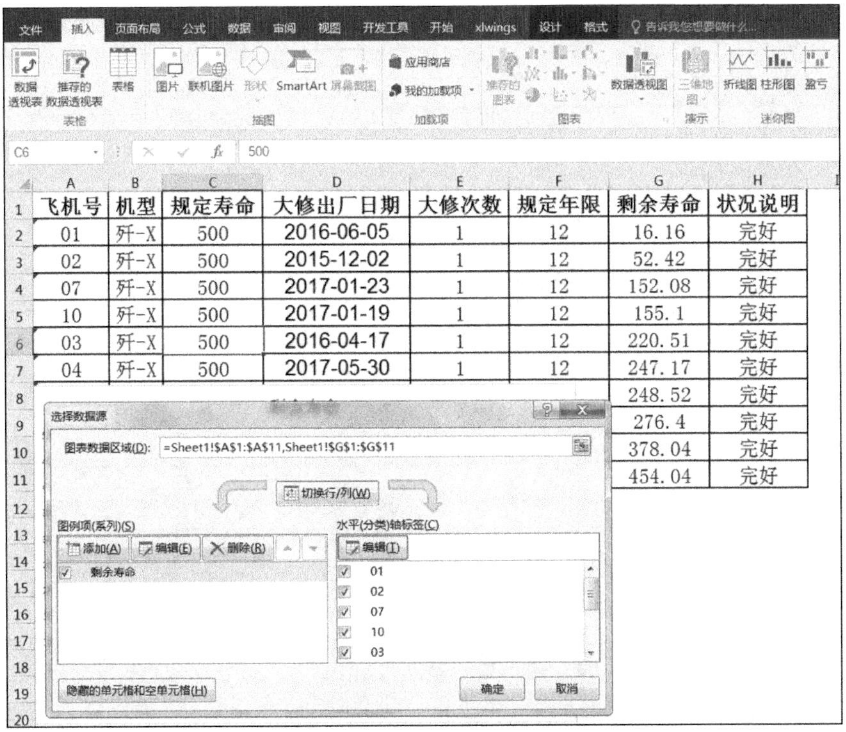

图 3-25　梯形图选择数据源

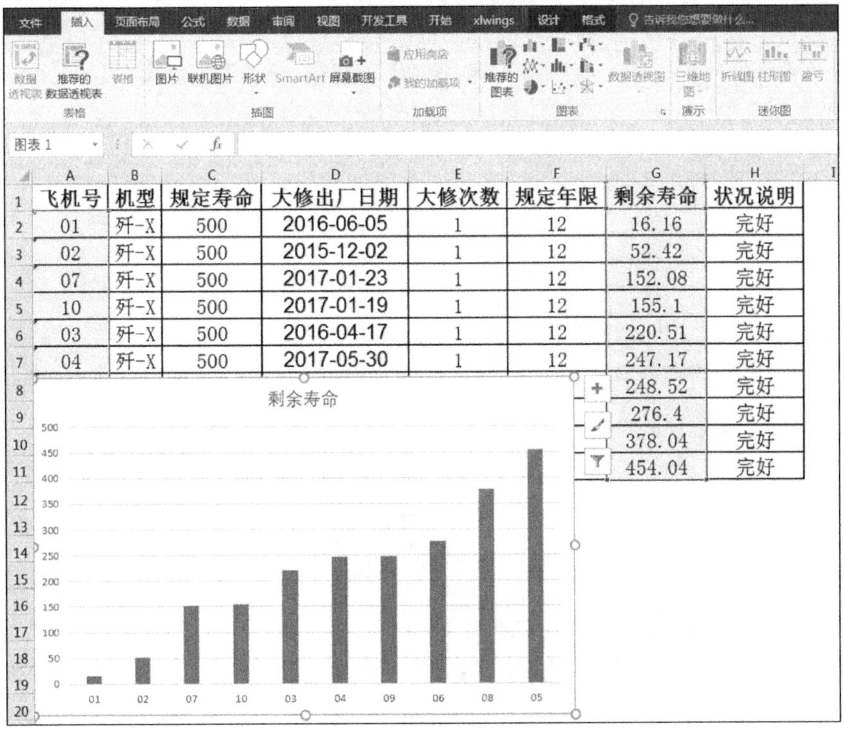

图 3-26　飞机梯形图初步效果

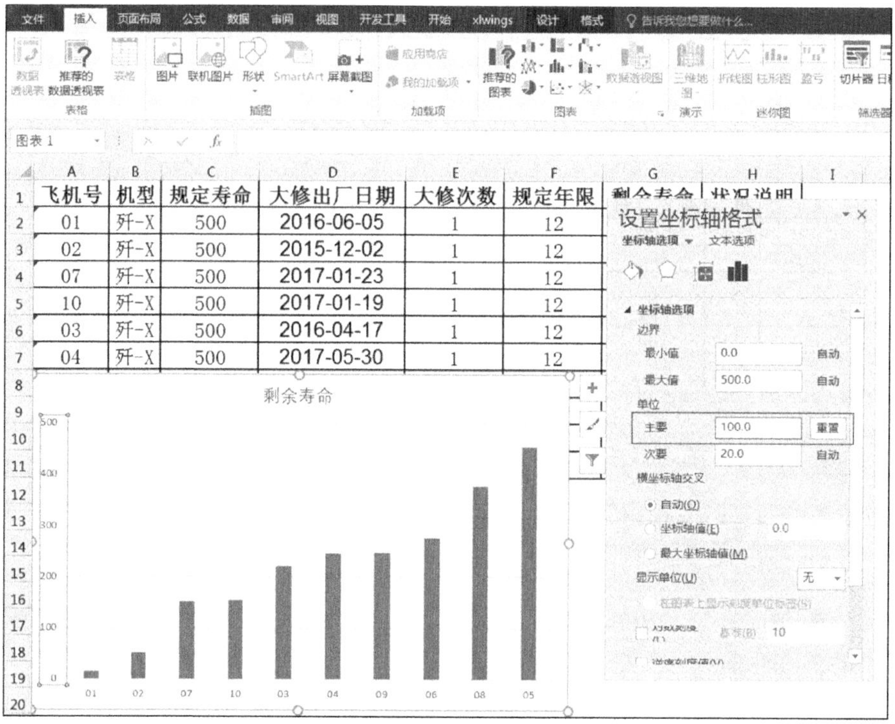

图 3-27　更改纵坐标轴主要单位

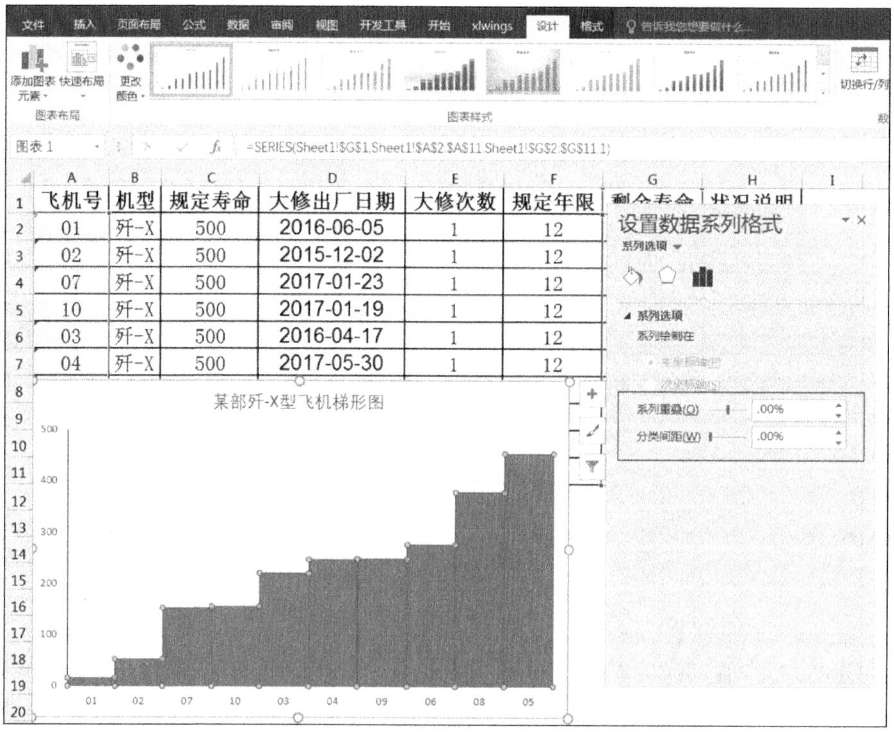

图 3-28　设置飞机梯形图样式

(4) 绘制标准控制线。飞机使用标准控制线是部队飞机使用剩余寿命控制的底线,对保持装备的完好和部队持续战斗力具有重要作用。飞机使用标准控制线是一条斜线,左边点是坐标原点,右边点的横坐标是飞机数量,右边点的纵坐标是飞机平均规定寿命×标准飞机余寿比×2,标准飞机余寿比根据相关规定执行,本例中纵坐标为350。在图3-28中,插入一条斜线,两点的坐标分别是(0,0)和(05,350)。梯形图最终效果如图3-29所示。

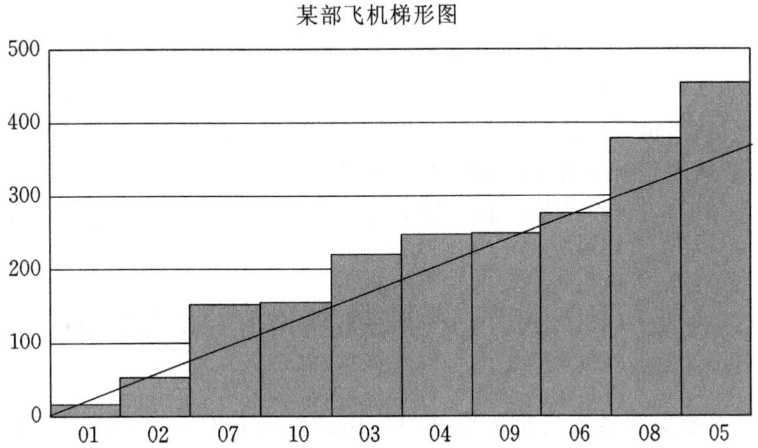

图3-29　某部飞机梯形图最终效果

从飞机梯形图中可以发现,该部飞机梯次使用控制存在以下问题:

(1) 梯次控制不合理。原因是200～300小时梯次间隔段有4架飞机,超出了每个梯次间隔段内飞机数量的规定。

(2) 飞机余寿不足。原因是该部飞机剩余寿命均接近飞机使用标准控制线,说明该部机群余寿不足,需要加快飞机送修力度,尽快补充飞机寿命,或者减少飞行任务。

第 4 章　Excel 与达梦数据库的数据导入导出

Excel 可以与绝大多数数据库软件建立连接并进行数据交换，如常用的 SQL Server、MySQL、Oracle、Access 和达梦数据库等。在质量控制工作中，既可以把 Excel 表格当数据库保存大量信息，也可以通过建立 Excel 表格与数据库的连接，定期进行数据交换。当前，国产达梦数据库是航空机务维修中指定使用的数据库，本章将介绍 Excel 与达梦数据库的数据导入导出，以解决质量控制工作中常见的数据导入导出问题。

4.1　Excel 与达梦数据库的数据导入

航空维修保障支持系统是机务维修中使用的综合信息系统，覆盖了维修保障全过程，尤其是以电子工卡为载体，串联各保障环节形成闭环。航空维修保障支持系统的电子工卡不仅是机务维修人员的维修操作技术指南，也是记录维修操作各类信息的载体，还是航空维修责任追溯的法定文件。电子工卡是由各专业机务人员在航空维修保障支持系统工卡模板菜单下中逐个步骤录入的，工作量非常大。鉴于航空维修保障支持系统使用的数据库是达梦数据库，是否可以将电子工卡制成 Excel 表格，然后批量导入达梦数据库呢？答案是肯定的，达梦数据库支持 Excel 数据的导入。

4.1.1　达梦数据迁移工具

安装达梦数据库时自动安装有达梦数据迁移工具，它的功能十分强大，提供了主流大型数据库迁移到达梦、达梦到达梦、文件迁移到达梦以及达梦迁移到文件的功能，并且达梦数据迁移工具采用向导方式引导用户通过简单的步骤完成需要的操作。达梦数据迁移工具支持以下迁移：

(1) 主流大型数据库 Oracle、SQL Server、MySQL 和 DB2 等数据库的模式、表、视图、序列、索引迁移到达梦。

(2) ODBC 数据源、JDBC 数据源的模式、表、视图迁移到达梦。

(3) 达梦数据库的模式、表、视图、序列、索引迁移到主流大型数据库 Oracle、SQL Server、MySQL。

(4) 达梦数据库之间模式、表、序列、视图、存储过程/函数、包、类、同义词、触发器和对象权限的迁移。

(5) 达梦数据库模式、表、序列、视图、存储过程/函数、包、类、同义词、触发器、对象权限迁移到 XML 文件。

(6) 达梦数据库模式、表、序列、视图、存储过程/函数、包、类、同义词、触发器、对象权限迁移到 SQL 脚本文件。

(7) 达梦数据库的表、视图数据迁移到文本文件。

(8) 达梦数据库的表、视图数据迁移到 Excel 文件。

(9) 达梦数据库的表、视图数据迁移到 Word 文件。

(10) SQL 脚本文件迁移到达梦数据库。

(11) XML 文件迁移到达梦数据库。

(12) 指定格式的文本文件、Word 文件和 Excel 文件迁移到达梦数据库。

可见，达梦数据库与 Excel 文件可以完美进行数据导入和导出。

4.1.2　Excel 文件迁移到达梦数据库

使用达梦迁移工具可以将 Excel 文件迁移到达梦数据库指定模式下，并生成对应的数据表，将维修操作工卡迁移到达梦数据库，生成电子工卡的步骤如下：

(1) 制作 Excel 文件。在航空维修保障支持系统中，电子工卡模板主要有 4 个数据表，分别存放指令模板信息、工卡模板信息、指令模板与工卡模板关联信息以及工卡步骤模板信息。制作 Excel 格式的电子工卡应当包含 3 张 Sheet 工作表，分别是指令模板、工卡模板和步骤模板，并且应当建立指令模板与工卡模板、工卡模板与步骤模板之间的关联关系。指令模板如图 4-1 所示，工卡模板如图 4-2 所示，步骤模板如图 4-3 所示。工卡模板通过该模板中的工卡模板编号与指令模板编号建立匹配关系，步骤模板通过该模板中的工卡模板编号与工卡模板建立匹配关系。

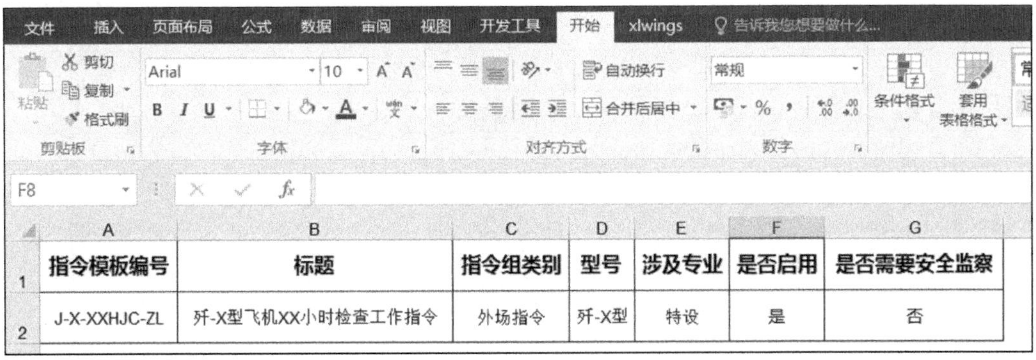

图 4-1　指令模板

(2) 创建迁移工程。打开达梦迁移工具，如图 4-4 所示，在图中点击红色方框，弹出图 4-5 所示的[新建工程]对话框，工程名可自取，本例取名“Excel 迁移到达梦”，点击[确定]按钮，即创建迁移工程成功。在“Excel 迁移到达梦”工程下，鼠标右键单击“迁移”选项，在弹出的命令中选择“新建迁移”，弹出[新建迁移]对话框，如图 4-6 所示，点击[确定]按钮，完成迁移工程创建，如图 4-7 所示。

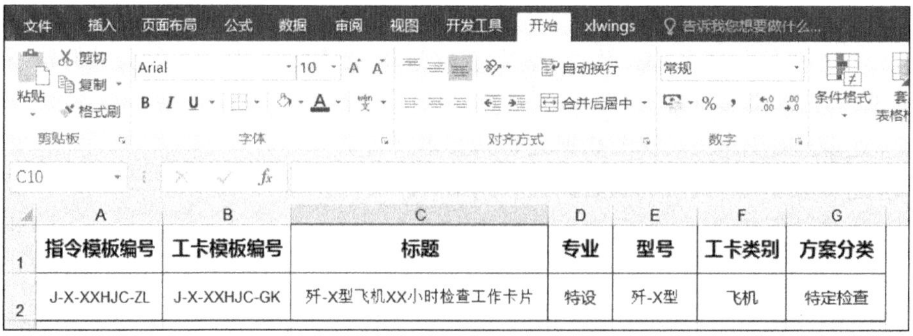

图 4-2　工卡模板

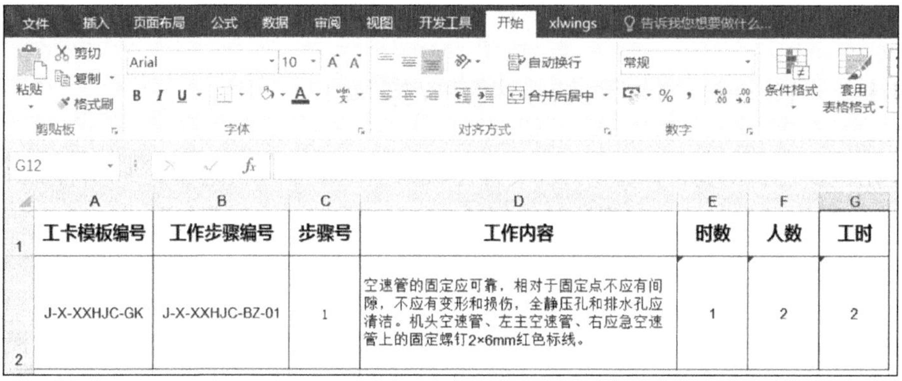

图 4-3　步骤模板

图 4-4　达梦迁移工具

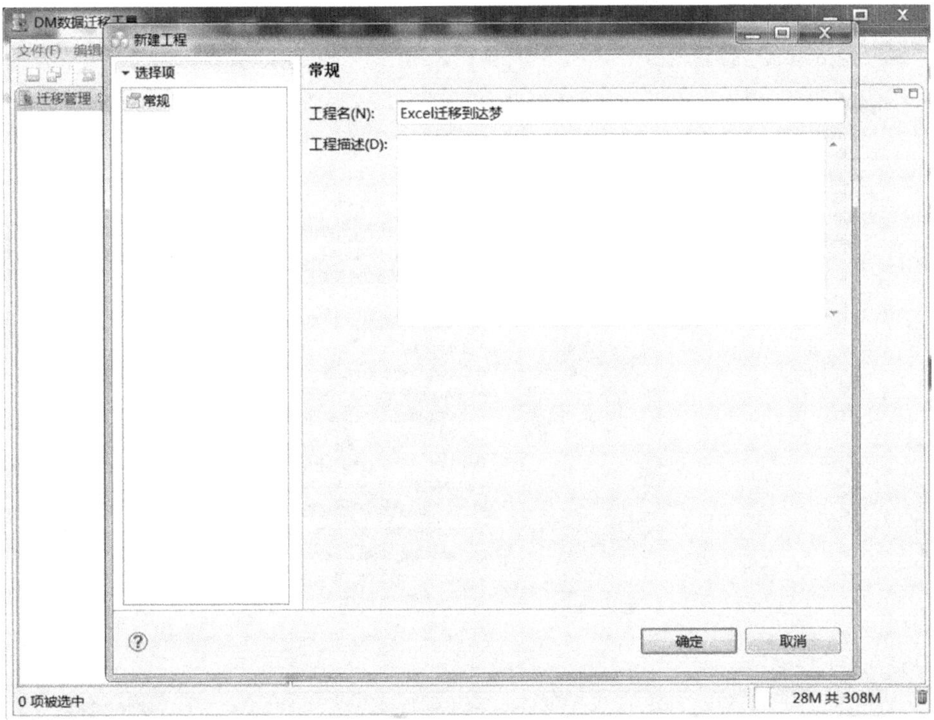

图 4-5　新建迁移工程

图 4-6　新建迁移

图 4-7 迁移工程创建成功

(3) 执行数据迁移。在图 4-7 中点击[下一步]按钮,弹出图 4-8 所示的迁移向导选择界面,选择"EXCEL ==> DM7"向导,点击[下一步]按钮,弹出图 4-9 所示的文件选择界面,点击[浏览]按钮,在弹出的文件选择框中选择制作好的 Excel 文件,点击[下一步]按钮,弹出图 4-10 所示的迁移目的界面。

在图 4-10 中输入目的数据库的主机名、端口号以及用户名、口令,点击[下一步]按钮,弹出图 4-11 所示的指定迁移目的模式,选择"从数据源复制对象",然后选择目的模式为"DBO",点击[下一步]按钮,弹出图 4-12 所示的选择迁移对象界面。

注意:

① 航空维修保障支持系统的达梦数据库中,DBO 模式是默认的数据迁移目的模式。

② 如果迁移目的数据库中无 DBO 模式,则双击目的模式下方框,然后输入模式名称,勾选"创建模式"下的按钮,则在迁移时会自动创建新的模式。

在图 4-12 中依次勾选"指令模板""工卡模板"和"步骤模板"三个对象,会自动在"目的对象"栏生成对应的对象,点击[下一步]按钮,弹出图 4-13 所示的审阅迁移任务界面,点击[完成]按钮,开始执行数据迁移,弹出图 4-14 所示界面,在图中查看迁移情况。如果状态为全部成功,则完成了数据迁移;如果有部分表格迁移失败,则查找原因。通常情况下,数据迁移失败大部分原因是数据源中字段超出目的数据库字段长度。

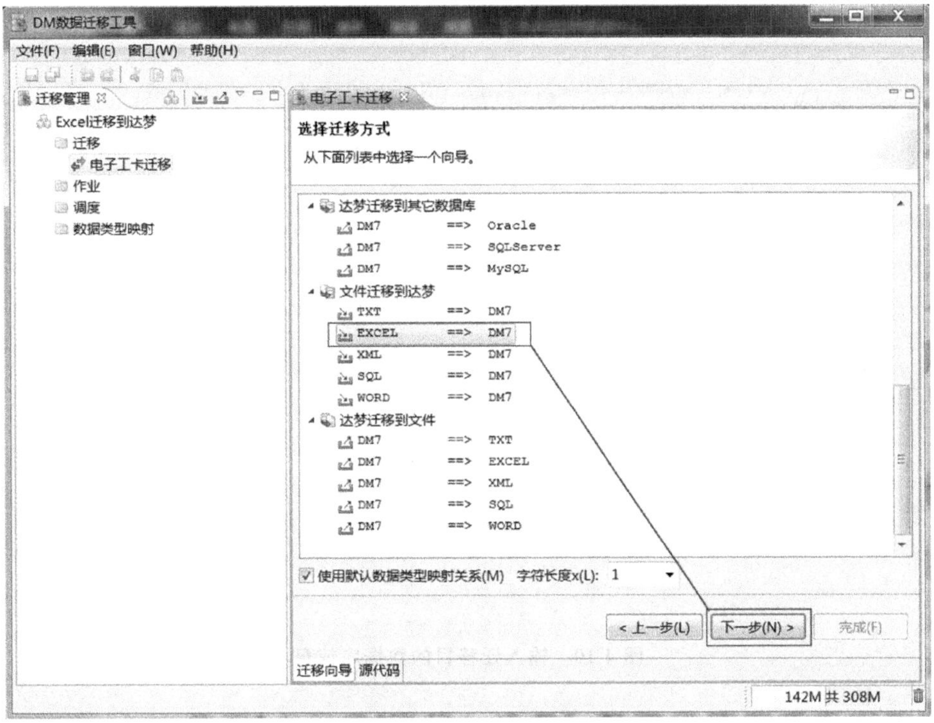

图 4-8　选择迁移向导

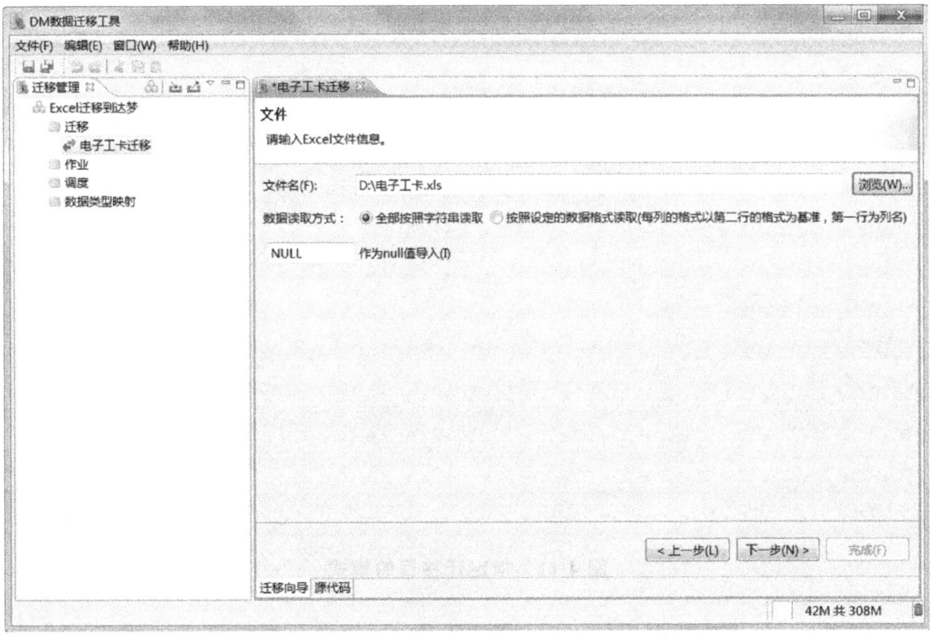

图 4-9　选择导入的 Excel 文件

图 4-10　输入迁移目的数据库信息

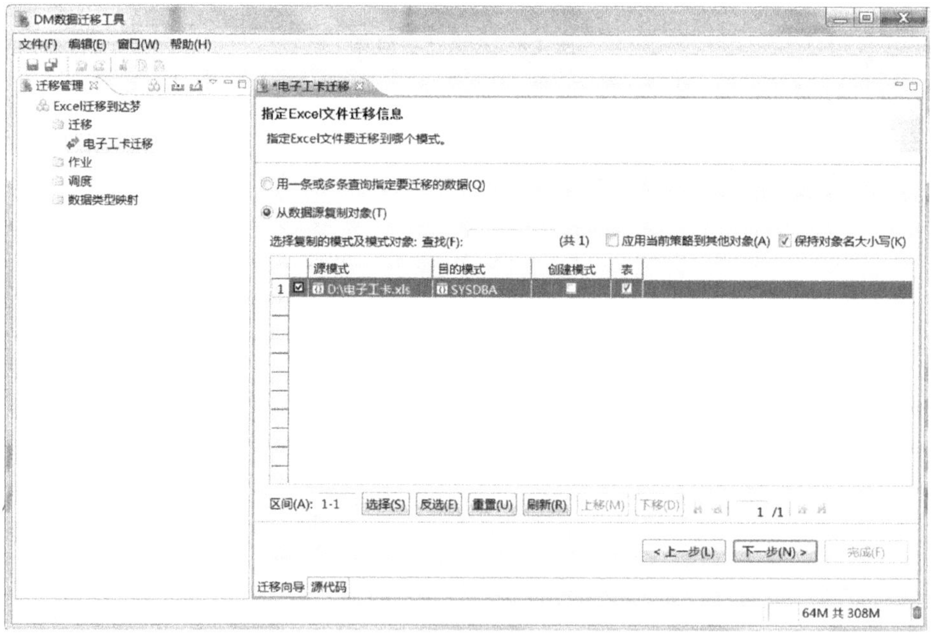

图 4-11　指定迁移目的模式

完成迁移后，在达梦数据库的 DBO 模式下增加了“指令模板”“工卡模板”和“步骤模板”三个表。

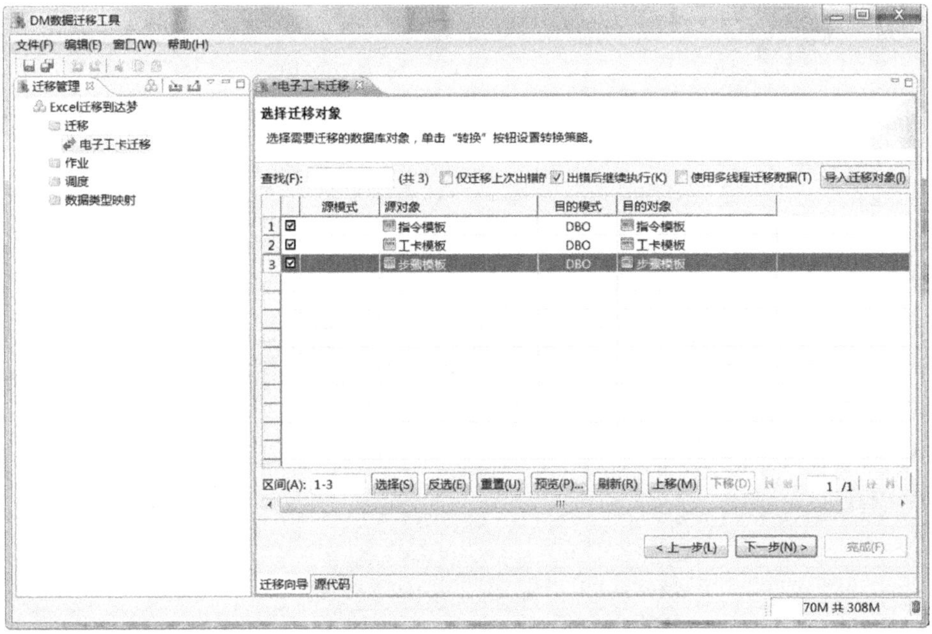

图 4-12　选择迁移对象

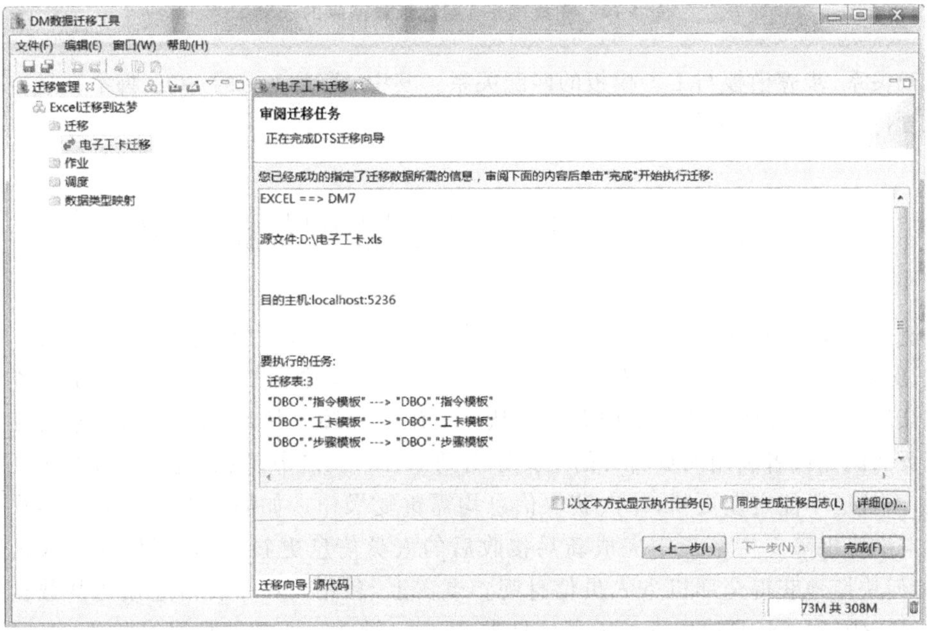

图 4-13　审阅迁移任务

(4) 建立表单关联关系。航空维修保障支持系统使用的数据库是达梦数据库，其模式为"USRKJZB_ZYJXSJ"。Excel 迁移到 DBO 模式下的电子工卡信息必须转移到"USRKJZB_ZYJXSJ"下才能被航空维修保障支持系统使用，因此需要使用 SQL 脚本将电子工卡信息从 DBO 模式转移到"USRKJZB_ZYJXSJ"下，并建立工卡模板与指令模板

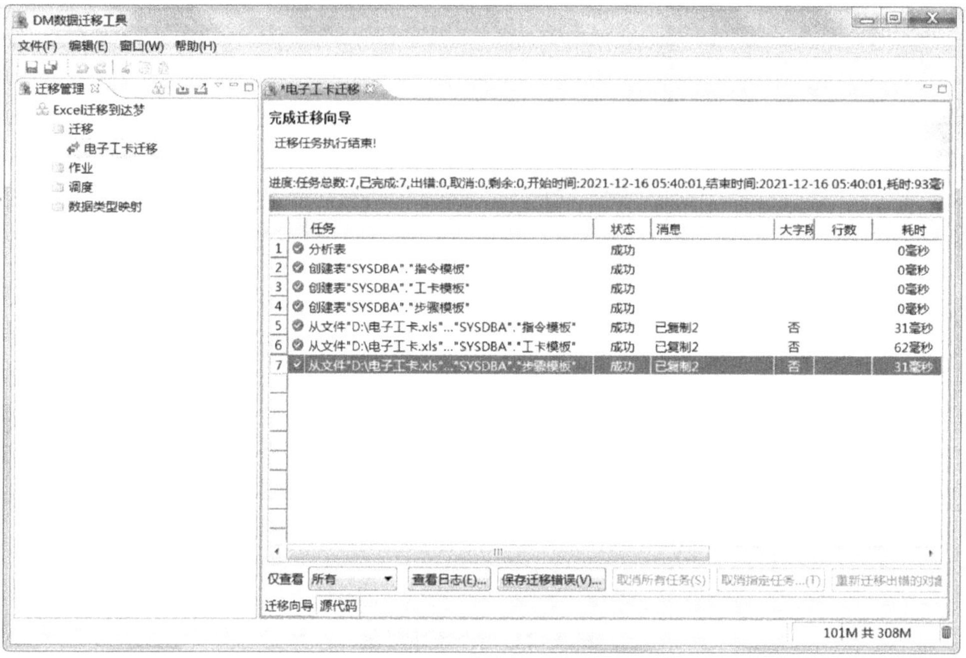

图 4-14　完成 Excel 到达梦数据库的迁移

的匹配关系、步骤模板与工卡模板的匹配关系。其中,需要使用的 SQL 脚本在航空维修保障支持系统的安装文件中。

4.2　Excel 与达梦数据库的数据导出

航空维修保障支持系统是机务维修中使用的综合信息系统,包含了装备信息、维修信息、保障设备信息以及机务人员信息等各类信息,质量控制工作需要使用的各类信息均可从航空维修保障支持系统中获得。从航空维修保障支持系统中获取信息通常是从网页页面浏览或者利用网页自带的工具导出到 Excel 表格中,但是这两种方法不但操作繁琐,而且还不能定期更新,每次获取信息均需重复操作。如质量控制与安全监察室刚在航空维修保障支持系统中完成新兵接收后的人员信息更新,需要制作新的人员花名册,如何快捷地获得全部机务人员信息呢?事实上,利用 Excel 表格连接达梦数据库中“USRKJZB_ZYJXSJ”模式下的人员信息表,可以一键获得所需的数据信息。

4.2.1　注册达梦用户数据源

Excel 表格要连接达梦数据库,必须利用 ODBC 管理器注册一个数据源,管理器根据数据源提供的数据库位置、数据库类型及 ODBC 驱动程序等信息,建立起 ODBC 与具体数据库的联系。只有注册过数据源，Excel 表格才能访问达梦数据库。

注册达梦用户数据源的步骤如下：

(1) 依次点击"控制面板"—"管理工具"—"数据源(ODBC)"，弹出图 4-15 所示的[ODBC 数据源管理器]对话框，点击[添加]按钮，弹出[创建新数据源]对话框，如图 4-16 所示，为数据源选择"DM7 ODBC DRIVER"驱动程序，点击[完成]按钮，弹出图 4-17 所示的[DM Server ODBC 数据源配置]选项卡。

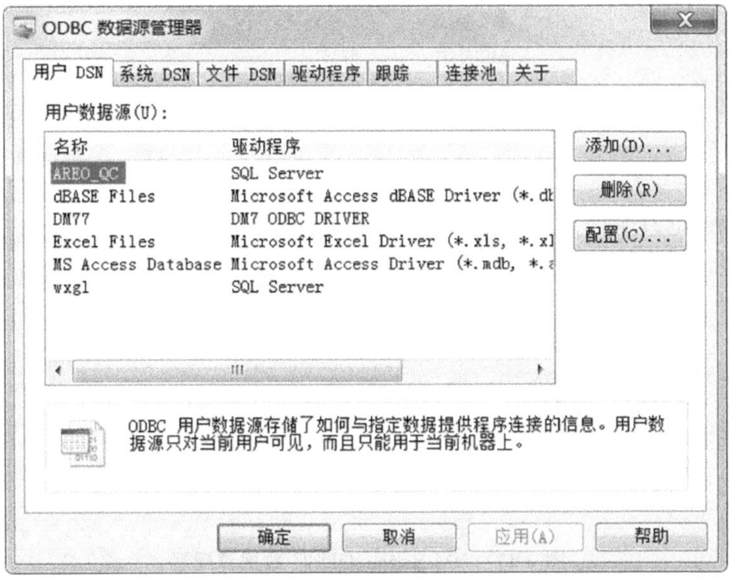

图 4-15　[ODBC 数据源管理器]对话框

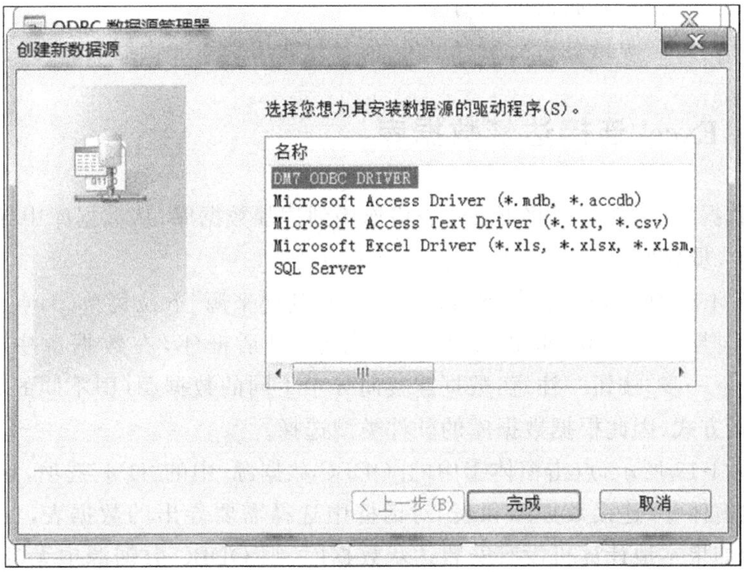

图 4-16　选择数据源的驱动程序

图 4-17 DM Server ODBC **数据源配置**

(2) 在图 4-17 中输入数据源名称、服务器名称、端口号以及登录 ID(用户名)、登录密码后，点击[确定]按钮，完成数据源的注册。

ODBC 用户数据源只对当前用户可见，而且只能用于当前机器上。

4.2.2 Excel 连接达梦数据库

注册过数据源后，就可以将 Excel 表格连接到达梦数据库，从数据库中导出人员信息到 Excel 表中，步骤如下：

(1) 如图 4-18 所示，点击[数据]选项卡①[自其他来源]下拉菜单②，点击下方的"来自数据连接向导"命令③，弹出[数据连接向导]对话框④，在数据源中选择"ODBC DSN"，点击[下一步]按钮。注意：数据连接向导中不同的数据源(即不同的数据库软件)有不同的连接方式，因此根据数据库的软件类型选择。

(2) 如图 4-19 所示，点击窗体①中的[ODBC 数据源]中的"DM"选项，点击[下一步]按钮，在弹出窗体②[连接数据库和表]对话框中选择需要导出的数据表，点击[下一步]按钮。注意：如果本地计算机没有安装达梦数据库，则 ODBC 数据源中无"DM"选项，因此本地计算机应当安装达梦数据库。

图 4-18　数据连接向导——选择数据源

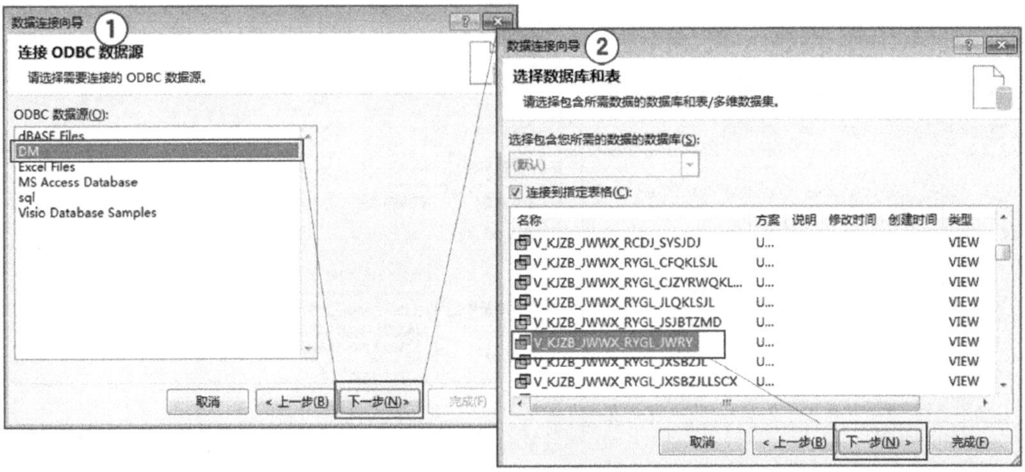

图 4-19　数据连接向导——选择数据库和表

(3) 如图 4-20 所示，在窗体①中，文件名指的是连接文件的名称(Excel 中连接数据库自动产生保存连接信息的文件，文件包含数据名称、数据库地址、连接账户、连接密码、连接端口及语言等，文件后缀名为.odc)，文件名既可以采用默认命名，也可以自定义，同时还可以选择已有的文件连接方式，并且可以根据是否需要保存数据库连接密码勾选“在文件中保存密码”(在连接文件中保存密码有风险，建议慎重使用)；勾选“总是尝试使用此文件来刷新数据”代表每次都使用当前文件的设置来刷新数据，点击[完成]按钮，进入到窗体②界面。在“请选择该数据在工作簿中的显示方式”中选择“表”，代表将数据导出到 Excel 表格中，数据的存放位置选择“现有工作表”，并指定数据开始存放的位置，如果选择“新工作表”则代表新建一个工作表来存放数据。在窗体②中还可以对连接的属性进行设置，点击[属性]按钮，弹出窗体③，可以对刷新控件进行设置，刷新方式一般分为四种，可以根据需要进行选择。

图 4-20　设置连接属性

如果需要对导出的数据进行筛选，则点击窗体④中的自定义，在"命令文本"框中设置连接的命令文本(即利用数据库命令对导出的数据进行初步处理)，如本例中命令文本只导出姓名、性别、出生日期、民族和政治面貌等信息，最终效果如图 4-21 所示。

籍贯	技术职称	姓名	性别	出生日期	民族	政治面貌
浙江东阳	助工	马国翔	男	1993-05-08	汉	党员
福建漳州	无	林伟杰	男	1992-05-24	汉	团员
河南西平	工程师	杨勇	男	1979-08-01	汉	党员
山东青岛	无	邵世龙	男	1996-10-17	汉	团员
四川广安	助工	任涛	男	1987-02-01	汉	党员
吉林舒兰	无	李生誉	男	1986-05-07	汉	党员
河南焦作	无	姜炳聿	男	2000-02-13	汉	团员
江苏扬州	无	乔宇	男	2000-10-12	汉	团员
河北沧州	无	朱月笙	男	2001-08-20	汉	团员
安徽亳州	无	张田田	男	1996-12-04	汉	群众
广东江门	无	刘卓成	男	2000-08-23	汉	群众
吉林白城	助工	井奕程	男	1995-12-31	汉	团员
河南商丘	助工	刘春伟	男	1993-10-08	汉	党员
安徽潜山	工程师	张中林	男	1985-07-07	汉	党员

图 4-21　导出数据

Excel 还支持从文件、数据库、Azure 和其他数据源获取数据，如 SQL Server、Access、Oracle 等，Excel 与其他数据库软件的连接方式基本相似。需要注意的是，不同数据库中导出的数据格式不同，如达梦数据库导出的数据是文本型数据，如果需要进行计算，则需要利用函数或者其他方式对数据格式进行设置。

第 5 章　宏在航空机务质量控制工作中的应用

在航空机务质量控制工作中，每个工作日都需要制作航空装备的使用控制信息报表，报表的制作流程如下：

（1）从数据库中将飞机寿命信息、发动机寿命信息、周期性工作与有寿机件控制信息以及发动机滑油控制信息导入 Excel 对应的表格中；

（2）根据航空装备使用控制信息的计时单位进行筛选，将计时单位为天、小时、次的控制信息分别粘贴至日历型控制表、小时型控制表和计次型控制表；

（3）根据导入的飞机寿命信息、发动机寿命信息和发动机滑油控制信息，更新飞机、发动机和滑油使用时间与剩余使用时间；

（4）对飞机使用信息表、发动机使用信息表、滑油使用信息表、日历型控制表和时次型控制表中每一列数据进行格式设置；

（5）将上述表格进行打印。

制作这个报表是非常耗时的，并且它的制作流程、表格格式以及表格位置都是固定的，因此这是一个非常繁琐枯燥的重复操作。有没有更好的 Excel 操作方法可以自动完成这些重复的操作呢？事实上，Excel 中的宏就可以自动完成这项工作。

5.1　宏的基本操作

宏是 Excel 最强大的功能之一。宏是可用于自动执行 Excel 表格操作的一系列命令或函数组成的命令集。它几乎可以自动完成用户在 Excel 中进行的各种操作，极大地丰富了 Excel 的功能。通过 VBA 语言对宏代码进行编辑修改，还可以使宏执行许多特别的任务。宏既可以通过录制创建，也可以通过 VBA 编写，所以即使不懂 VBA 语言的用户也能使用宏。Excel 表格中的宏可以自动操作表格，能够极大地提高 Excel 表格操作效率。

使用宏可以自动执行重复的文档制作任务，简化繁冗的操作，还可以自动创建用户需要定期使用的文档，拓展了 Excel 功能的日常使用范围。那么，如何创建宏呢？在 Excel 中，可以使用两种方法来创建宏：一是利用 Excel 软件中的宏录制器录制用户的操作；二是使用 VBA 编辑器编写自己的宏代码，但是 VBA 中的对象、属性非常多，对于大部分初学者来说，确实有点困难。

在 Excel 的各个版本中录制宏的方法基本相似，下面以 Excel 2016 为例，演示如何录制宏。

Excel 中录制宏的办法：

步骤一：启用宏设置。打开 Excel 工作簿，如图 5-1 所示，依次单击图中①[文件]—②[选项]—③[信任中心]—④[信任中心设置]—⑤[宏设置]—⑥[启用所有宏]—⑦[确定]按钮，完成启用宏设置。

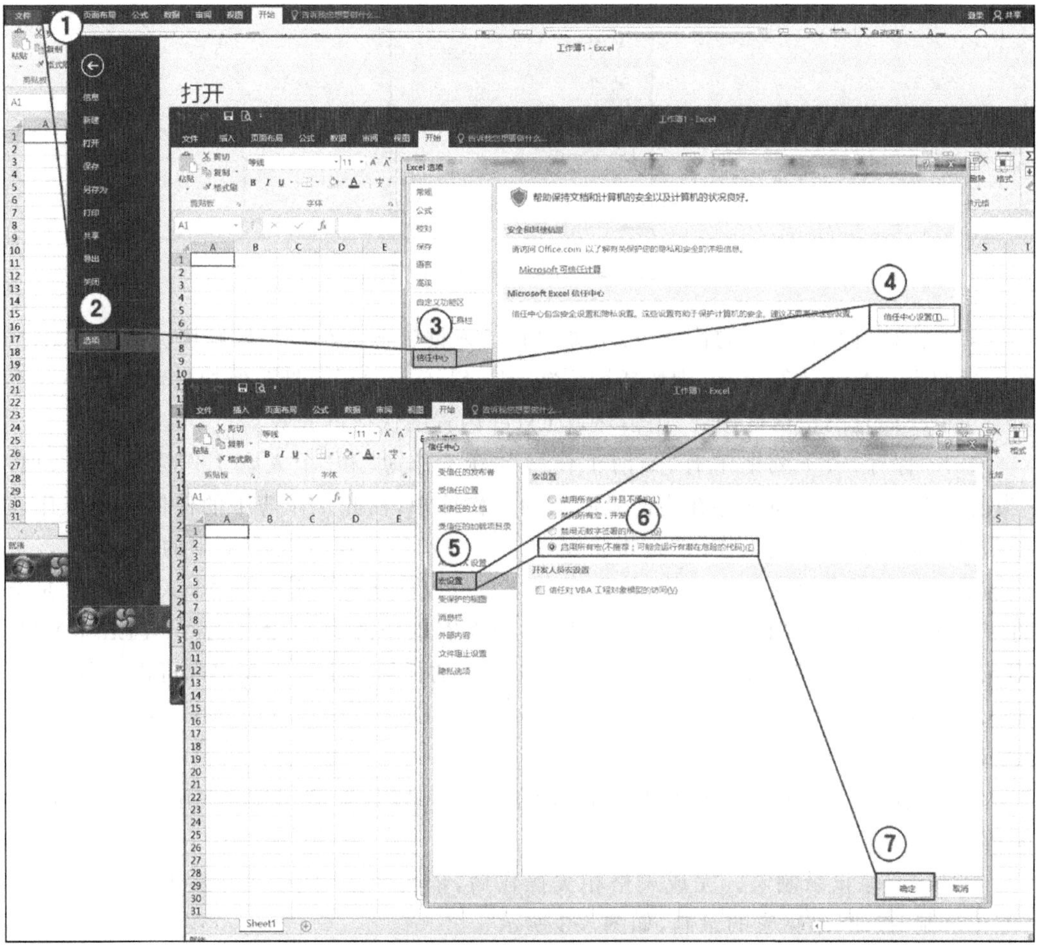

图 5-1　启用宏设置的操作步骤

步骤二：开始录制宏。进入 Excel 工作簿界面，如图 5-2 所示，依次单击图中①[开发工具]按钮—②[录制宏]按钮，在图中③处输入要录制的宏的名称、设置快捷键和宏的适用范围，单击[确定]按钮，即开始录制宏。此时，在 Excel 工作簿中按既定流程完成表格操作。

注意：

(1) 在[录制宏]的对话框中，如图 5-2 所示，“宏名”文本框的默认名为“宏＋宏顺序”，通常可以重新取一个更为简洁明了的宏名字方便后面使用，如本例命名为“飞机基本信息”。

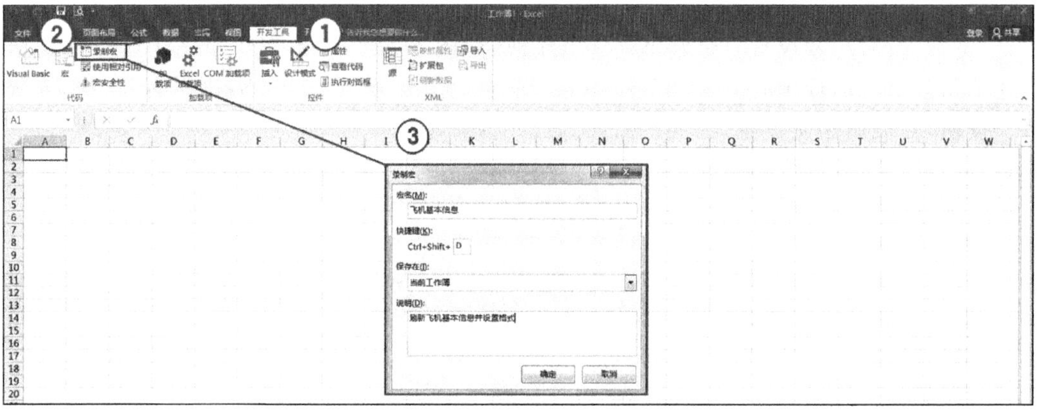

图 5-2　开始录制宏的操作

(2) 快捷键是执行宏的快捷方式,如果在输入框中输入小写字母则快捷键为"Ctrl+小写字母",而输入大写字母,则快捷键为"Ctrl+Shift+大写字母";但如果输入的小写字母与 Excel 内置的快捷键冲突,则会导致 Excel 内置的快捷键失效。

(3)"保存在"下列框中有"当前工作簿""新工作簿"和"个人宏工作簿"三个选项。"当前工作簿"是指宏将保存在当前录制宏的工作簿中,在此工作簿中的任何一个工作表中都可以运行该宏;"新工作簿"是指将新建一个工作簿来保存当前录制的宏,运行该宏之前需要打开保存该宏的工作簿(使用命令按钮或控件运行宏除外);"个人工作簿"是指将宏保存在一个名为"PERSONAL.XLSB"的个人宏工作簿中,宏的名字为"PERSONAL.XLSB! +宏名",则在该计算机任何一个工作簿中的任何一个工作表中都可以运行该宏,个人宏工作簿保存在"C:\Users\用户名\AppData\Roaming\Microsoft\Excel\XLSTART"文件夹中。

(4)"说明"文本框中可以填写录制宏的一些信息,如宏的用途、使用方式和录制时间等。

步骤三:停止录制宏。完成表格相关操作后,依次单击图中①[开发工具]按钮—②[停止录制]按钮,结束宏的录制,如图 5-3 所示。

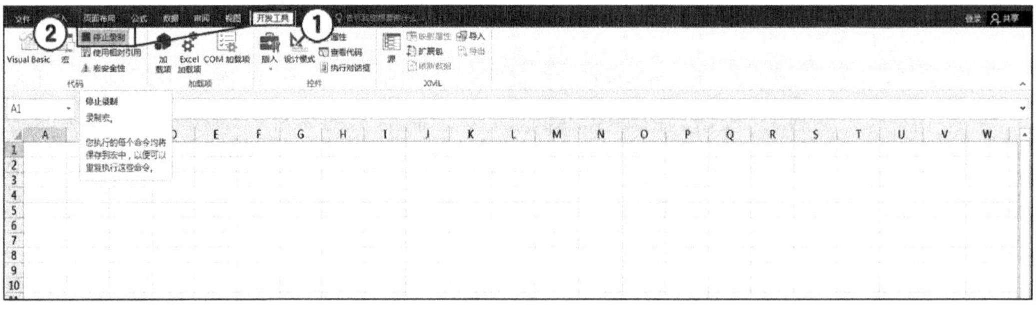

图 5-3　停止录制宏的操作

5.2 宏的运行方法

当宏录制完毕后，在 Excel 工作簿中就可以运行宏了。运行宏的方法有使用对话框、使用自定义的快捷键、使用自定义的工具按钮等，本节将介绍使用自定义的快捷键和使用对话框两种方式。

方法一：打开要运行宏的工作簿，输入录制宏时定义的快捷键，录制的宏将运行并完成宏中的所有操作。如果忘记自定义的快捷键，在图 5-4 中依次单击①[开发工具]按钮—②[宏]按钮，弹出[宏]对话框，选中对应的宏，如图 5-4③所示，单击图中④[选项]按钮，弹出[宏选项]对话框，如图 5-4⑤所示，可查看宏的快捷键设置。

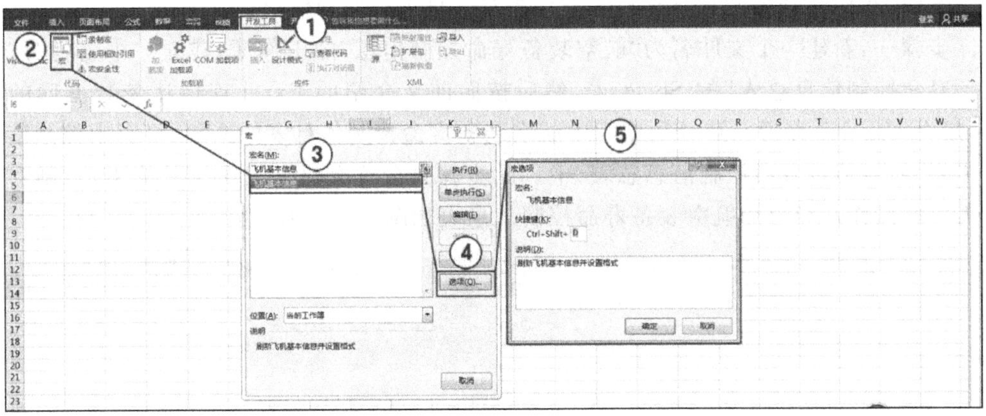

图 5-4　查看宏选项

方式二：打开要运行宏的工作簿，依次单击图 5-5 中①[开发工具]按钮—②[宏]按钮，弹出[宏]对话框，选中对应的宏，如图 5-5 中③所示，单击④[执行]按钮，宏将运行并完成宏中所有的操作。

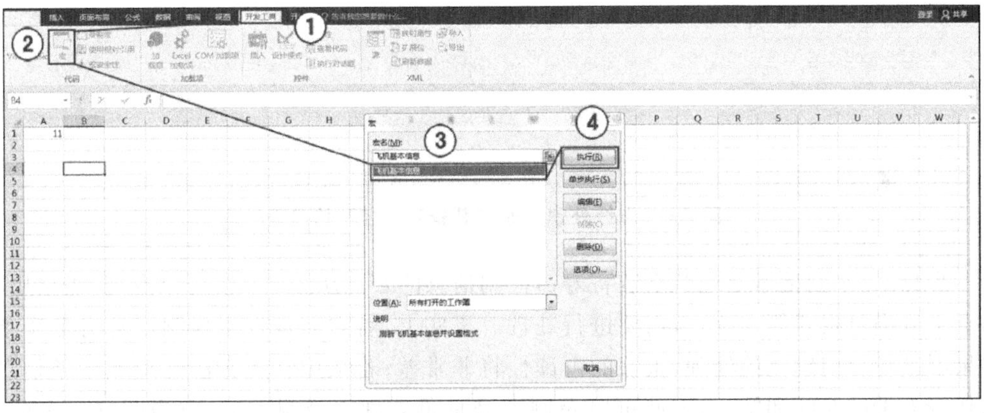

图 5-5　执行宏的操作

5.3 利用宏批量处理航空装备寿命控制信息

在航空机务维修中，机务总值班员需要航空装备寿命控制信息进行决策，制定机务维修保障计划和飞机飞行使用计划。航空维修保障支持系统是实施航空装备寿命控制管理的制式软件，包含了飞机、发动机和机件的所有寿命控制信息，但航空维修保障支持系统还不能将这些信息输出成可读性强的报表形式，并且不能随身携带，因此通常需要将这些信息导出到Excel表格中进行分门别类的编辑，然后打印成纸质报表，供机务总值班员等使用。此类报表的数据来源、格式等通常是固定不变的，因此可以使用Excel宏来完成这项机械重复的工作。

下面，我们将利用宏对航空装备寿命控制信息进行处理输出。

步骤一：新建一个文件名为"航空装备寿命控制信息"的工作簿，建立一个名为"航空装备寿命控制信息总表"的Sheet表，然后按照前文介绍的Excel连接达梦数据库的知识，建立Excel工作簿与达梦数据库中航空装备寿命控制信息表的连接，将表中控制信息导出到"航空装备寿命控制信息总表"中。此步骤只在首次建立工作簿时使用，录制宏时不需要此操作。导出的航空装备寿命控制信息表如图5-6所示。

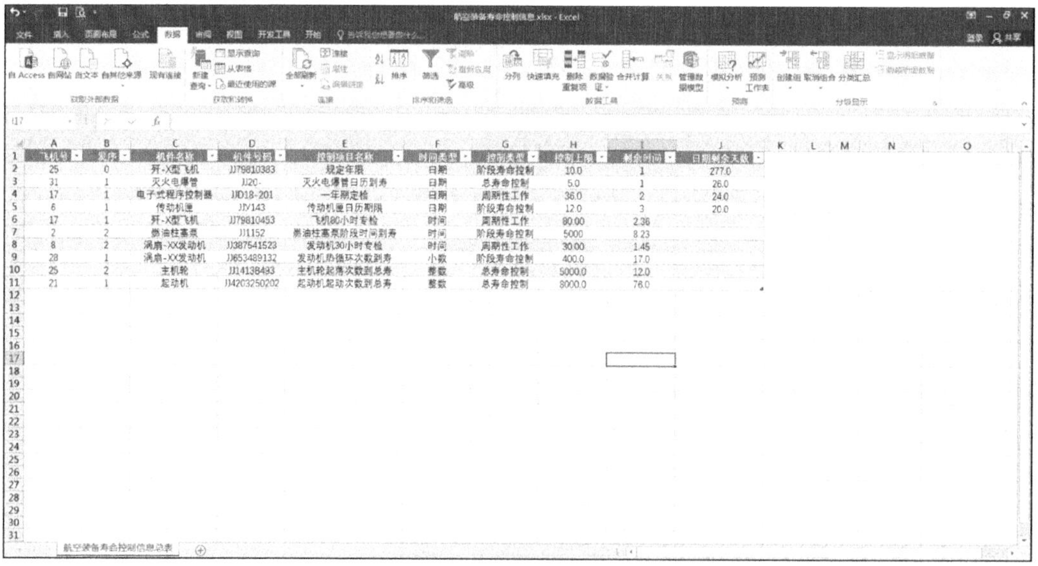

飞机号	架序	机件名称	机件号码	控制项目名称	时间类型	控制类型	控制上限	剩余时间	日期剩余天数
25	0	歼-X型飞机	JJ79810383	规定年限	日期	阶段寿命控制	10.0	1	277.0
31	1	灭火电爆管	JJ20-	灭火电爆管日历到寿	日期	总寿命控制	5.0	1	26.0
17	1	电子式程序控制器	JJD18-201	一年期定检	日期	周期性工作	36.0	2	24.0
6	1	传动机匣	JJY143	传动机匣日历期限	日期	阶段寿命控制	12.0	3	20.0
17	1	歼-X型飞机	JJ79810453	飞机80小时专检	时间	周期性工作	80.00	2.36	
2	2	燃油柱塞泵	JJ1152	燃油柱塞泵阶段时间到寿	时间	阶段寿命控制	5000	8.23	
8	2	涡扇-XX发动机	JJ387541523	发动机30小时专检	时间	周期性工作	30.00	1.45	
28	1	涡扇-XX发动机	JJ653489132	发动机热循环次数到寿	小数	阶段寿命控制	400.0	17.0	
25	2	主机轮	JJ14138493	主机轮起落次数到总寿	整数	总寿命控制	5000.0	12.0	
21	1	起动机	JJ4203250202	起动机起动次数到总寿	整数	总寿命控制	8000.0	76.0	

图5-6　未经处理的航空装备寿命控制信息表

步骤二：录制批量处理航空装备寿命控制信息的宏。从图5-6中可以发现，表格中的信息未分类且格式等未统一，需要进行处理。事实上，航空装备寿命控制信息有数千条，如果不进行分门别类的处理，报表的可读性将非常差；若采用常规方法处理数千条信息，将耗费大量的时间和精力，因此可以录制宏来批量处理。录制宏前，应当明确报表的详细操作流程，然后按照操作流程仔细操作，减少冗余操作，提高宏的运行效率，同时避免错误的发生。

处理航空装备寿命控制信息的操作流程：

(1) 刷新 Excel 工作簿的数据连接，获取最新的航空装备寿命控制信息。

(2) 新建一个名为“日历型控制表”的 Sheet 表，以“时间类型”为条件，筛选时间类型为日期的控制信息，然后将控制信息及标题复制粘贴至“日历型控制表”中；对“日历型控制表”进行编辑，将“剩余时间”列删除，将单元格线框设置为黑色实线框，对齐方式选择“水平居中”和“垂直居中”，数字设置为带 1 位小数点的数值格式，字体为“仿宋_GB2312”，字号为 12 号，标题栏文字加粗，背景色填充选取白色；对页面进行设置，页边距选择“普通”，纸张方向选择“横向”，纸张大小选择“A4”，列宽选择“自动调整列宽”，打印标题选择标题所在的区域。

(3) 新建一个名为“小时型控制表”的 Sheet 表，以“时间类型”为条件，筛选时间类型为时间的控制信息，然后将控制信息及标题复制粘贴至“小时型控制表”中；对“小时型控制表”进行编辑，将“日期剩余天数”列删除，将单元格线框设置为黑色实线框，对齐方式选择“水平居中”和“垂直居中”，数字设置为带 1 位小数点的数值格式，字体为“仿宋_GB2312”，字号为 12 号，标题栏文字加粗，背景色填充选取白色；对页面进行设置，页边距选择“普通”，纸张方向选择“横向”，纸张大小选择“A4”，列宽选择“自动调整列宽”，打印标题选择标题所在的区域。

(4) 新建一个名为“计次型控制表”的 Sheet 表，以“时间类型”为条件，筛选时间类型为不为日期、时间的控制信息，然后将控制信息及标题复制粘贴至“计次型控制表”中；对“计次型控制表”进行编辑，将“日期剩余天数”列删除，将单元格线框设置为黑色实线框，对齐方式选择“水平居中”和“垂直居中”，数字设置为带 1 位小数点的数值格式，字体为“仿宋_GB2312”，字号为 12 号，标题栏文字加粗，背景色填充选取白色；对页面进行设置，页边距选择“普通”，纸张方向选择“横向”，纸张大小选择“A4”，列宽选择“自动调整列宽”，打印标题选择标题所在的区域。

(5) 选择“日历型控制表”，点击[打印]按钮进行打印，然后按同样方法打印“小时型控制表”和“计次型控制表”。

按照录制宏的操作，点击[录制宏]按钮后，将宏命名为“航空装备寿命控制信息处理”，将快捷键设置为“Ctrl＋Shift＋J”，保存在“当前工作簿”，点击[确定]按钮开始录制，按照上述(1)～(5)流程对航空装备寿命控制信息工作簿进行操作，完成操作后，点击“停止录制”，部分代码如图 5-7 所示。

步骤三：后续每次处理航空装备寿命控制信息时，打开该工作簿，按下快捷键“Ctrl＋Shift＋J”，宏将自动进行处理并打印，效果如图 5-8 所示。

通过录制宏来批量处理航空装备寿命控制信息，大大提高了人员工作效率，同时宏的学习成本极低，非常容易上手，适合初学者。但是录制的宏有代码量偏多、运行效率不高等缺点，使用 VBA 可以编写完成相同操作但代码更简洁、运行效率更高的程序。

图 5-7　录制宏的部分代码

图 5-8　运行宏的效果图

第 6 章　Excel VBA 在航空机务质量控制工作中的应用

在航空机务质量控制工作中，可以使用 Excel 的宏录制功能帮助我们自动处理 Excel 表格，提高工作效率。但是仍然有许多工作是宏不能完成的，如设置自定义函数、文件操作以及开发人机交互式应用程序等。深入学习 Excel VBA，在航空机务质量控制工作中灵活应用 VBA，可以开发出许多有价值的质量控制工作程序，帮助我们快速准确地完成质量控制工作。

6.1　Excel VBA 的开发环境与自定义函数

在航空机务质量控制工作中，通常使用 Excel 来统计飞机、发动机使用时间，并制作相应的报表。但是在航空机务维修领域，飞机、发动机使用时间是采用六十进制计算的，而 Excel 内置函数是用于十进制数据计算的，不能用于六十进制数据的计算，否则会导致结果错误。

在航空机务质量控制工作中，六十进制的数据计算极其频繁，如果能在 Excel 中开发用于六十进制数据计算的函数，那么将对质量控制工作带来极大的便利。图 6-1 是某部十月份飞机飞行时间表，现在需要分别统计每日飞行时间、每架飞机当月总飞行时间和该部十月份飞机总飞行时间，使用 Excel 内置的函数计算得到的结果是错误的，如表中“合

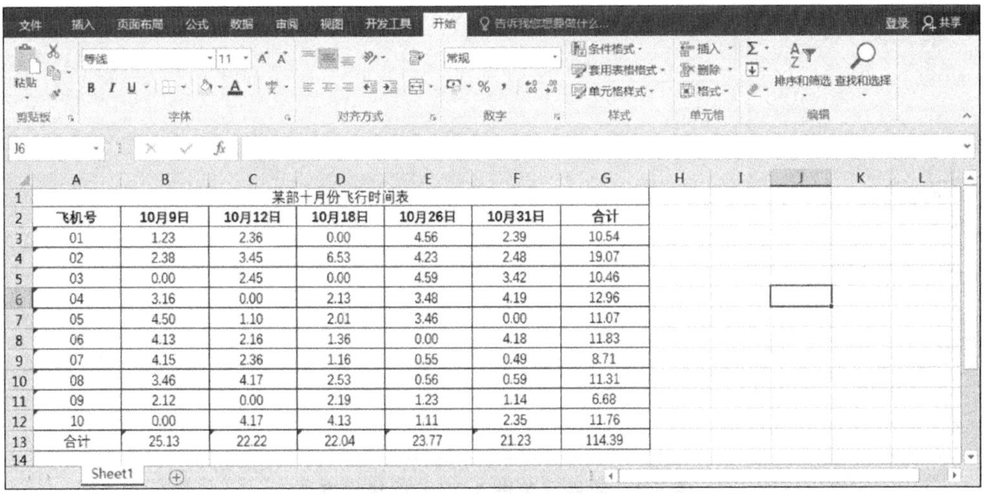

某部十月份飞行时间表						
飞机号	10月9日	10月12日	10月18日	10月26日	10月31日	合计
01	1.23	2.36	0.00	4.56	2.39	10.54
02	2.38	3.45	6.53	4.23	2.48	19.07
03	0.00	2.45	0.00	4.59	3.42	10.46
04	3.16	0.00	2.13	3.48	4.19	12.96
05	4.50	1.10	2.01	3.46	0.00	11.07
06	4.13	2.16	1.36	0.00	4.18	11.83
07	4.15	2.36	1.16	0.55	0.49	8.71
08	3.46	4.17	2.53	0.56	0.59	11.31
09	2.12	0.00	2.19	1.23	1.14	6.68
10	0.00	4.17	4.13	1.11	2.35	11.76
合计	25.13	22.22	22.04	23.77	21.23	114.39

图 6-1　某部十月份飞机飞行时间表

计"栏所示;如果需要计算准确,只能将飞行时间分成整数和小数,整数部分直接相加,小数部分相加后再转成小时和分钟,过程非常繁琐。事实上,使用 Excel VBA 可以编写用于六十进制数据计算的函数,可以非常便捷地得到需要的结果。使用 Excel VBA 编程之前,我们先学习一下 Excel VBA 的开发环境,为后续编程打下基础。

6.1.1 Excel VBA 的开发环境

Excel VBA 的编程需要在 VBE 中进行,VBE 是一个拥有独立操作窗口的应用程序,与 Excel、Word 等 Office 办公组件可以无缝结合。但是,要使用 VBE,必须先运行 Excel、Word 等办公组件,然后才能打开 VBE 的操作窗口。VBE 是编写和调试 VBA 代码的工具,我们在这个环境中可以完成 VBA 函数的创建、用户窗体的创建、对象属性的编辑以及 VBA 程序的调试。

在 Excel 2016 中,打开 VBE 的方式有以下两种:

(1) 使用快捷键进入。在打开的 Excel 工作簿中,按下快捷键"Alt+F11"即可进入 VBE 的操作窗口。

(2) 使用菜单进入。在打开的 Excel 工作簿中,首先单击图 6-2①[开发工具]按钮,在[代码]选项卡中单击②[Visual Basic]按钮,即可进入到③VBE 的操作窗口。

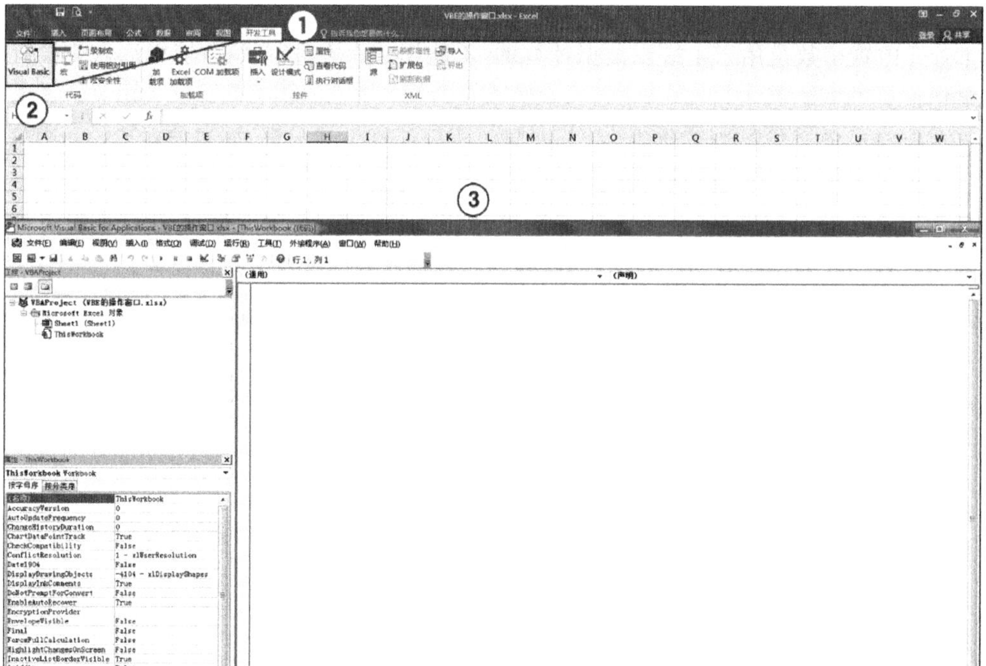

图 6-2 使用菜单进入 VBE 的操作方法

打开的 VBE 操作界面各部分组成如图 6-3 所示，各部分主要功能如下：

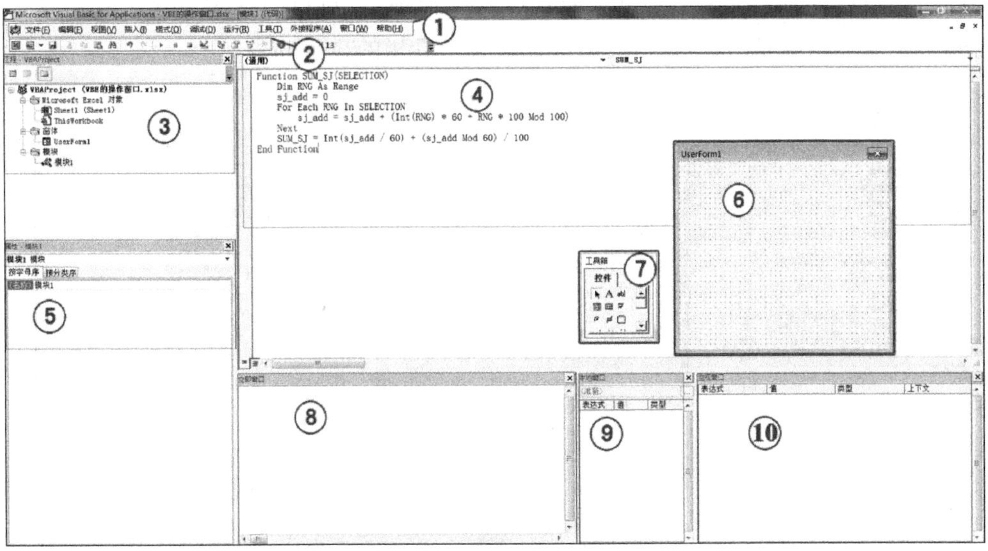

图 6-3　VBE 操作界面组成部分

① 菜单栏。VBE 的菜单栏包括文件、编辑、视图、插入、格式、调试、运行、工具、外接程序、窗口以及帮助等 11 个菜单选项，每个菜单选项下又包含数个菜单命令或子菜单，绝大部分的操作都可以在菜单下或子菜单下找到对应的命令。

文件：主要是用于代码文件保存、导入、导出以及退出代码编写的操作。

编辑：主要是用于对代码进行撤消、复制、清除、查找、格式显示等编辑，以及显示属性、方法、常数和快速列表等，编辑菜单只有代码窗口被选中才能使用。

视图：主要是用于对 VBE 窗口（如代码窗口、对象窗口、对象浏览器、立即窗口、本地窗口以及监视窗口）进行隐藏或显示管理。视图菜单控制 VBE 窗口的外观显示。

插入：主要是用于插入过程、用户窗体、模块、类模块以及文件。

格式：主要是用于对添加的各种控件的位置、大小和顺序进行调整。

调试：主要是用于对程序代码进行各种情况下的编译、调试以及监视等操作。

运行：主要是用于对程序进行运行、中断、重新设置和设计模式等操作。

工具：主要是用于对引用、VBE 选项、宏、VBA Project 属性以及数字签名进行管理等操作。

外接程序：主要是用于对各种外接程序的加载行为进行管理。

窗口：主要是用于对窗口的显示方式、图标排列以及多个运行模块切换进行管理。

帮助：主要是用于打开 VBE 及相关帮助文档的链接。

② 工具栏。VBE 的工具栏包含编辑、标准、菜单条、快捷菜单、调试和用户窗体 6 个工具。Excel 2016 在默认情况下，[标准]和[菜单条]工具栏显示在菜单栏下方，可以对工具栏进行移动、停靠、显示和隐藏等操作，也可以根据自身需要显示相应的工具栏，操作方法如图 6-4 所示。首先点击“视图”菜单，在下拉菜单中点击“工具栏”子菜单，然后再

点击“自定义”命令，弹出[自定义]对话框，图中①显示的是[工具栏]选项卡，可以勾选需要在工具栏显示的样式；图中②显示的是[命令]选项卡，可以勾选需要在工具栏显示的命令；图中③显示的是[选项]选项卡，可以设置工具栏的显示方式。

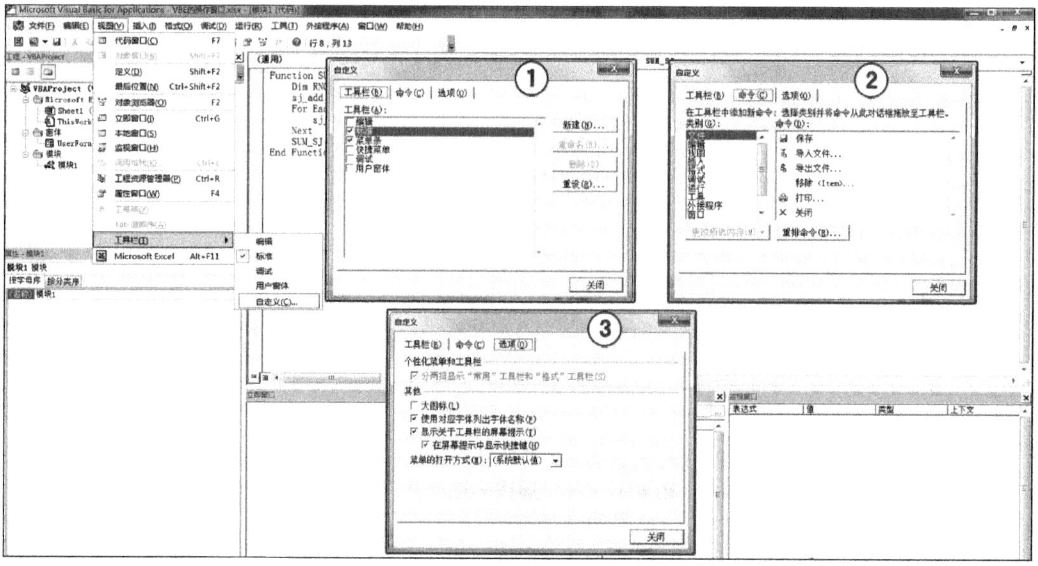

图 6-4　自定义工具栏的操作方法

③ 工程资源管理器。如其他编程语言一样，VBE 使用工程资源管理器来管理 VBA 的工程项目，将每个工作簿作为一个相对独立的工程，在 Excel 中打开的所有工作簿都集中在工程资源管理器中进行管理，还可以管理自定义的用户窗体和模块。

④ 代码窗口。在 Excel 中，每个工作表、每个模块以及每个窗体都有一个对应的代码窗口，在工程资源管理器中用鼠标双击对应的对象，即可打开对应的代码窗口。

⑤ 属性窗口。属性窗口是用于对象属性设置的窗口，每一个对象都有一个对应的属性窗口，在工程资源管理器中用鼠标双击对应的对象，即可打开对应的属性窗口。在属性窗口中，左边为对象属性的属性名，右边为对象属性的属性值，属性的设置既可以单击下拉框进行选择，也可以直接输入对应的属性值。

⑥ 用户窗体。用户窗体是用于设计用户与系统交互式操作用户界面的工具，使用用户窗体不仅可以保护数据、简化操作步骤，还可以提高应用程序的美观度。

⑦ 工具箱。工具箱含有窗体设计的大多数控件，可以替用户设计美观大方的用户界面。工具箱默认控件通常有 16 个，也可以设置显示的控件种类和数量，方法是用鼠标右键单击[工具箱]，然后选择[附加控件]，在弹出的[附加控件]对话框中勾选需要显示的控件即可。

⑧ 立即窗口。立即窗口主要用于执行单句代码和显示使用语句 Debug.Print 输出的结果。

⑨ 本地窗口。本地窗口主要用于自动显示程序中所有在当前过程中的变量声明及

变量值。

⑩ 监视窗口。监视窗口主要用于监视程序调试时在中断模式下对象及变量的变化过程。

熟悉了 VBE 操作窗口后，我们就可以在代码窗口编写自定义函数或过程。由于 Excel VBA 是编程语言 VB 的子集，学习过 VB 的用户再学习 VBA 将非常快，同时市面上讲授 VBA 语法的教材非常多，本书将着重讨论 Excel VBA 与航空机务质量控制业务的结合应用，不再对 VBA 语法进行赘述。

6.1.2　Excel VBA 自定义函数

Excel 提供了数百个工作簿函数供机务人员使用，除了利用 Excel 内置的函数，还可以使用 Excel VBA 设计满足自己个性化需求的函数，更加精准地对接质量控制业务工作的实际需求，提升工作效率。

事实上，Excel VBA 中子程序与自定义函数在程序代码和结构上没有多大区别，唯一的区别在于自定义函数的返回值只有一个，并且只能通过表达式来调用。自定义函数既可以有参数，也可以没有参数，如果没有参数，那么 Function 语句必须包含一对空圆括号。自定义函数既可以在 Excel 工作簿中直接调用，也可以被其他子程序调用，还可以被其他函数调用，使用非常灵活。

下面我们来看一个质量控制工作中最常用的计算时间的案例，如图 6-5 所示，现在需要计算每个控制项目的剩余时次。观察发现，表中数据既有计时单位为次的，也有计时单位为小时的。计时单位为次的数据是十进制的，可以在单元格中直接相减，即使用“G6＝F6－E6”就可获得正确结果；计时单位为小时的数据是六十进制的，既不能使用“G3＝F3－E3”，也不能使用 Excel 内置函数，那么可以设计一个 VBA 的自定义函数。

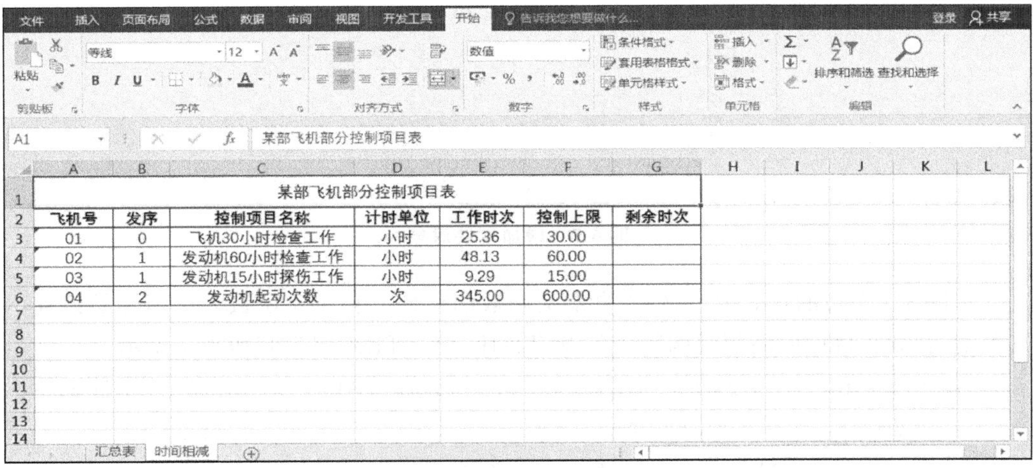

图 6-5　某部飞机部分控制项目表

按快捷键“Alt＋F11”进入 VBE 操作窗口，点击“插入”菜单下的“模块”命令，如图 6-6 所示，在工程资源管理器下增加了一个模块对象，如图 6-7 所示。

图 6-6 插入模块

图 6-7 增加模块对象

在图 6-7 右边的代码窗口，输入自定义函数的代码。自定义函数名应当容易记且不容易混淆，如本例中时间相减函数命名为“TIME_SUBTRACT”，代码如下所示：

```
Public Function TIME_SUBTRACT(A As Single,B As Single) As Single
    Dim T_A,T_B,T_C,T_D As Single
    T_A = Int(A) * 60 + (A * 100 - Int(A) * 100)
    T_B = Int(B) * 60 + (B * 100 - Int(B) * 100)
    T_C = T_A - T_B
    T_D = Int(T_C/60) + (T_C Mod 60)/100
```

```
    TIME_SUBTRACT = T_D
End Function
```

该程序中第一行代码是定义函数的名称和参数、函数返回值的数据类型。注意：自定义函数一定要采用“Function”声明。

第二行代码是声明函数中需要使用的变量数据类型。

第三行代码是将第一个参数拆分为整数（小时）和小数点（分钟）部分，然后将整数部分转化为分钟，小数点部分乘以 100 转化为分钟，最后相加。

第四行代码是将第二个参数拆分为整数（小时）和小数点（分钟）部分，然后将整数部分转化为分钟，小数点部分乘以 100 转化为分钟，最后相加。

第五行代码是将转换后的第一个参数减去转换后的第二个参数。

第六行代码是将相减后的结果转换为小时格式，转换的方法是先将第五行代码结果除以 60 取整获得小时的整数部分；然后将第五行代码结果除以 60 取余数，将余数再除以 100，获得小时的小数点部分；最后相加，获得分钟转换成小时的结果。

第七行代码是将结果赋值给函数，作为返回值，此步必不可少。也可以将第六行与第七行合并成“TIME_SUBTRACT ＝ Int(T_C / 60) ＋ (T_C Mod 60)/100”。

第八行代码是结束函数。

注意：在声明变量的数据类型时要注意数据类型的数据范围，特别是 Integer 整数类型，它的数据范围是“－32768～32767”，函数运行过程中容易超出数据范围导致运行失败。

函数的代码编写完成后，我们在 Excel 工作簿中进行调用。在单元格中，输入自定义函数的前面几个字母会自动提示自定义函数，如图 6-8 所示，与 Excel 内置的函数相同。在单元格中继续输入“＝ TIME_SUBTRACT(F3,E3)”后回车，即可获得六十进制下的计算结果，向下填充至单元格 G5 即可获得全部结果，与调用 Excel 内置的函数完全一样，如图 6-9 所示。

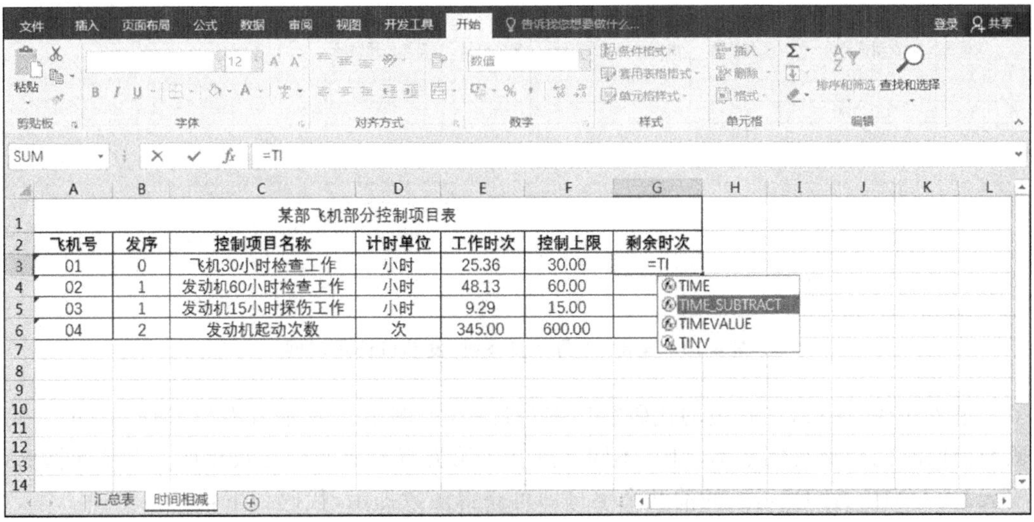

图 6-8　时间相减函数调用提示

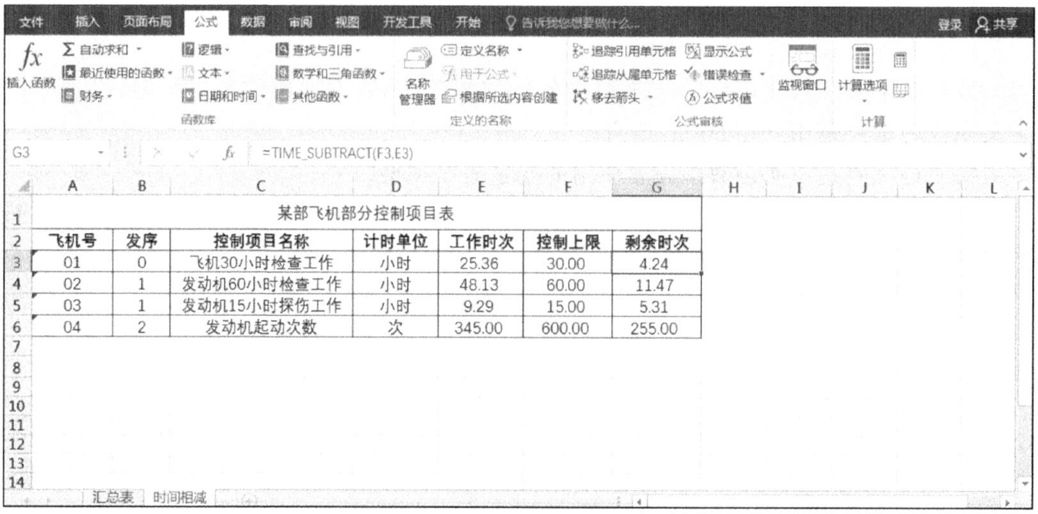

图 6-9　时间相减函数计算结果

除了六十进制时间的相减，在质量控制工作中，还经常需要进行时间相加，下面我们来学习一个时间相加的案例。图 6-10 所示是某部 11 月 3 日的飞机、发动机使用时间，现在需要统计逐架飞机的当日发动机使用时间（地面使用时间与空中时间之和）。在 Excel 中没有内置六十进制相加的函数，现在我们来设计一个时间相加的自定义函数。

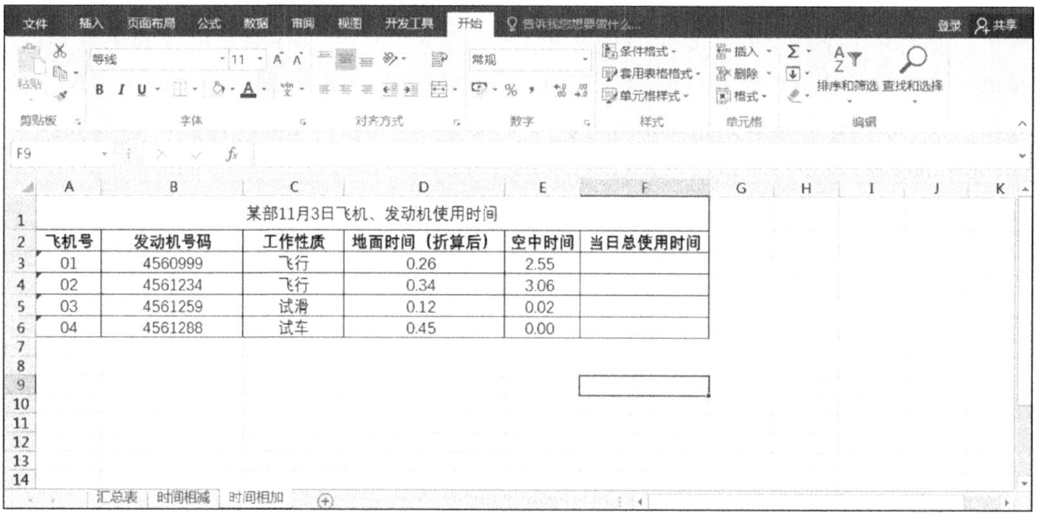

图 6-10　某部 11 月 3 日飞机、发动机使用时间

进入 VBE 窗口，在右边的代码窗口编写代码，本例中函数命名为“TIME_ADD”，代码与前面时间相减案例基本相同，不同之处在于第五行改成两个参数相加。在单元格 F3 输入“=TIME_ADD”函数的前几个字母即可获得函数提示，代码如下：

```
Public Function TIME_ADD(A As Single,B As Single) As Single
    Dim T_A,T_B,T_C,T_D As Single
    T_A = Int(A) * 60 + (A * 100 - Int(A) * 100)
    T_B = Int(B) * 60 + (B * 100 - Int(B) * 100)
    T_C = T_A + T_B
    T_D = Int(T_C/60) + (T_C Mod 60)/100
    TIME_ADD = T_D
End Function
```

时间相加函数调用及计算结果如图 6-11 和图 6-12 所示。

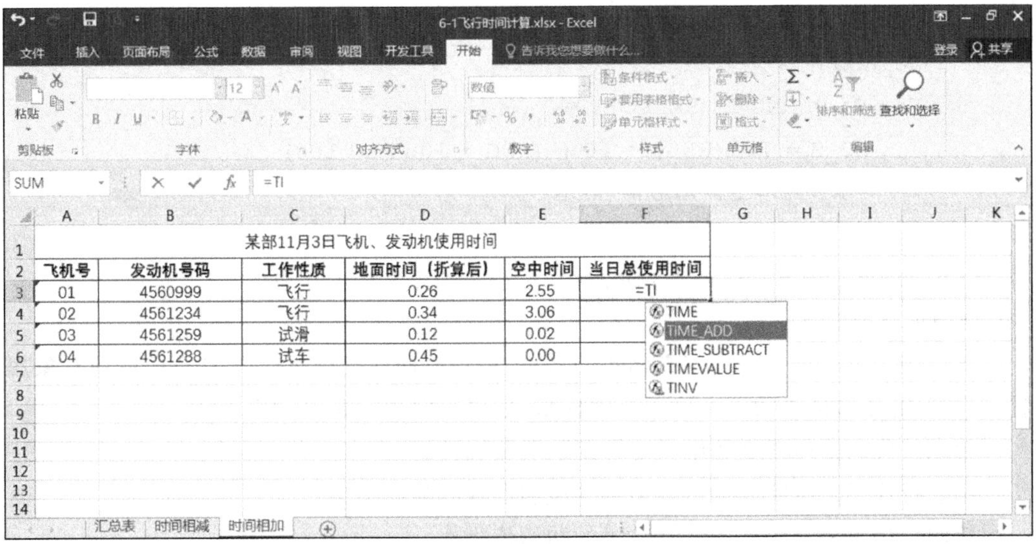

图 6-11　时间相加函数调用提示

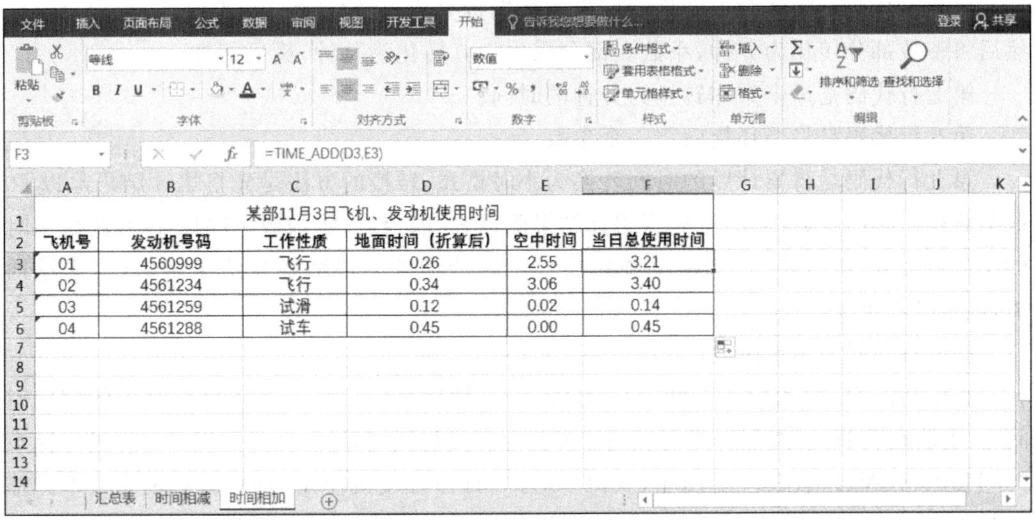

图 6-12　时间相加函数计算结果

在 Excel 中，除了两个参数相加、相减外，有时需要对多个参数求和，如 Excel 的内置 SUM 函数可以对选定区域单元格求和，在航空机务质量控制工作中，我们同样需要对多个参数进行求和，如图 6-1 中分别统计每日飞行时间、每架飞机当月总飞行时间和该部十月份总飞行时间时需要对多个参数进行求和，现在可以设计一个 Excel VBA 函数来对多个六十进制时间数据求和。

进入 VBE 窗口，在右边的代码窗口编写代码，本例中函数命名为“TIME_SUM”，代码如下：

```
Public Function TIME_SUM(SELECTION As Range) As Single
    Dim RNG As Range
    Dim SJ_S,SJ_ADD As Single
    SJ_ADD = 0
    For Each RNG In SELECTION
        SJ_S = Int(RNG) * 60 + (RNG * 100 Mod 100)
        SJ_ADD = SJ_ADD + SJ_S
    Next
    TIME_SUM = Int(SJ_ADD/60) + (SJ_ADD Mod 60)/100
End Function
```

该程序中第一行代码是定义函数的名称、函数返回值的数据类型以及参数的对象属性。注意：此函数的参数是一个单元格区域，所以声明为 Range 对象。

第二行代码是声明函数中需要使用的对象属性。

第三行代码是声明计算过程中需要使用参数的数据类型。

第四行代码是声明累计计算结果的初始值为 0。

第五行代码是一个循环体的开始，遍历选定的单元格区域，逐个取出单元格的数据。

第六行代码是将逐个单元格中取出的数据拆分为整数（小时）和小数点（分钟）部分，然后将整数部分转化为分钟，小数点部分乘以 100 转化为分钟，最后相加。

第七行代码是逐个累加转换为分钟的时间。

第八行代码是将循环指向下一个参数。

第九行代码是将累计后的时间转换为小时格式，转换的方法是先将累计结果除以 60 取整获得小时的整数部分；然后将累计结果除以 60 取余数，将余数再除以 100，获得小时的小数点部分；最后相加，获得分钟转换成小时的结果。将结果赋值给函数，作为返回值，此步必不可少。

第十行代码是结束函数。

在单元格 H3 输入“=TIME_SUM(B3:F3)”后回车，获得 01 号飞机十月份的使用时间，向下填充至 H12 单元格，即可获得十月份逐架飞机使用时间；在单元格 B14 中输入函数“=TIME_SUM(B3:B12)”后回车，获得 10 月 9 日当日飞机使用时间，向右填充至单元格 F14，获得十月份逐日飞机使用时间；在单元格 H14 输入函数“=TIME_SUM(B3:F12)”后回车，可获得十月份飞机总使用时间。与 Excel 内置 SUM 函数比较一下，可以发现调用方法相同，但是 TIME_SUM 函数计算六十进制数据更为准确，如图 6-13 所示。

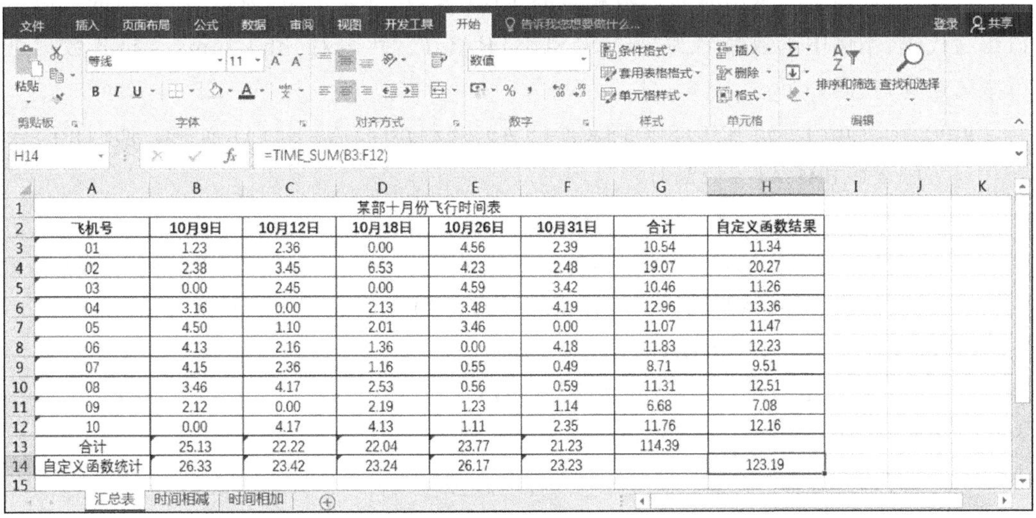

某部十月份飞行时间表							
飞机号	10月9日	10月12日	10月18日	10月26日	10月31日	合计	自定义函数结果
01	1.23	2.36	0.00	4.56	2.39	10.54	11.34
02	2.38	3.45	6.53	4.23	2.48	19.07	20.27
03	0.00	2.45	0.00	4.59	3.42	10.46	11.26
04	3.16	0.00	2.13	3.48	4.19	12.96	13.36
05	4.50	1.10	2.01	3.46	0.00	11.07	11.47
06	4.13	2.16	1.36	0.00	4.18	11.83	12.23
07	4.15	2.36	1.16	0.55	0.49	8.71	9.51
08	3.46	4.17	2.53	0.56	0.59	11.31	12.51
09	2.12	0.00	2.19	1.23	1.14	6.68	7.08
10	0.00	4.17	4.13	1.11	2.35	11.76	12.16
合计	25.13	22.22	22.04	23.77	21.23	114.39	
自定义函数统计	26.33	23.42	23.24	26.17	23.23		123.19

图 6-13　自定义函数与 Excel 内置 SUM 函数计算结果对比

质量控制工作中，从新版航空维修保障支持系统中导出的文本型[hh]:mm:ss 格式如图 6-14 所示，现在需要分别计算飞机总使用时间(逐架飞机飞行时间求和)、逐架飞机剩余寿命(飞机规定寿命减去飞机飞行时间)和飞机总剩余寿命(逐架飞机剩余寿命求和)。而在 Excel 中，文本型的数据不能直接进行运算，因此需要进行格式转换，由于文本型数据转换成数值型数据操作比较繁琐，并且转换后的数据形式不为[hh]:mm:ss 型，可

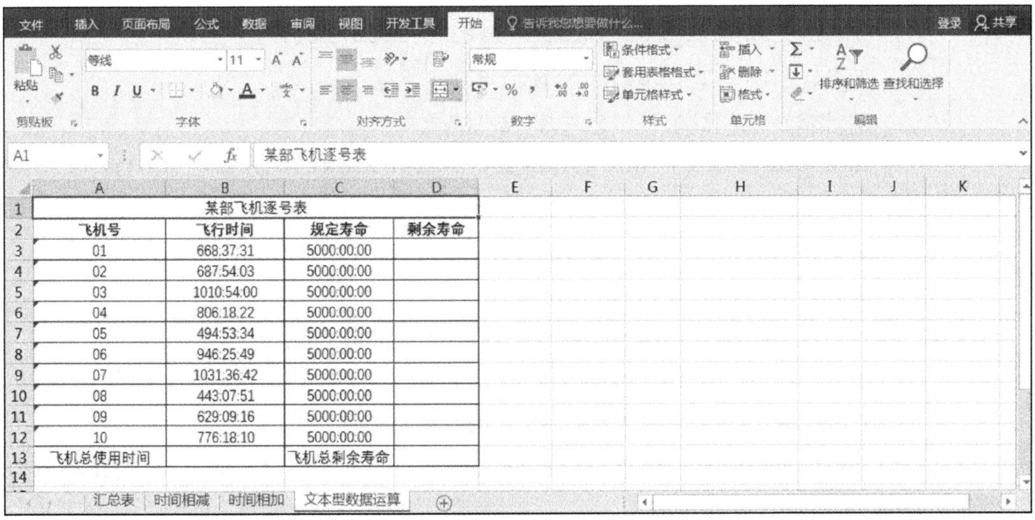

某部飞机逐号表			
飞机号	飞行时间	规定寿命	剩余寿命
01	668:37:31	5000:00:00	
02	687:54:03	5000:00:00	
03	1010:54:00	5000:00:00	
04	806:18:22	5000:00:00	
05	494:53:34	5000:00:00	
06	946:25:49	5000:00:00	
07	1031:36:42	5000:00:00	
08	443:07:51	5000:00:00	
09	629:09:16	5000:00:00	
10	776:18:10	5000:00:00	
飞机总使用时间		飞机总剩余寿命	

图 6-14　航空维修保障支持系统导出的文本型格式时间表

读性较差。为减少格式转换操作和提升阅读体验，可以编写两个文本型时间参数相减（相加）以及多个文本型时间参数求和的 VBA 函数。

首先，设计两个文本型时间参数相减的 VBA 函数，进入 VBE 窗口，在右边的代码窗口编写代码，本例中函数命名为“HMS_SUBTRACT”，代表对[hh]:mm:ss 格式数据进行减法运算，代码如下：

```
Public Function HMS_SUBTRACT(A As String,B As String) As String
    Dim U_HMS As String
    Dim T_H1,T_M1,T_S1 As Single
    Dim T_HA,T_MA,T_SA,T_A,T_B,T_SUBTRACT,T_HB,T_MB,T_SB As Single
    A = WorksheetFunction.Text(Trim(A),"[hh]:mm:ss")
    T_HA = Int(Left(A,Len(A)- 6))
    T_MA = Int(Mid(A,Len(A)- 4,2))
    T_SA = Int(Right(A,2))
    T_A = T_HA * 3600 + T_MA * 60 + T_SA
    B = WorksheetFunction.Text(Trim(B),"[hh]:mm:ss")
    T_HB = Int(Left(B,Len(B) - 6))
    T_MB = Int(Mid(B,Len(B) - 4,2))
    T_SB = Int(Right(B,2))
    T_B = T_HB * 3600 + T_MB * 60 + T_SB
    T_SUBTRACT = T_A - T_B
    If T_SUBTRACT >= 0 Then
        T_H1 = Int(T_SUBTRACT/3600)
        T_M1 = Int((T_SUBTRACT - T_H1 * 3600)/60)
        T_S1 = Int(T_SUBTRACT Mod 60)
        U_HMS = T_H1 & ":" & T_M1 & ":" & T_S1
        HMS_SUBTRACT = WorksheetFunction.Text(U_HMS,"[hh]:mm:ss")
    Else
        T_SUBTRACT = - T_SUBTRACT
        T_H1 = Int(T_SUBTRACT/3600)
        T_M1 = Int((T_SUBTRACT - T_H1 * 3600)/60)
        T_S1 = Int(T_SUBTRACT Mod 60)
        U_HMS = T_H1 & ":" & T_M1 & ":" & T_S1
        HMS_SUBTRACT = "- " & WorksheetFunction.Text(U_HMS,"[hh]:mm:ss")
    End If
End Function
```

该程序中第一行代码是定义函数的名称、函数返回值的数据类型。注意：此函数的参数及返回值都声明为字符串类型。

第二、三、四行代码是声明函数中需要参数的数据类型。

第五行代码是将获得的第一个参数格式固定为[hh]：mm：ss 形式的字符串。

第六、七、八行代码是分别提取第一个参数中小时、分钟和秒的数值。

第九行代码是将第一个参数转换为单位为秒的时间数值。

第十行代码是将获得的第二个参数格式固定为[hh]：mm：ss 形式的字符串。

第十一、十二、十三行代码是分别提取第二个参数中小时、分钟和秒的数值。

第十四行代码是将第二个参数转换为单位为秒的时间数值。

第十五行代码是将获得两个参数相减后的数值，单位为秒。

第十六行至第二十一行代码是将第十五行结果为正数的时间转化为[hh]：mm：ss 形式的文本型时间，并返回。

第二十二行至第二十九行代码是将第十四行结果为负数的时间转化为[hh]：mm：ss 形式的文本型时间，并返回。

第三十行代码是结束函数。

在单元格 D3 中输入"＝HMS_ SUBTRACT(C3，B3)"后回车，向下填充至单元格 D12，即可获得逐架飞机的剩余寿命，如图 6-15 所示。

某部飞机逐号表			
飞机号	飞行时间	规定寿命	剩余寿命
01	668:37:31	5000:00:00	4331:22:29
02	687:54:03	5000:00:00	4312:05:57
03	1010:54:00	5000:00:00	3989:06:00
04	806:18:22	5000:00:00	4193:41:38
05	494:53:34	5000:00:00	4505:06:26
06	946:25:49	5000:00:00	4053:34:11
07	1031:36:42	5000:00:00	3968:23:18
08	443:07:51	5000:00:00	4556:52:09
09	629:09:16	5000:00:00	4370:50:44
10	776:18:10	5000:00:00	4223:41:50
飞机总使用时间		飞机总剩余寿命	

图 6-15　剩余寿命计算结果

两个文本型时间参数相加的函数与相减的函数基本一致，只需要将第十五行代码相减改为相加即可，其余保持不变。

其次，设计多个文本型时间参数求和的 VBA 函数，进入 VBE 窗口，在右边的代码窗口编写代码，本例中函数命名为"HMS_SUM"，代表对[hh]：mm：ss 格式数据进行求和运算，代码如下：

```
Public Function HMS_SUM(SELECTION As Range) As String
    Dim rng As Range
    Dim T_HMS,U_H1,U_M1,U_S1,U_HMS As String
    Dim T_H,T_M,T_S,T_ADD,T_H1,T_M1,T_S1 As String
    T_ADD = 0
    For Each rng In SELECTION
        T_HMS = WorksheetFunction.Text(rng,"[hh]:mm:ss")
        T_H = Int(Left(T_HMS,Len(T_HMS) - 6))
        T_M = Int(Mid(T_HMS,Len(T_HMS) - 4,2))
        T_S = Int(Right(T_HMS,2))
        T_ADD = T_ADD + T_H * 3600 + T_M * 60 + T_S
    Next
    T_H1 = Int(T_ADD/3600)
    T_M1 = Int((T_ADD - T_H1 * 3600)/60)
    T_S1 = Int(T_ADD Mod 60)
    U_HMS = T_H1 & ":" & T_M1 & ":" & T_S1
    HMS_SUM = WorksheetFunction.Text(U_HMS,"[hh]:mm:ss")
End Function
```

该程序中第一行代码是定义函数的名称、函数返回值的数据类型以及参数的对象属性。注意：此函数的参数是一个单元格区域，所以声明为 Range 对象。

第二代码是声明函数中需要使用的对象属性。

第三、四行代码是声明函数中需要使用的参数类型。

第五行代码是将计算结果变量赋初值为 0。

第六行代码是一个循环体的开始，遍历选定的单元格区域，逐个取出单元格的数据。

第七行代码是将单元格中的数据固定为[hh]:mm:ss 形式的字符串。

第八、九、十行代码是提取参数中小时、分钟和秒的数值。

第十一行代码是将小时、分钟和秒都转换成单位为秒的时间，并累计所有单元格时间。

第十二行代码是循环指向下一个单元格。

第十三、十四、十五行代码是提取上一步获得的单位为秒的时间的小时、分钟和秒数值。

第十六行代码是将上一步获得的小时、分钟和秒拼接为字符串。

第十七行代码是将上一步获得的字符串转换成[hh]:mm:ss 形式的字符串并返回。

第十八行代码是结束函数。

在单元格 B13 中输入“=HMS_ SUM(B3,B12)”后回车，即可获得飞机总使用时间；

在单元格 D13 中输入“＝HMS_ SUM(D3,D12)”后回车，即可获得飞机总剩余寿命，如图 6-16 所示。

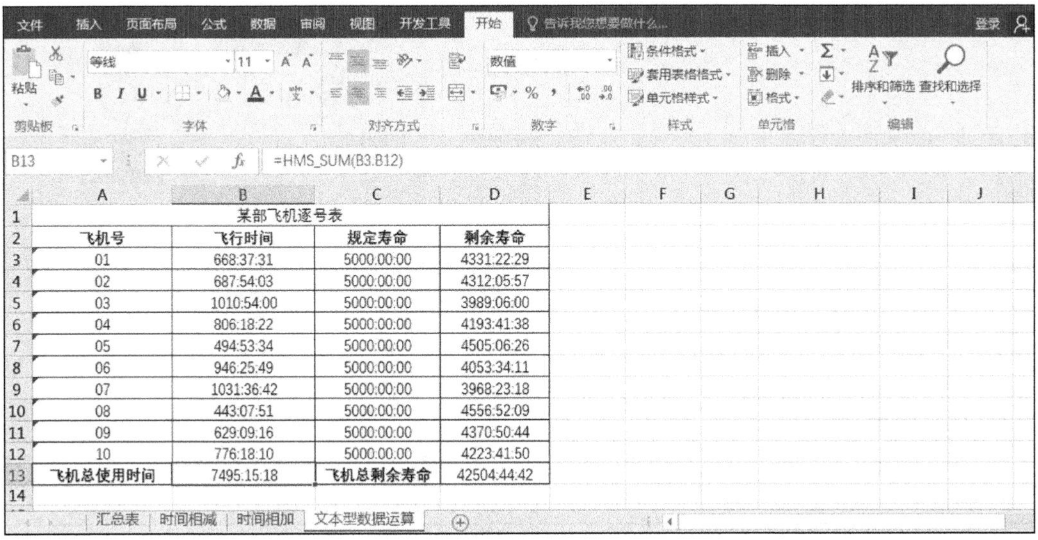

某部飞机逐号表			
飞机号	飞行时间	规定寿命	剩余寿命
01	668:37:31	5000:00:00	4331:22:29
02	687:54:03	5000:00:00	4312:05:57
03	1010:54:00	5000:00:00	3989:06:00
04	806:18:22	5000:00:00	4193:41:38
05	494:53:34	5000:00:00	4505:06:26
06	946:25:49	5000:00:00	4053:34:11
07	1031:36:42	5000:00:00	3968:23:18
08	443:07:51	5000:00:00	4556:52:09
09	629:09:16	5000:00:00	4370:50:44
10	776:18:10	5000:00:00	4223:41:50
飞机总使用时间	7495:15:18	飞机总剩余寿命	42504:44:42

图 6-16　多个文本型时间参数求和函数计算结果

事实上，自定义函数可以完成各种类型的计算，但是自定义函数不是万能的。与 Excel 宏和 VBA 过程不同的是，自定义函数不能做任何动作，如不能通过设计自定义函数对工作表进行插入、删除或设置数据格式等操作，也不能执行打开文件或改变屏幕显示样式等操作。

通常情况下，在当前工作簿中编写的自定义函数保存在当前工作簿中，在打开当前工作簿中就可以调用自定义函数。如果需要在任何工作簿中都可以调用该自定义函数，则可以通过 Excel 加载宏实现。Excel 加载宏是由 Excel VBA 创建的一类程序，可以保存自定义函数和专用宏等，在 Excel 中载入加载宏，就如同使用 Excel 内置函数一样使用加载宏中的自定义函数和宏。

创建 Excel 加载宏，就是在写有 VBA 自定义函数的工作簿保存为扩展名为 Excel 加载宏(扩展名为 *.xlsm)或者 Excel 97-2003 加载宏(扩展名为 *.xls)，将加载宏保存至“C:\Users\用户\AppData\Roaming\Microsoft\AddIns”文件夹下。

使用加载宏时，单击“开发工具”菜单下“Excel 加载项”命令，在弹出的[加载宏]对话框中，如果需要使用的加载宏在“可用加载宏”列表中，则勾选对应的加载宏，否则点击[浏览]按钮，弹出“选择浏览加载宏文件”选择框，选择对应的加载宏文件即可，如图 6-17 所示。

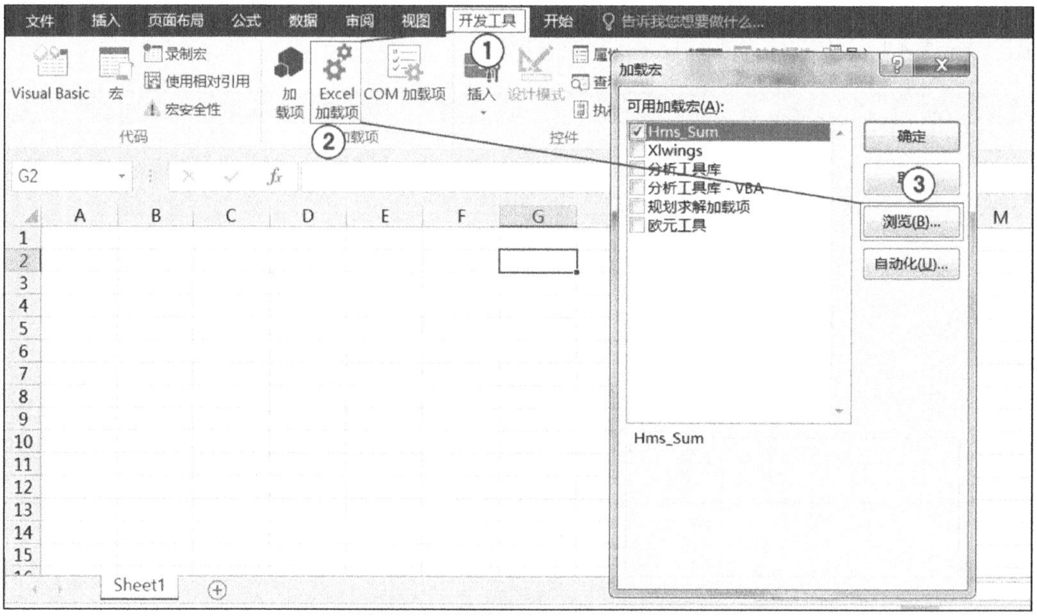

图 6-17　载入 Excel 加载宏

6.2　Excel VBA 处理文档与文件

在航空维修质量控制工作中，需要处理大量的文档，而其中有些文档的处理工作都是机械重复的工作，如 Excel 与其他办公应用程序间的转换以及文件的复制、删除和重命名等操作。事实上，这些操作如果通过设计 Excel VBA 程序来进行处理，将可极大地提高文档处理效率。

6.2.1　Excel 控制 Word 程序

质量控制工作中，Excel 和 Word 应用程序是使用频率最高的两个应用程序，质量控制大量工作结果最终需要在 Excel 或 Word 中编辑并输出。在实际应用中，Word 从 Excel 中获取数据或者 Excel 从 Word 中获取数据司空见惯，比如在某部队院校质量控制教研室组织的"二〇二一年士兵技能鉴定"，完成鉴定的人数达数百人，鉴定成绩如图 6-18 所示，现在需要逐人制作鉴定证书，鉴定证书样式如图 6-19 所示。如果从 Excel 中逐人将成绩复制粘贴至"鉴定证书.docx"中，完成数百人的证书制作将需要几天时间，现在我们设计一个 Excel VBA 程序，通过 Excel 工作表中人员信息自动生成鉴定证书。

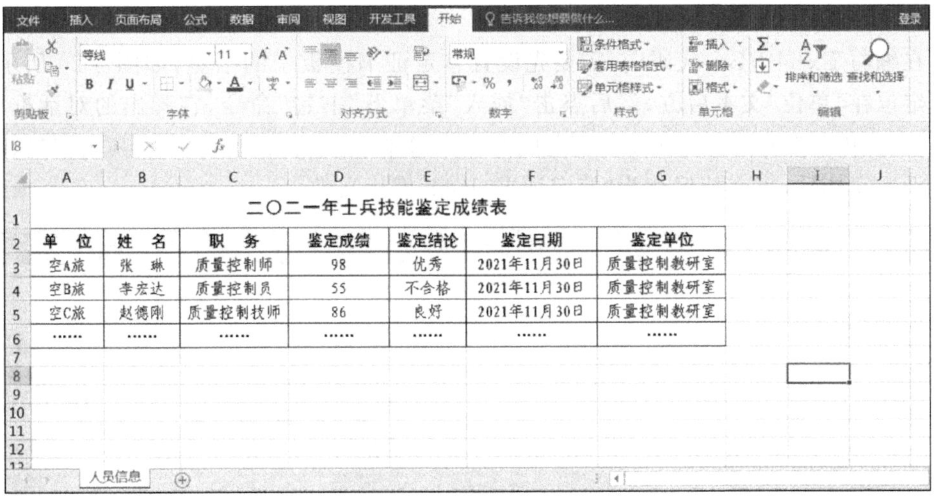

二〇二一年士兵技能鉴定成绩表						
单　位	姓　名	职　务	鉴定成绩	鉴定结论	鉴定日期	鉴定单位
空A旅	张　琳	质量控制师	98	优秀	2021年11月30日	质量控制教研室
空B旅	李宏达	质量控制员	55	不合格	2021年11月30日	质量控制教研室
空C旅	赵德刚	质量控制技师	86	良好	2021年11月30日	质量控制教研室
……	……	……	……	……	……	……

图 6-18　士兵技能鉴定成绩表

鉴 定 证 书

单　　位：

姓　　名：

职　　务：

鉴定成绩：

鉴定结论：

鉴定日期：

鉴定单位：

图 6-19　“鉴定证书”样式

(1) Excel 生成 Word 文档

在编写 Excel VBA 代码前，需要先设置鉴定证书模板中的书签，如图 6-20 所示，将光标定位在“单位”文本后方，然后点击“插入”菜单下“书签”命令，在弹出的对话框中输入书签名“单位”，点击[添加]按钮，完成单位书签的设置，依次操作完成其余书签设置。书签设置完毕后，将文档保存为“鉴定证书.docx”模板文件。

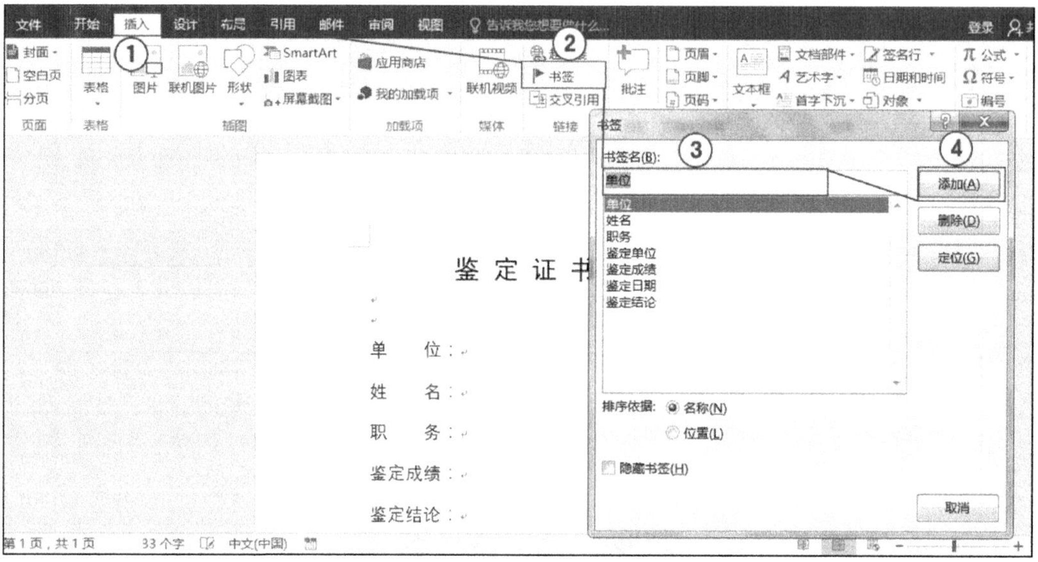

图 6-20 设置 Word 模板的书签

在 VBE 窗口，插入模块，编写生成鉴定证书的主模块，代码如下：

```
Sub CREATE_JDZS()
    Dim wb As Workbook
    Dim ws As Worksheet
    Dim I,R As Integer
    Set wb = Workbooks("士兵技能鉴定成绩表.xlsx")
    Set ws = wb.Worksheets("士兵技能鉴定成绩表")
    R = ws.Range("A10000").End(xlUp).Row
    For I = 3 To R
        If Not CREATE_ZS(I) Then Exit For
    Next
    Set ws = Nothing
    Set wb = Nothing
End Sub
```

该程序中第二行至第六行代码是建立与 Excel 表格的连接关系，第七行代码是确定表格中的人数，第八行至第十行代码是循环调用生成鉴定证书的函数生成“鉴定证书.

docx”,第十一、十二行代码是释放对象引用,第十三行代码是结束函数。

生成证书的函数代码如下:

```
Function CREATE_ZS(ByVal R As Long) As Boolean
    Dim wb As Workbook
    Dim ws As Worksheet
    Set wb = Workbooks("士兵技能鉴定成绩表.xlsx")
    Set ws = wb.Worksheets("士兵技能鉴定成绩表")
    Dim ZSWORD As Word.Application,ZSDOC As Word.Document
    Dim info1 As String,xm As String
    Set ZSWORD = New Word.Application
xm = ws.Cells(R,2)
    With ZSWORD
        Set ZSDOC = .Documents.Add(Template:= ThisWorkbook.Path &
"鉴定证书.docx",Visible:= True)
        With.Selection
            .GoTo what:=-1,Name:="单位"
            .TypeText Text:=ws.Cells(R,1)
            .GoTo what:=-1,Name:="姓名"
            .TypeText Text:=ws.Cells(R,2)
            .GoTo what:=-1,Name:="职务"
            .TypeText Text:= ws.Cells(R,3)
            .GoTo what:=-1,Name:="鉴定成绩"
            .TypeText Text:=ws.Cells(R,4)
            .GoTo what:=-1,Name:="鉴定结论"
            .TypeText Text:=ws.Cells(R,5)
            .GoTo what:=-1,Name:="鉴定日期"
            .TypeText Text:=ws.Cells(R,6)
            .GoTo what:=-1,Name:="鉴定单位"
            .TypeText Text:=ws.Cells(R,7)
        End With
    ZSDOC.Save As ThisWorkbook.Path & "\" & xm & ".docx",wbFormatdocument
    ZSDOC.Close
    Set ZSDOC = Nothing
    End With
    Set ZSWORD = Nothing
    info1 = "姓名:" & xm & "鉴定证书生成完毕! 是否生成下一名人员证书?"
    If MsgBox(info1,vbInformation + vbYesNo,"提示") = vbYes Then
```

```
        CREATE_ZS = True
    Else
        CREATE_ZS = False
    End If
    Set ws = Nothing
    Set wb = Nothing
End Function
```

该程序中第六行代码是声明对象的属性。注意：声明对象的 Word 属性先在 VBE“引用”中勾选“Microsoft Word 16.0 Object Library”。

第八行代码是赋予 ZSWORD 为 Word 应用对象。

第十一行代码是打开“鉴定证书”模板。

第十二行至第二十七行代码是将 Excel 中的数据插入 Word 对象中对应书签的位置。

第二十八行代码是将生成的证书保存为“姓名.docx”的文件。

第三十四行至第三十八行代码是根据提示信息选择的结果，判断是否需要继续生成证书。

生成的鉴定证书效果如图 6-21 所示。

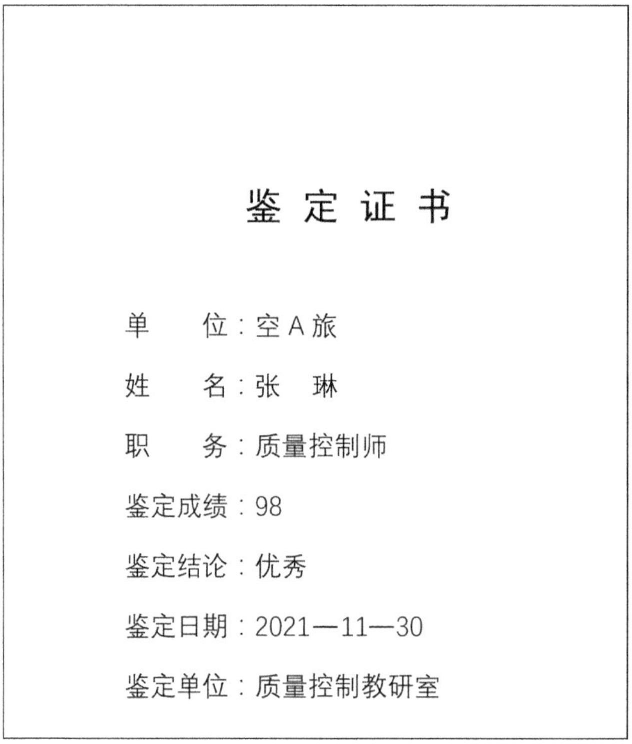

鉴 定 证 书

单　　位：空 A 旅

姓　　名：张　琳

职　　务：质量控制师

鉴定成绩：98

鉴定结论：优秀

鉴定日期：2021—11—30

鉴定单位：质量控制教研室

图 6-21　“鉴定证书”效果图

（2）Excel 提取 Word 文档中的数据

Excel 不仅可以生成 Word 文档，还可以从 Word 文档中提取数据。图 6-22 所示是某飞机制造厂提供给空 A 旅的飞机随机出厂部（附）件信息文件部分内容，该文件为 Word 文档，该文件中有数千条部（附）件信息。如果从 Word 文档中逐一复制粘贴至 Excel 表格中，这项工作将需要数天。仔细观察该表发现，每四行从上到下依次为机件名称、机件型号、机件号码和出厂日期，现在我们设计一个 Excel VBA 程序，从 Word 文档中自动提取相应信息填入 Excel 表格中。

飞机
歼-X 型
CB102
2021—11—25
发动机
涡扇-XX
S102746
2021—4—18
液压柱塞泵
YZB-99
YY2021074
2021—3—9
发电机
ZF-109
Z2021063
2021—6—3

图 6-22　随机出厂部（附）件信息文件（部分内容）

在 VBE 窗口，插入模块，编写提取 Word 文档中数据的过程，代码如下：

```
Sub Word_To_Excel()
    Dim word_name,strFilt_word,strTitle_word,str_text As String
    Dim doc_word As Word.Application,p_text As Word.Paragraph
    Dim i,k As Long
    strFilt_word = "Word 文档(*.doc;*.docx;*.docm),*.doc;*.docx;*.docm,"
    strTitle_word = "打开 Word 文档"
    word_name = Application.GetOpenFilename(filefilter:= strFilt,
```

```
Title:= strTitle)
        If word_name = "False" Then Exit Sub
        Set doc_word = CreateObject("Word.Application")
        doc_word.Documents.Open word_name
        i = 1
        k = 0
        ActiveSheet.Cells(1,1) = "机件名称"
        ActiveSheet.Cells(1,2) = "机件型号"
        ActiveSheet.Cells(1,3) = "机件号码"
        ActiveSheet.Cells(1,4) = "出厂日期"
        With doc_word.ActiveDocument
            For Each p_textIn .Paragraphs
                str_text = p_text.Range.Text
                If (i Mod 4) = 0 Then
                    k = Int((i + 8)/4) - 1
                Else
                    k = Int((i + 8)/4)
                End If
                If (i Mod 4) = 0 Then
                    j = 4
                Else
                    j = (i Mod 4)
                End If
                ActiveSheet.Cells(k,j) = str_text
                i = i + 1
            Next
        End With
        doc_word.Quit
        Set doc_word = Nothing
    End Sub
```

该程序中第五行代码是设置打开文件对话框中的文件过滤类型。

第六行代码是设置打开文件对话框标题。

第七行代码是从打开的文件对话框中选择 Word 文档并返回文件名。

第八行代码是如果没有选择文件，则退出程序。

第十行代码是打开选定的 Word 文档。

第十三行至第十六行代码是向当前活动工作簿写入标题栏信息。

第十七行至第三十三行代码是向当前活动工作簿写入从 Word 文档中提取的数据。

第三十四行代码是退出 Word 应用程序。注意：结束程序前一定要使用 Word 对象中的 Quit 方法退出隐藏的 Word 应用程序，否则该隐藏程序一直占用内存。

运行程序后，结果如图 6-23 所示。

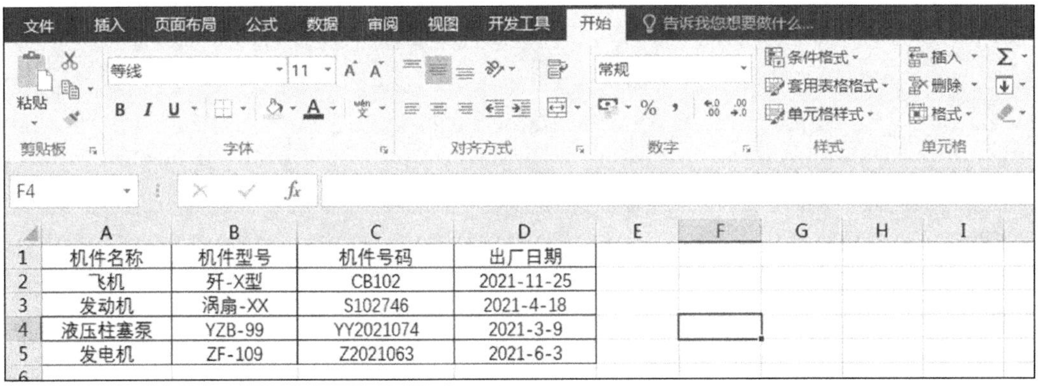

图 6-23　从 Word 文档中提取数据到 Excel 表格中

从上述案例可以看出，Excel VBA 可完美地控制 Word 等应用程序，在质量控制工作中灵活应用 Excel VBA 设计合理的程序可以提高处理文档的效率。

6.2.2　Excel VBA 处理文件

在质量控制工作中，每次飞行后需要利用飞机寿命监控软件对飞机消耗的当量飞行小时进行计算。飞机寿命监控软件是通过读入飞参（飞机参数，简称）文件，分析飞参文件中记录的飞行过程中载荷变化，按照一定的算法得到飞机的损伤值，从而获得飞机消耗的当量飞行小时。从飞机上卸载的飞参文件放置在相应飞机号的文件夹中，如图 6-24 所示。文件夹中的飞参文件名默认为“日期＋架次”，如 01 号飞机 2021 年 11 月 25 日第二架次，卸载的文件名默认为“2021112502”。而飞机寿命监控软件是依据文件夹名称中的飞机出厂号码来判别文件夹中的飞参文件飞机属性，因此导入飞机寿命监控软件的飞参文件必须放置在名称为“飞机出厂号码（飞机部队使用号码＃）”的文件夹下，如图 6-25 所示，否则软件无法计算飞机的损伤值。每次计算当量飞行小时前，先将飞参文件的文件夹名称改成“飞机出厂号码（飞机部队使用号码＃）”，完成这项工作不仅费时，而且容易出错，因此，我们可以利用 Excel VBA 的文件处理功能来设计一个自动更改文件名称的程序来帮助我们完成这项工作。

在 VBE 窗口，插入模块，编写更改文件夹名称的程序，程序执行的快捷键为“Ctrl＋Shift＋D”，代码如下：

```
Public Sub Rename_fc()
Dim FD As FileDialog
Dim PATH_FC As String
Dim tw As Workbook
```

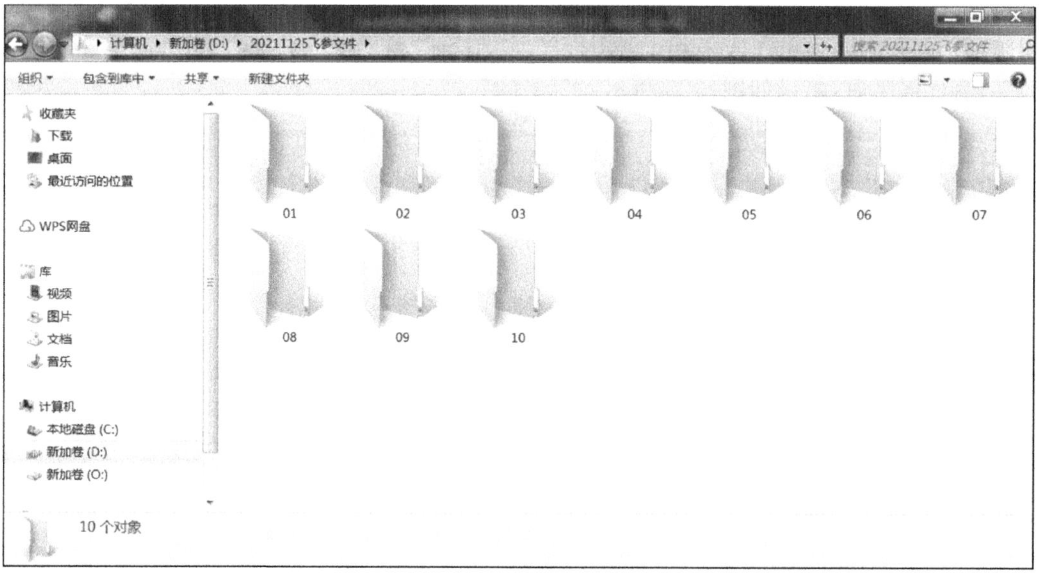

图 6-24　卸载的飞参文件存储的文件夹类型

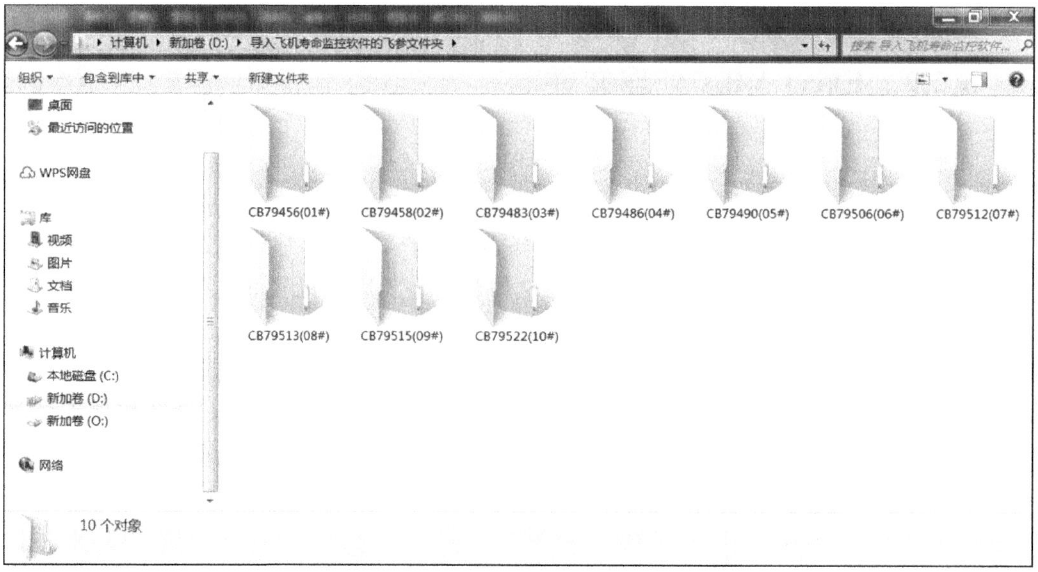

图 6-25　导入飞机寿命监控软件的文件夹类型

```
Set tw = ThisWorkbook
Dim FSO
Set FSO = CreateObject("Scripting.FileSystemObject")
Set FD = Application.FileDialog(msoFileDialogFolderPicker)
FD.Title = "选择需要处理的文件夹"
If FD.Show =-1 Then
```

```
PATH_FC = FD.SelectedItems(1)
FSO.CopyFolder PATH_FC,"D:\处理前备份\",True
If PATH_FC <> "" Then
    Set ff = FSO.getfolder(PATH_FC)
    For Each EF In ff.subfolders
        If EF.Name = "01" Or EF.Name = "1" Then
            EF.Name = "CB79456(01# )"
        ElseIf EF.Name = "02" Or EF.Name = "2" Then
            EF.Name = "CB79458(02# )"
        ElseIf EF.Name = "03" Or EF.Name = "3" Then
            EF.Name = "CB79483(03# )"
        ElseIf EF.Name = "04" Or EF.Name = "4" Then
            EF.Name = "CB79486(04# )"
        ElseIf EF.Name = "05" Or EF.Name = "5" Then
            EF.Name = "CB79490(05# )"
        ElseIf EF.Name = "06" Or EF.Name = "6" Then
            EF.Name = "CB79506(06# )"
        ElseIf EF.Name = "07" Or EF.Name = "7" Then
            EF.Name = "CB79512(07# )"
        ElseIf EF.Name = "08" Or EF.Name = "8" Then
            EF.Name = "CB79513(08# )"
        ElseIf EF.Name = "09" Or EF.Name = "9" Then
            EF.Name = "CB79515(09# )"
        ElseIf EF.Name = "10" Then
            EF.Name = "CB79522(10# )"
        Else
            MsgBox "没有需要处理的文件夹!"
        End If
    Next
    MsgBox "处理完毕!"
    If Workbooks.Count = 1 Then
        Application.DisplayAlerts = False
        Application.Quit
    Else
        tw.Close
    End If
End If
```

```
Else
    If Workbooks.Count = 1 Then
        Application.DisplayAlerts = False
        Application.Quit
    Else
        tw.Close
    End If
End If
Set tw = Nothing
Set FSO = Nothing
Set FD = Nothing
End Sub
```

该程序中的第七行代码是将 FSO 创建为文件处理对象。

第八行代码是将文件对话框打开属性设为“允许用户选择一个文件夹”。

第九行代码是设定文件对话框的标题名称。

第十行代码是一个条件判断语句，意为当点击文件对话框中的[确定]按钮时，则执行条件判断语句为真的代码。注意：在窗体对话框中点击[确定]按钮，则返回值为－1，点击[取消]按钮，则返回值为 0。

第十一行代码是获取选择文件夹的路径。

第十二行代码是将获得的文件夹进行复制并粘贴至“D:\处理前备份\”文件夹下。

第十三行代码是一个条件判断语句，意为当选择的文件夹路径不为空时，则执行条件判断为真的代码。

第十四行代码是获得选定文件夹下所有的子文件夹并将其赋予 ff 文件夹。

第十五行代码是一个循环体的开始，意为遍历 ff 文件夹中所有的子文件夹。

第十六行至第三十八行代码是对获得的子文件夹的名称进行判断，并更改文件夹名称。

第四十一行代码是判断打开的 Excel 工作簿数量，如果打开工作簿的数量为 1，即条件判断语句为真，并执行相应的代码。

第四十二行代码是执行过程中不弹出警告信息对话框。

第四十三行代码是退出 Excel 应用程序。

第四十四行代码是判断打开的 Excel 工作簿数量大于 1 时，执行相应的代码。

第四十五行代码是打开工作簿的数量大于 1 时，直接关闭当前工作簿。

第四十八行至第五十五行代码是当点击了窗体[取消]按钮时，如果只打开了一个 Excel 工作簿，则不弹出警告信息对话框，退出 Excel 应用程序；否则只关闭当前工作簿。

第五十六行至第五十八行代码是释放相应的对象。

运行程序时，打开保存有该代码的 Excel 工作簿，按下快捷键“Ctrl＋Shift＋D”，弹出[选择需要处理的文件夹]对话框，如图 6-26 所示，选中要处理的文件夹后，程序自动完成文件夹更名并退出 Excel 工作簿。

图 6-26　[选择需要处理的文件夹]对话框

除了像运行宏一样执行该程序，我们还可以利用 Workbook 的事件来执行该程序。Workbook 提供了丰富的事件接口，方便我们编写程序对 Workbook 对象进行控制，其中 Open 事件是指打开 Excel 工作簿时执行的事件，下面我们来使用 Workbook 的 Open 事件来执行该程序。

如图 6-27 所示，在工程资源管理器中双击①“ThisWorkbook”，打开 Workbook 代码窗口，在②[对象]下拉菜单中选择“Workbook”对象，在③[过程]下拉菜单中选择“Open”过程，在代码窗口将自动生成一个名为“Private Sub Workbook_Open()”的过程，将前面编写的代码加入到该过程中，完整的代码如下：

```
Private Sub Workbook_Open()
Dim FD As FileDialog
Dim PATH_FC As String
Dim tw As Workbook
Set tw = ThisWorkbook
Dim FSO
Set FSO = CreateObject("Scripting.FileSystemObject")
Set FD = Application.FileDialog(msoFileDialogFolderPicker)
```

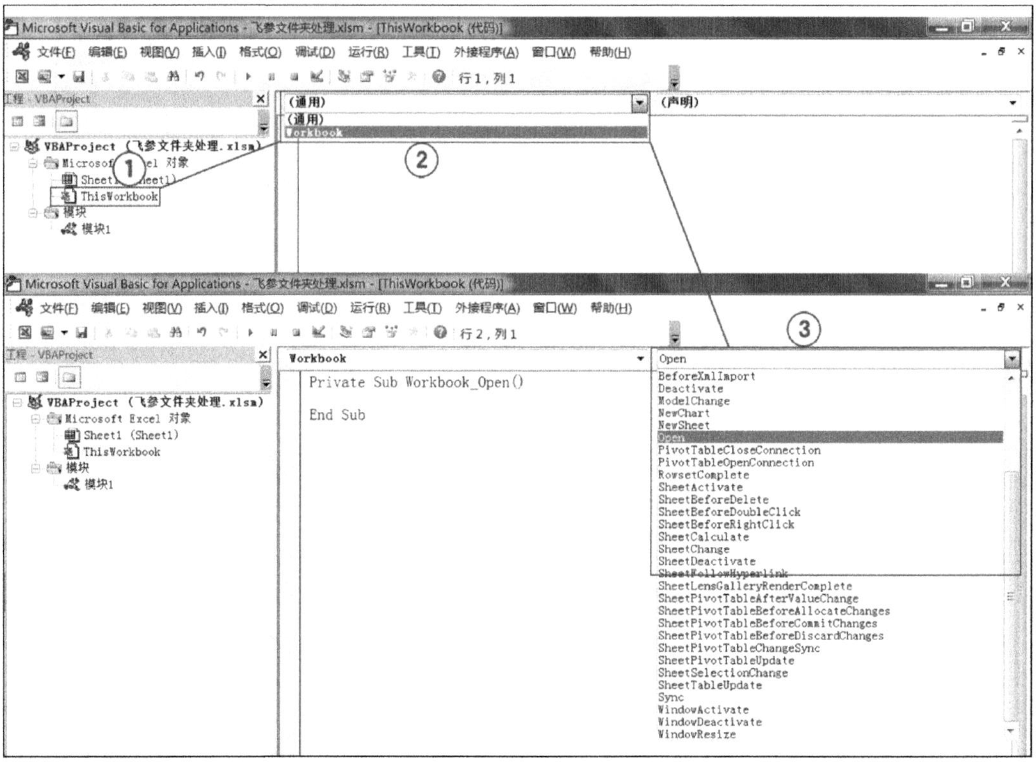

图 6-27　添加 Workbook 的 Open 事件的方法

```
FD.Title = "选择需要处理的文件夹"
If FD.Show =-1 Then
    PATH_FC = FD.SelectedItems(1)
    FSO.CopyFolder PATH_FC,"D:\处理前备份\",True
    If PATH_FC <>  "" Then
        Set ff = FSO.getfolder(PATH_FC)
        For Each EF In ff.subfolders
            If EF.Name = "01" Or EF.Name = "1" Then
                EF.Name = "CB79456(01# )"
            ElseIf EF.Name = "02" Or EF.Name = "2" Then
                EF.Name = "CB79458(02# )"
            ElseIf EF.Name = "03" Or EF.Name = "3" Then
                EF.Name = "CB79483(03# )"
            ElseIf EF.Name = "04" Or EF.Name = "4" Then
                EF.Name = "CB79486(04# )"
            ElseIf EF.Name = "05" Or EF.Name = "5" Then
                EF.Name = "CB79490(05# )"
```

```
            ElseIf EF.Name = "06" Or EF.Name = "6" Then
                EF.Name = "CB79506(06# )"
            ElseIf EF.Name = "07" Or EF.Name = "7" Then
                EF.Name = "CB79512(07# )"
            ElseIf EF.Name = "08" Or EF.Name = "8" Then
                EF.Name = "CB79513(08# )"
            ElseIf EF.Name = "09" Or EF.Name = "9" Then
                EF.Name = "CB79515(09# )"
            ElseIf EF.Name = "10" Then
                EF.Name = "CB79522(10# )"
            Else
                MsgBox "没有需要处理的文件夹!"
            End If
        Next
        MsgBox "处理完毕!"
        If Workbooks.Count = 1 Then
            Application.DisplayAlerts = False
            Application.Quit
        Else
            tw.Close
        End If
    End If
Else
    If Workbooks.Count = 1 Then
        Application.DisplayAlerts = False
        Application.Quit
    Else
        tw.Close
    End If
End If
Set tw = Nothing
Set FSO = Nothing
Set FD = Nothing
End Sub
```

使用 Workbook 的 Open 事件，在打开该工作簿时即弹出[选择需要处理的文件夹]对话框，不需要使用快捷键，效率将更高。

如果前面编写的程序“Public Sub Rename_fc()”保存在工作簿的模块中，则事件的代码可以改写成：

```
Private Sub Workbook_Open()
CallRename_fc()
End Sub
```

两个“Workbook_Open()”过程执行的效果是完全相同的。

质量控制工作中经常面临的合并汇总当前工作簿里的多个工作表、合并汇总不同工作簿里的一张工作表、合并汇总不同工作簿里的多个工作表以及打印文件夹下所有文档等操作，都可以通过编写Excel VBA程序来实现。

6.3 Excel VBA用户界面设计

窗体和控件是Excel VBA最重要的对象，是构成具有用户界面的应用程序界面的基本模块。控件或按钮既可以单独在工作表中使用，作为控制程序的开关，也可以在窗体中使用，作为用户交互式操作的接口。窗体和控件的组合应用，不仅可以美化应用程序的操作界面，还可以使操作更加方便快捷，提升操作效率。在质量控制工作中，灵活使用Excel VBA来设计用户界面，可以使工作更加简洁高效。

6.3.1 Excel工作表中控件的使用

在质量控制工作中，需要定期统计分析机务人员队伍的状况，分析方法及步骤基本是固定的，因此可以设计一个Excel VBA程序来统计分析机务人员队伍的状况，获得相应的数据。

编写Excel VBA程序之前，先新建一个名为“航空机务人员队伍定期分析表”的Excel工作簿，在工作簿中新建一个名为“机务人员信息表”的Sheet表，然后按照前文介绍的Excel连接达梦数据库的知识，建立Excel工作簿与达梦数据库中航空机务人员信息表的连接，将表中人员信息导出到“机务人员信息表”中。在该工作簿中建立一个名为“状况分析结果”的Sheet表，作为操作控件存放的工作表和分析结果的显示表。“航空机务人员队伍定期分析表”工作簿作为Excel VBA代码的保存载体，只需要建立一次，以后每次分析时打开该工作簿使用即可。

在进行航空机务人员队伍分析之前，我们需要先刷新“航空机务人员队伍定期分析表”工作簿中的机务人员信息。需要编写刷新数据的VBA代码，在代码窗口编写如下：

```
Sub Update_ryxx()
    ActiveWorkbook.RefreshAll
    MsgBox "航空机务人员信息更新成功!"
End Sub
```

程序中的第二行代码是选中更新工作簿中的数据连接。运行该程序，既可以使用快捷键，也可以使用菜单命令。使用快捷键需要记各种程序的快捷键，使用菜单命令操作步骤繁琐，两种方法都不够简洁。事实上，可以在工作表中添加操作按钮，通过按钮与该程序的绑定，点击按钮就可以刷新数据，避免了记快捷键的烦恼，也简化了操作步骤。在工作表中添加操作按钮来控制程序运行的步骤如图 6-28 所示，点击“开发工具”菜单下①“插入”命令，在弹出的“表单控件”中，点击②按钮，在工作表中插入按钮，松开鼠标时弹出[指定宏]对话框，在对话框的③“宏列表”中选中“Update_ryxx”，点击[确定]按钮，在④按钮中编辑按钮文字，点击按钮后效果如图 6-29 所示。

图 6-28　在工作表中添加操作按钮

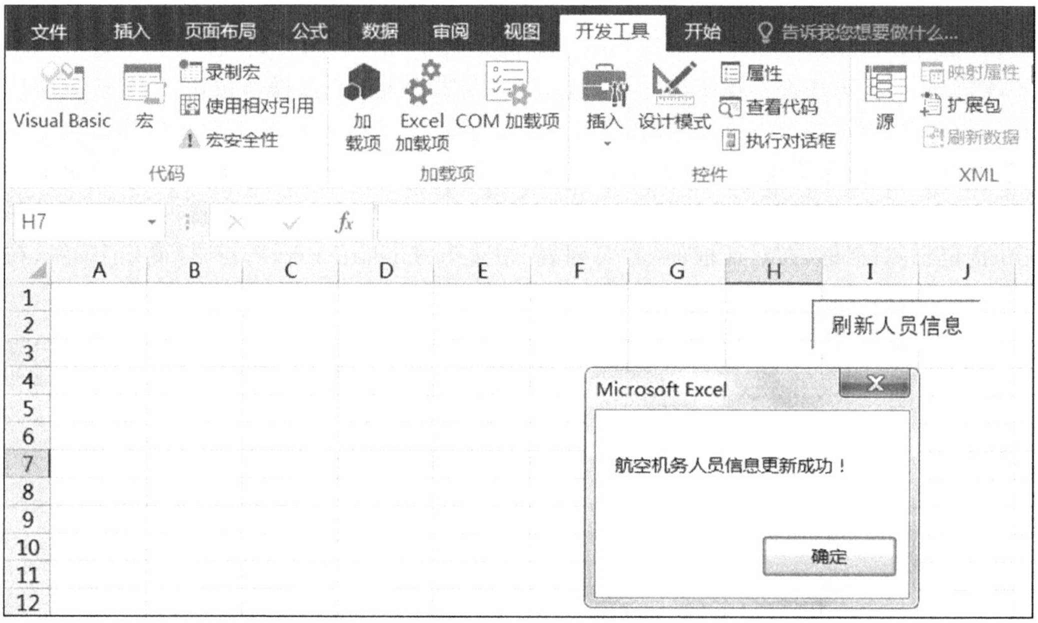

图 6-29　点击按钮后的效果

更新数据之后，首先分析机务人员年龄结构状况，并将分析结果以表格和图的形式进行展示。人员年龄结构状况分析代码如下：

```
Sub JWRY_AGE()
    Dim WB As Workbook
    Dim WS1,WS2 As Worksheet
    Dim RNG As Range
    Dim R,I,I_max,I_min,K,J,F As Integer
    Dim AGE_m,AGE_max,AGE_min,AGE_a,AGE_k,AGE_ava As Single
    Set WB = Workbooks("航空机务人员队伍定期分析表.xlsm")
    Set WS1 = WB.Worksheets("机务人员信息表")
    Set WS2 = WB.Worksheets("状况分析结果")
    WS2.Range("A1:C1000").Clear
    R = WS1.Range("A10000").End(xlUp).Row
    Set RNG = WS1.Range("A1:I" & R)
    RNG.Sort KEY1:= "出生日期",ORDER1:= xlDescending,Header:= xlYes
    ReDim age_z(1 To (R - 1)) As Single
    For I = 2 To R
        AGE_m = DateDiff("m",WS1.Range("C" & I),Date)/12
        age_z(I - 1) = AGE_m
    Next
```

```
    I_max = UBound(age_z)
    I_min = LBound(age_z)
    AGE_max = age_z(I_max)
    AGE_min = age_z(I_min)
    WS2.Range("A1").Value = "年龄段"
    WS2.Range("B1").Value = "人数"
    K = Int(AGE_min/5)
    J = Int(AGE_max/5)
    For F = 1 To (J + 1 - K)
        WS2.Range("A" & (F + 1)).Value = ((K + F - 1)*5) & "至" & (K + F)*5
        For Each age_fIn age_z
            If (age_f >= ((K + F - 1) * 5) And age_f < = ((K + F) * 5)) Then
                WS2.Range("B" & (F+1)).Value= WS2.Range("B" & (F+1)).Value+1
            End If
        Next
    Next
    For Each AGE_a In age_z
        AGE_k = AGE_k + AGE_a
    Next
    AGE_ava = (AGE_k/I_max)
    WS2.Range("A" & (F + 1)).Value = "平均年龄"
    WS2.Range("B" & (F + 1)).Value = AGE_ava
    MsgBox "人员年龄结构分析完成!"
    Set WS1 = Nothing
    Set WS2 = Nothing
    Set WB = Nothing
End Sub
```

该程序中第十三行代码是对人员信息表按出生日期降序排列，方便后期获得最大和最小年龄。

第十四行代码是定义一个动态数组存放人员年龄。

第十五行至第十八行代码是逐人计算年龄，并存放到动态数组中。

第二十七行至第三十四行代码是根据最大与最小年龄差距进行分段，每组各年龄段相差 5 岁，计算每个年龄段的人数，并将数据更新到“状况分析结果”中。

第三十五行至第三十八行代码是计算平均年龄。

在工作表中插入一个“分析年龄结构”按钮，绑定“JWRY_AGE()”程序，点击该按钮就可以执行年龄结构分析程序，结果如图 6-30 所示。

在撰写分析报告时，通常需要绘制图表来更加直观地展示效果。绘制机务人员年龄

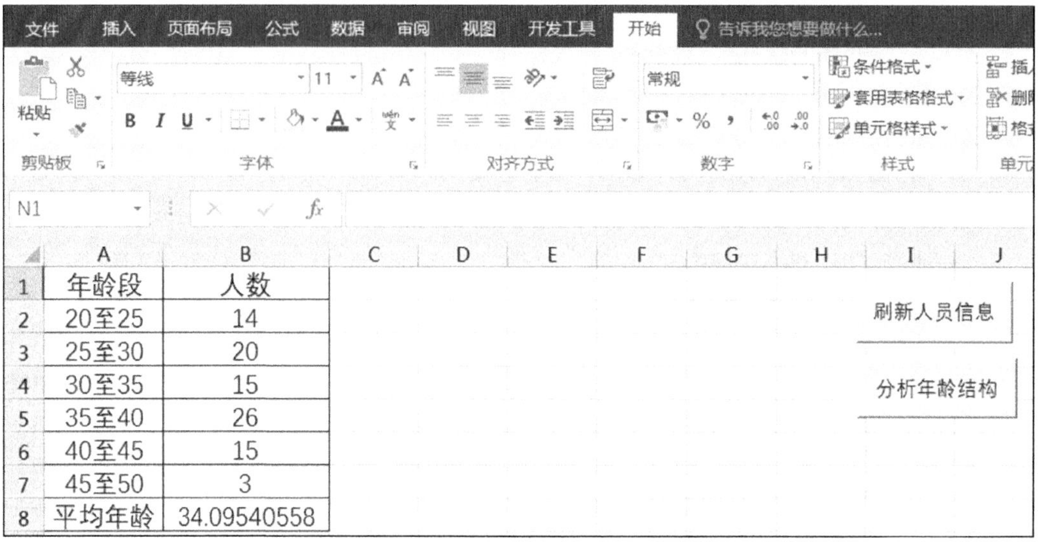

图 6-30　年龄结构分析程序运行结果

结构分布直方图的代码如下：

```
Sub ADD_CHART()
    Dim myChartObject As ChartObject
    Dim WB As Workbook
    Dim WS1 As Worksheet
    Set WB = Workbooks("航空机务人员队伍定期分析表.xlsm")
    Set WS1 = WB.Worksheets("状况分析结果")
    R = WS1.Range("A10000").End(xlUp).Row
    If WS1.ChartObjects.Count = 0 Then
        Set myChartObject = WS1.ChartObjects.Add(0,0,350,200)
    Else
        Set myChartObject = WS1.ChartObjects(1)
    End If
    With myChartObject.Chart
        .ChartType = xlColumnClustered
        .SetSourceData Source:= Range("A2:B" & (R - 1))
        .HasTitle = True
        .ChartTitle.Text = "机务人员年龄结构分布直方图"
    End With
    Msgbox"机务人员年龄结构分布直方图绘制成功!"
    Set WS1 = Nothing
```

```
    Set WB = Nothing
End Sub
```

该程序中第二行代码是声明一个图表对象。

第八行至第十二行代码表示：如果工作表中没有图表，则新建一个图表并将“myChartObject”指向它；如果已经有图表，则将“myChartObject”指向它。

第十三行至第十八行设置 myChartObject 的柱形图属性、数据源以及图表标题。

在工作表中插入一个[绘制年龄结构图]按钮，绑定“ADD_CHART ()”程序，点击该按钮就可以执行绘制年龄结构图程序，结果如图 6-31 所示。

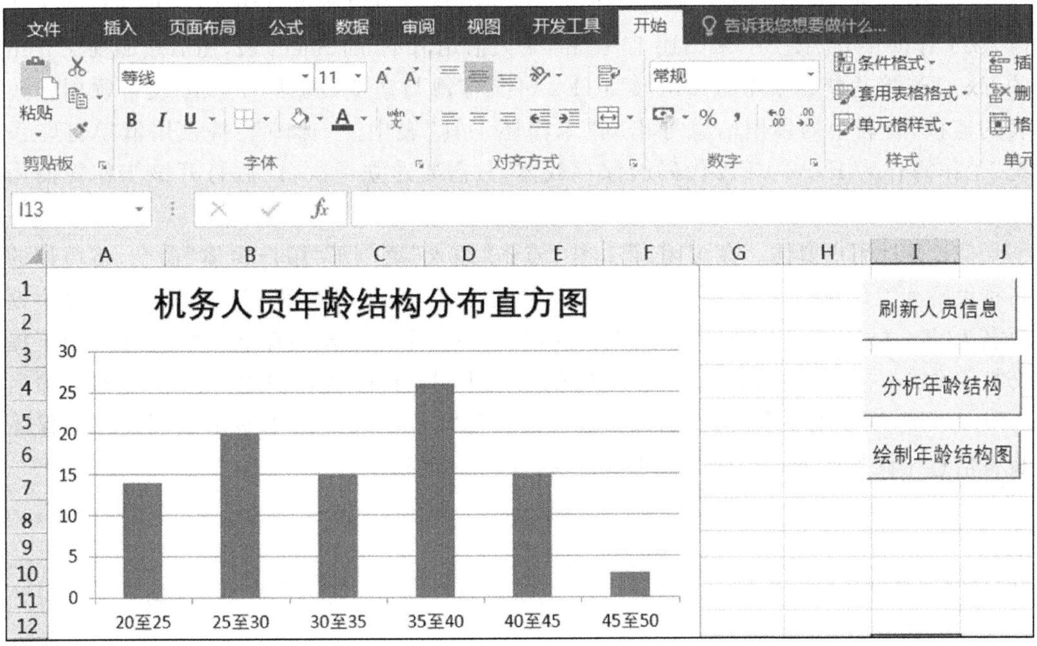

图 6-31　机务人员年龄结构分布直方图程序运行结果

在工作表中添加控件可以更加直观地控制程序的运行，在质量控制工作中可根据需要灵活运用适当的控件，将会给工作带来较大帮助。

6.3.2　航空维修保障装备领用清单自动打印系统设计

航空机务维修中需要使用大量的保障装备，而维修保障支持系统是保障装备的管理软件，但是其在使用中也暴露出了以下问题：

(1) 维修保障支持系统无保障装备领用清单打印功能。航空机务维修人员领用保障装备后需要在保障装备领用归还登记本上登记，并且由于工作现场保障装备清点制度的要求，还需将领用保障装备设备型号、名称和号码登记到个人的工作记录本上，因此每次维修前领用保障装备需耗费大量的时间进行登记。

(2) 维修保障支持系统是一个B/S架构的系统，保障装备信息存储在服务器中，因此在网络不通时，无法对被领用在外的保障装备进行管理，而且航空机务维修每日使用的保障装备数量极其庞大，失管失控风险极高。

以上两个问题给质量控制人员带来不少麻烦，学习Excel VBA之后，我们设计一个VBA程序，将维修保障支持系统中保障装备领用信息打印成保障装备领用清单，并自动将保障装备领用信息备份到本地计算机中，防止网络不通时无法掌握领用在外的保障装备情况，不仅提高了保障装备领用效率，而且降低了保障装备失管失控的风险。

航空维修保障装备领用清单自动打印系统设计步骤如下：

(1) 新建Excel工作簿。新建一个名为“保障装备领用清单打印系统”的Excel工作簿，在工作簿中分别建立“未归还工具”和“个人借用清单”的Sheet表，然后按照前文介绍的Excel连接达梦数据库的知识，建立Excel工作簿与达梦数据库中保障设备领用归还表的连接，将表中的领用信息导出到“未归还工具”表中。“保障装备领用清单打印系统”工作簿作为Excel VBA代码的保存载体，只需要建立一次，以后打开该工作簿使用即可。

(2) 设计用户窗体。在VBE窗口中，点击“插入”菜单下“用户窗体”命令，将窗体的名称设置为“UF_GJLY”，在窗体中添加文字框、命令按钮、标签和ListView控件，文字框命名为“Text_sbm”，用于输入领用人员的识别码；一个命令按钮命名为“C_DY”，用于提交打印命令；一个命令按钮命名为“CB_SX”，用于刷新保障装备领用信息；标签按钮命名为“Label1”，用于用户界面说明；Listview命名为“List_LY”，用于显示领用在外的保障装备信息。调整窗体和控件的大小和位置，如图6-32所示。

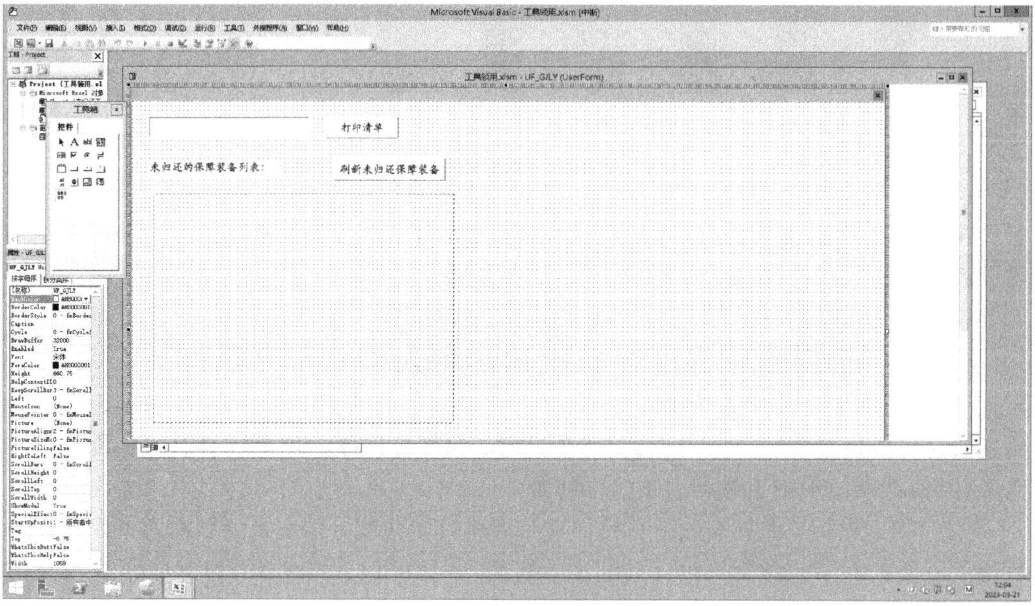

图6-32　用户窗体效果图

(3) 设置窗体加载。利用工作簿 Workbook 的 Open 事件加载窗体，即当双击打开“保障装备领用清单打印系统”工作簿时加载显示窗体，代码如下：

```
Private Sub Workbook_Open()
    UF_GJLY.Show
End Sub
```

(4) 窗体初始化。当窗体开始加载时，开始对窗体和控件进行初始化。窗体初始化可以利用窗体的 Initialize 事件，代码如下：

```
Private Sub UserForm_Initialize()
    Dim lySale As Worksheet
    Set lySale = Worksheets("未归还工具")
    ActiveWorkbook.RefreshAll
    Dim LY_RNG As Range
    Set LY_RNG = lySale.UsedRange
    Dim col_ly As ColumnHeader
    Dim ih As Integer
    Dim ik As Integer
    Dim nk As Integer
    nk = LY_RNG.Rows.Count
    With List_LY
        .FullRowSelect = TRUE
        .View = lvwReport
        .Gridlines = TRUE
        .BackColor = &HE0E0E0
        .ForeColor = vbBlack
        .Font = "华文楷体"
        .Font.Size = 12
        For ih = 1 To 6
            Set col_ly = List_LY.ColumnHeaders.Add()
            col_ly.Text = lySale.Cells(1,ih)
            col_ly.Width = List_LY.Width/6
            If ih <> 1 Then col_ly.Alignment = lvwColumnCenter
        Next ih
        For ih = 1 To nk
            .ListItems.Add,,lySale.Cells(ih + 1,1)
            For ik = 1 To 5
                .ListItems(ih).SubItems(ik)= lySale.Cells(ih+ 1,ik+ 1)
            Next ik
```

```
        Next ih
    End With
    Set LY_RNG = Nothing
    Set lySale = Nothing
End Sub
```

上述代码是在窗体初始化时刷新“未归还工具”表中的信息，并将信息显示在 ListView 控件中。

(5) 设置控件事件。窗体中的打印命令按钮和刷新命令按钮需添加 Click 事件，在点击按钮时执行相应的操作。打印控件的 Click 事件代码如下：

```
Private Sub C_DY_Click()
    Dim DY As Worksheet
    Set DY = Worksheets("个人借用清单")
    DY.Cells(1,1) = Trim(Text_sbm)
    Call GET_GRJYXX
    Call PG_DY
    Set DY = Nothing
    If MsgBox("打印完成！是否继续打印?",vbQuestion + vbYesNo) = vbNo Then
        Unload UF_GJLY
    End If
End Sub
```

该程序中第三行代码是将文本框中输入的识别码信息保存在“个人借用清单”表 A1 单元格中。

第五行代码是调用“GET_GRJYXX”子过程，提取个人领用的保障设备信息保存到“个人借用清单”表中，并设置单元格格式。

第六行代码是调用“PG_DY”子过程，设置打印区域、页边距以及纸张长度。

第八行至第十行代码是提示信息，如果不需要打印，则卸载窗体退出。

刷新控件的 Click 事件代码如下：

```
Private Sub CB_SX_Click()
    ActiveWorkbook.RefreshAll
    MsgBox "未归还保障设备信息刷新成功！"
End Sub
```

(6) 完善程序代码。在打印控件的 Click 事件过程中调用了两个子过程进行信息提取和打印。其中“GET_GRJYXX”过程的代码如下：

```
Public Sub GET_GRJYXX()
    Dim ws_GR As Worksheet
    Dim ws_LY As Worksheet
    Dim rng_GR As Range
```

```
Dim rng_LY As Range
Dim ny As Integer
Dim iy As Integer
Dim ky As Integer
Dim LY_NAME As String
Dim IR As Integer
Dim SBM As String
Set ws_GR = Worksheets("个人借用清单")
Set ws_LY = Worksheets("未归还工具")
ws_GR.Range("A4:E10000").Clear
Set rng_GR = ws_GR.Range("A4:C10000")
ny = ws_LY.UsedRange.Rows.Count
SBM = ws_GR.Range("A1")
ws_GR.Range("A4") = ws_LY.Range("F1").Value
ws_GR.Range("B4") = ws_LY.Range("B1").Value
ws_GR.Range("C4") = ws_LY.Range("E1").Value
ky = 5
IR = 0
For iy = 2 To ny
    If Format(ws_LY.Range("G" & iy),"00000000") = Format(SBM,"00000000")
Then
        ws_GR.Range("A" & ky) = ws_LY.Range("F" & iy).Value
        ws_GR.Range("B" & ky) = ws_LY.Range("B" & iy).Value
        LY_NAME = ws_LY.Range("D" & iy).Value
        ws_GR.Range("C" & ky)=Format(ws_LY.Range("E" & iy).Value,"mm-dd")
        ky = ky + 1
        IR = IR + 1
    End If
Next iy
ws_GR.Range("A:A").ColumnWidth = 6
ws_GR.Range("B:B").ColumnWidth = 20
ws_GR.Range("C:C").ColumnWidth = 6
ws_GR.Range("A2:C2").Merge
ws_GR.Range("A2").Value = "保障设备领用清单打印系统"
ws_GR.Range("A2").Font.Name = "华文楷体"
ws_GR.Range("A2").HorizontalAlignment = xlHAlignCenter
ws_GR.Range("B3").Value = "领用人:"
```

```
    ws_GR.Range("B3").HorizontalAlignment = xlHAlignRight
    ws_GR.Range("C3").Value = LY_NAME
    ws_GR.Range("A3:C3").Font.Name = "华文楷体"
    ws_GR.Range("A3:C3").Font.Size = 10
    ws_GR.Range("A" & (IR + 6) & ":C" & (IR + 6)).Merge
    ws_GR.Range("A" & (IR + 6)).Value = "共领用" & IR & "件保障设备"
    ws_GR.Range("A" & (IR + 7) & ":C" & (IR + 7)).Merge
    ws_GR.Range("A" & (IR + 7)).Value = "打印时间: " & Now
    ws_GR.Range("A" & (IR + 6)).HorizontalAlignment = xlHAlignCenter
    ws_GR.Range("A" & (IR + 7)).HorizontalAlignment = xlHAlignCenter
    ws_GR.Range("A" & (IR + 7)).Font.Name = "华文楷体"
    ws_GR.Range("A" & (IR + 6)).Font.Name = "华文楷体"
    ws_GR.Range("A" & (IR + 6)).Font.Size = 10
    ws_GR.Range("A" & (IR + 7)).Font.Size = 10
    Set rng_LY = ws_GR.Range("A4:C" & (IR + 4))
    ws_GR.Range("1:1").EntireRow.Hidden = True
    With rng_LY
        .BorderAround LineStyle:= xlContinuous,Weight:= xlThin
        .Borders(xlInsideHorizontal).LineStyle = xlContinuous
        .Borders(xlInsideHorizontal).Weight = xlThin
        .Borders(xlInsideVertical).LineStyle = xlContinuous
        .Borders(xlInsideVertical).Weight = xlThin
        .Font.Size = 8
        .HorizontalAlignment = xlHAlignCenter
        .VerticalAlignment = xlVAlignCenter
    End With
    Set rng_LY = Nothing
    Set rng_GR = Nothing
    Set ws_GR = Nothing
    Set ws_LY = Nothing
End Sub
```

该程序利用输入的人员识别码，从“未归还工具”表中筛选对应人员的保障设备领用信息，将其提取并保存到“个人借用清单”表，并设置单元格的格式。

PG_DY 过程的代码如下：

```
Public Sub PG_DY()
    Dim TWL As Worksheet
    Set TWL = Worksheets("个人借用清单")
```

```
    Dim KL As Integer
    KL = TWL.UsedRange.Rows.Count
    TWL.PageSetup.PrintArea = "$ A$ 1:$ C" & KL
    TWL.PageSetup.LeftMargin = 2
    TWL.PageSetup.RightMargin = 2
    TWL.Cells(KL + 1,4).PageBreak = xlPageBreakManual
    TWL.PrintOut
    TWL.ResetAllPageBreaks
    Set TWL = Nothing
End Sub
```

该程序对打印清单的打印区域和页边距、纸张长度进行设置，并进行打印。打印的效果如图 6-33 所示。

保障设备领用清单打印系统

领用人：×××

工具号码	设备名称	领用时间
85301792	刻丝钳3F-4196	3月26日
85302012	工具盒3F-6522	3月26日
85301758	棘轮扳手（1套）3F-2531	3月26日
85301796	尖嘴钳3F-4034	3月26日
85302514	保险丝板3F-2945	3月26日

图 6-33　保障设备领用清单打印效果图

6.4　Excel VBA 与 Python 的混合调用

Excel VBA 功能十分强大，并且非常容易上手，掌握 Excel VBA 的使用技巧将丰富 Excel 功能，拓展 Excel 在质量控制工作中的应用。虽然 Excel VBA 仍在不断改进和发展，但是另一门编程语言 Python 却在飞速发展，在数据分析处理、文件操作、科学计算以及图像处理等领域都有广泛的应用，具有非常广阔的应用前景。Python 的优点在于它的第三方库非常丰富，其中文档处理的库有 Openpyxl、Xlwings、XlsxWriter、python-docx 和 PyPDF2 等，数据分析处理的库有 Pandas、Numpy 以及许多优秀的算法库，图像处理的库有 Matplotlib、OpenCV 等。如果打通 Excel VBA 与 Python 的联系，通过 Excel VBA 调用 Python 强大的数据分析处理、科学计算以及图像处理等第三方库，将使得 Excel VBA 功能倍增。事实上，Excel VBA 通过 Xlwings 库的接口可以与 Python 混合调用。

6.4.1 Xlwings 库的安装

Xlwings 库不但能够读写 Excel 文件中的数据，还能对单元格进行操作，并且可以和 Matplotlib、Pandas 等库无缝对接。通过 Xlwings 库提供的接口，Python 可以调用 Excel VBA 程序，Excel VBA 也可以调用 Python 程序，但 Xlwings 是第三方库，需要安装后才可以使用。

在 Python 中安装 Xlwings 库非常简单，通常有以下两种方法：

(1) 如果计算机连接互联网，则打开命令窗口，输入下面的命令后会根据计算机的操作系统版本以及 Python 软件版本选择合适的 Xlwings 版本进行自动下载和安装：

```
pip install xlwings
```

安装完成后，在 Python 的 IDLE 中输入以下代码后回车，没有错误提示则代表 Xlwings 安装成功。

```
import xlwings
```

(2) 如果计算机未连接互联网，则需要下载 Xlwings 安装包进行安装。基本上所有的 Python 第三方库都可以在网站 https://pypi.org 中下载，下载时注意选择适合的版本。

① 如果下载的是 *.whl 格式的 Xlwings 库，则打开命令窗口，切换至安装文件目录下，输入以下命令进行安装：

```
pip install * .whl
```

采用此种方式安装，需要先安装 Xlwings 库，否则会导致安装失败。

② 如果下载的是 *.tar.gz 格式的 Xlwings 库，先使用解压软件进行解压，然后打开命令窗口，切换至 setup.py 文件目录下，输入以下命令进行安装：

```
Python setup.py install
```

在 Excel 中安装 Xlwings 库其实就是安装加载项，通常有以下两种方法：

(1) 如果计算机连接互联网，则打开命令窗口，输入下面的命令进行安装：

```
xlwings addin install
```

安装成功后在"C:\Users\用户\AppData\Roaming\Microsoft\AddIns\"目录下有一个"xlwings.xlsm"文件。在 Excel 中启用加载项，依次点击"文件"—"选项"—"信任中心"—"宏设置"后，勾选"启用所有宏"和"对 VBA 工程对象模型的访问"。

打开命令窗口，先切换到需创建工程文件夹的目录，然后输入下面的命令进行工程文件夹创建：

```
cd 工程文件夹目录
xlwings quickstart myproject
```

在工程文件夹目录下自动创建了一个名为"myproject"的文件夹，该文件夹中包含一个"myproject.py"和一个"myproject.xlsm"文件。其中，"myproject.xlsm"是 Excel 启用宏的工作簿文件，"myproject.py"是供编写 Python 宏的地方，myproject.py 自动生成的代码如下：

```
import xlwings as xw
def main():
    wb = xw.Book.caller()
    sheet = wb.sheets[0]
    if sheet["A1"].value = = "Hello xlwings!":
        sheet["A1"].value = "Bye xlwings!"
    else:
        sheet["A1"].value = "Hello xlwings!"
@ xw.func
def hello(name):
    return f"Hello {name}!"
if __name__ = = "__main__":
    xw.Book("myproject.xlsm").set_mock_caller()
    main()
```

在 myproject.py 中"@xw.func"后面就可以编写被 Excel 调用的函数了。

(2) 如果计算机未连接互联网,则需要下载"xlwings.xlsm"文件进行安装。

xlwings.xlsm 文件可以从 https://github.com/ZoomerAnalytics/xlwings/releases 下载,也可以从本地计算机"Python 安装目录\Lib\site-packages\xlwings\addin"下找到,前提是 Python 安装有 Xlwings 库。

将"xlwings.xlsm"文件复制到"C:\Users\用户\AppData\Roaming\Microsoft\AddIns"文件夹下,然后在 Excel 工作簿中,点击"开发工具"菜单下"Excel 加载项"命令,在弹出的[加载宏]对话框中,在"可用加载宏"列表中勾选"xlwings",点击[确定]按钮;在 VBE 窗口,点击"工具"菜单下[引用]按钮,在弹出的[引用-VBAProject]对话框的"可使用引用列表"中勾选"xlwings",点击[确定]按钮,完成 Xlwings 的加载。

在 Python 和 Excel 中完成 Xlwings 的安装后,就可以进行相互调用了。

6.4.2　Excel VBA 调用 Python 程序

在质量控制工作中,经常需要使用将 Excel 工作表中的数据进行处理,然后输出为 Word 文档或其他格式的文档。现在需要对登记的飞机停飞信息进行处理,如图 6-34 所示,将每架飞机的停飞信息合并成一条,包含逐次停飞的停飞日期和停飞原因,如果使用 Excel 来处理则相当麻烦,特别是当停飞信息有成百上千条时,工作量将非常大。现在我们可以使用 Excel VBA 调用 Python 来完成这项工作。

在 Python 的 IDLE 中编写处理的代码如下:

```
import pandas as pd
file= "D:\\SK\\LS\\飞机停飞信息.xlsx"
fjtfxx_01 = pd.read_excel(file,sheet_name= "飞机停飞信息",engine= "openpyxl")
fjtfxx_01= fjtfxx_01.sort_values(by= ["飞机号"])
```

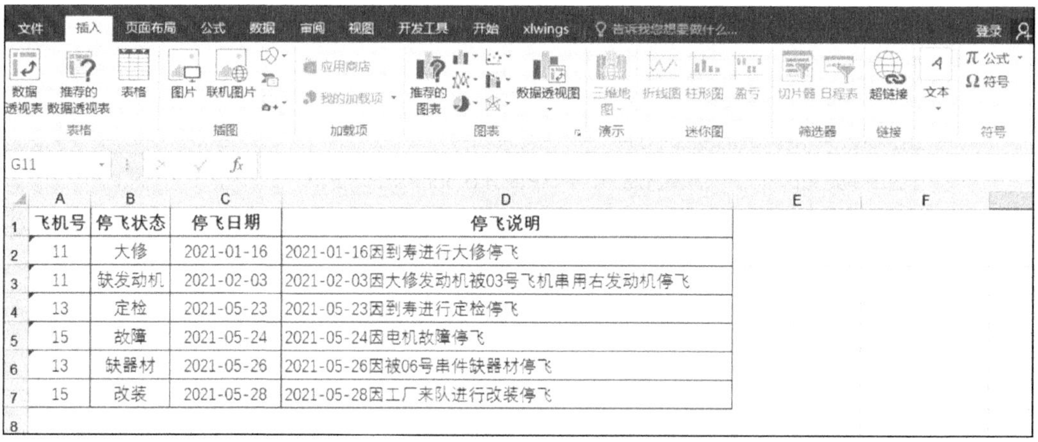

飞机号	停飞状态	停飞日期	停飞说明
11	大修	2021-01-16	2021-01-16因到寿进行大修停飞
11	缺发动机	2021-02-03	2021-02-03因大修发动机被03号飞机串用右发动机停飞
13	定检	2021-05-23	2021-05-23因到寿进行定检停飞
15	故障	2021-05-24	2021-05-24因电机故障停飞
13	缺器材	2021-05-26	2021-05-26因被06号串件缺器材停飞
15	改装	2021-05-28	2021-05-28因工厂来队进行改装停飞

图 6-34　某部飞机停飞信息

```
TFYY_02=[]
for i in range(fjtfxx_01.shape[0]):
    if fjtfxx_01.iloc[i,1]=='缺发动机':
        str_tfyy= str(fjtfxx_01.iloc[i,3])
        if str_tfyy.count('左')==0:
            TFYY_01 = str(fjtfxx_01.iloc[i,2]) + '缺右发动机停飞;'
        else:
            TFYY_01 = str(fjtfxx_01.iloc[i,2]) + '缺左发动机停飞;'
    elif fjtfxx_01.iloc[i,1] == '大修':
        TFYY_01 = str(fjtfxx_01.iloc[i,2]) + '大修停飞;'
    elif fjtfxx_01.iloc[i,1] == '定检':
        TFYY_01 = str(fjtfxx_01.iloc[i,2]) + '定检停飞;'
    elif fjtfxx_01.iloc[i,1] == '修理':
        TFYY_01 = str(fjtfxx_01.iloc[i,2]) + '修理停飞;'
    elif fjtfxx_01.iloc[i,1] == '改装':
        TFYY_01 = str(fjtfxx_01.iloc[i,2]) + '改装停飞;'
    elif fjtfxx_01.iloc[i,1] == '故障':
        TFYY_01 =  str(fjtfxx_01.iloc[i,2]) +  '故障停飞;'
    TFYY_02.append(TFYY_01)
fjtfxx_01.insert(3,"停飞原因",TFYY_02)
fjtfxx_02= fjtfxx_01.drop(["停飞状态","停飞日期","停飞说明"],axis= 1)
B1= ['0']
B3= ['0']
for f in range(fjtfxx_02.shape[0]):
    B_FJ= fjtfxx_02.iloc[f,0]
```

```
        B_TFYY = fjtfxx_02.iloc[f,1]
        s= len(B1)
        if int(B_FJ)==int(B1[s-1]):
            B_TFYY_01=str(B3[s- 1])+str(B_TFYY)
            B3[s-1]=B_TFYY_01
        else:
            B1.append(B_FJ)
            B3.append(B_TFYY)
    data_tf={"飞机号":B1,"停飞原因":B3}
    fjtfxx_03=pd.DataFrame(data_tf)
    fjtfxx_03=fjtfxx_03.drop(fjtfxx_03.index[0],axis=0)
    writer = pd.ExcelWriter(file,engine="xlsxwriter")
    fjtfxx_03.to_excel(writer,sheet_name="合并飞机停飞信息",index=
False,columns=['飞机号','停飞原因'])
    writer.save()
```

以上代码是利用 Pandas 库读入 Excel 中的停飞信息，再将停飞信息按照飞机号进行合并处理，并将结果输出到 Excel 工作表中。

在 VBE 代码窗口输入以下代码：

```
Sub VBA_Run_Python()
    RunPython ("import VBA_Python;VBA_Python.get_fjtfxx()")
End Sub
```

运行该 VBA 代码即可获得处理后的飞机停飞信息，如图 6-35 所示。Python 是 Excel 的好帮手，VBA 处理过程太复杂或者 VBA 解决不了的问题，可以调用 Python 来处理，本案例即调用了 Pandas 来处理，效率更高。

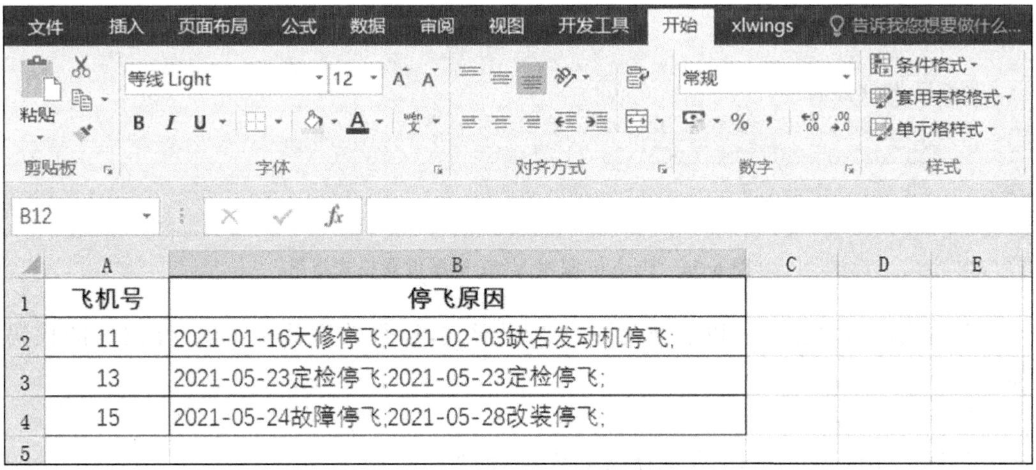

图 6-35　VBA 调用 Python 程序处理结果

6.4.3 Python 调用 Excel VBA 程序

Python 的优势在于数据处理、计算以及分析效率高，而 Excel 的优势在于单元格格式、页面以及打印设置等操作效率高，因此在 Python 的程序中，需要输出 Excel 表格时可以调用 VBA 程序来完成 Excel 单元格格式和页面设置，将两者的优势结合起来使用。前面案例介绍了 VBA 调用 Python 处理飞机停飞信息结果，未进行格式设置之前如图 6-35 所示。

在本案例中，先在工作簿中录制一个单元格格式设置的宏，对单元格列宽、线框以及行高进行设置，宏的名称为“GS_Set”。在 Python 的 IDLE 中编写代码如下：

```
import xlwings as xl
file= "D:\\SK\\LS\\飞机停飞信息.xlsm"
app=xl.App(visible=False)
wb1=app.books.open(file)
wb1.activate()
wb1.api.Application.Run("GS_Set")
wb1.save()
wb1.close
app.quit()
```

运行结果如图 6-36 所示。

图 6-36　Python 调用 VBA 程序设置格式结果

上述代码第六行也可以改成另一种调用形式，运行效果是相同的，修改后的代码如下：

```
import xlwings as xl
file="D:\\SK\\LS\\飞机停飞信息.xlsm"
app=xl.App(visible=False)
```

```
wb1=app.books.open(file)
wb1.activate()
wb1.macro('GS_Set')()
wb1.save()
wb1.close
app.quit()
```

参 考 文 献

[1] 冯注龙，丘荣茂.Excel 之光：高效工作的 Excel 完全手册[M].北京：电子工业出版社，2019.

[2] 韩小良.Excel VBA 快速入门：数据处理实战技巧精粹[M].北京：中国水利水电出版社，2019.

[3] Excel 精英部落.Excel 函数与公式速查宝典[M].北京：中国水利水电出版社，2019.

[4] 韩小良.Excel 函数和动态图表：让数据分析更加高效[M].北京：中国水利水电出版社，2019.

[5] 伍远高.Excel VBA 编程实战宝典[M].北京：清华大学出版社，2014.

[6] 韩小良.Excel 数据透视表应用大全：数据高效汇总与分析[M].北京：中国水利水电出版社，2019.

[7] 王秀文，郭明鑫，王宇韬.超简单：用 Python 让 Excel 飞起来[M].北京：机械工业出版社，2020.

[8] 张俊红.对比 Excel，轻松学习 Python 数据分析[M].北京：电子工业出版社，2019.

[9] 明日科技.零基础学 Python[M].长春：吉林大学出版社，2018.